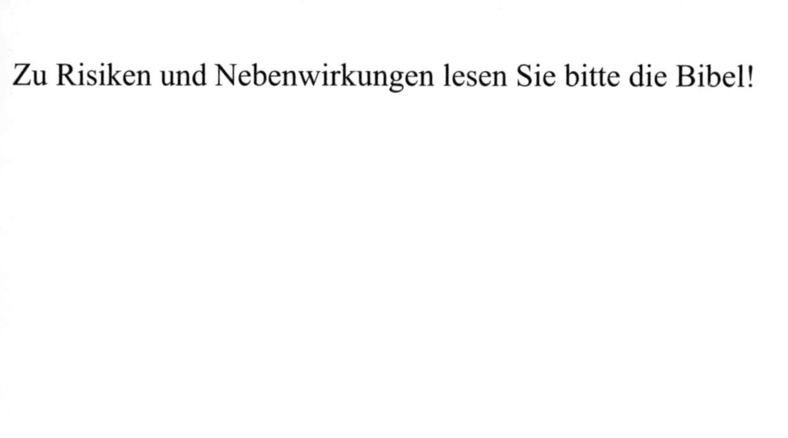

Zu Risiken und Nebenwirkungen lesen Sie bitte die Bibel!

Axel Kühner

Hoffen wir das Beste

Dieses Buch wurde auf FSC©-zertifiziertem Papier gedruckt. FSC© (Forest Stewarship Council©) ist eine nichtstaatliche, gemeinnützige Organisation, die sich für eine ökologische und sozialverantwortliche Nutzung der Wälder unserer Erde einsetzt.

Bibliografische Information der Deutschen Nationalbibliothek

Die Deutsche Nationalbibliothek verzeichnet diese Publikation in der Deutschen Nationalbibliografie; detaillierte bibliografische Daten sind im Internet über http:// dnb.d-nb.de abrufbar.

9. Auflage 2016

Umschlaggestaltung: Stefanie Braun, www.braunwerbeagentur.de, unter Verwendung eines Bildes von © Monika Gniot / shutterstock.com
DTP: Breklumer Print-Service, www.breklumer-print-service.com
Verwendete Schrift: Times New Roman
Gesamtherstellung: FINIDR, S.r.o.
Printed in Czech Republic
ISBN 978-3-7615-6315-1
www.neukirchener-verlage.de

Wir bitten dich durch Jesus Christ
nun, da das Jahr vergangen ist,
Herr, neu um deinen Segen.
Sei uns auch ferner Halt und Hort
und bleib uns nah mit Geist und Wort
auf allen unsern Wegen.

Ein Wagnis ist die Lebensfahrt;
du aber hast uns treu bewahrt
bisher all Tag und Stunden,
hast väterlich, trotz Schuld und Flucht,
uns noch im Elend heimgesucht
und neu mit dir verbunden.

Ach, Herr, uns mangelt allezeit
Verstehn, Verdienst und Würdigkeit
auf unsern Erdenpfaden.
Wir haben nichts als deine Huld
in Angst und Leid, in Sorg und Schuld,
nichts, nichts als deine Gnaden!

Gib Kraft, dass uns das Herz nicht wank!
Stärk Glaub und Lieb! Weck Lob und Dank!
Birg uns in deinen Armen,
wie Mütter ihren Kindern tun!
Lass uns in deinem Frieden ruhn
und schenk uns dein Erbarmen!

So lass uns dieses Jahr bestehn,
und wenn wir tief im Dunkeln gehn,
hilf, Herr, in Jesu Namen!
Es komm das Leben, komm der Tod,
du bist und bleibst doch unser Gott,
und wir sind dein, Herr. Amen.

(Arno Pötzsch)

Bitte um ein gesegnetes Jahr

Ich bitte dich um ein gesegnetes Jahr,
gesundes und behütetes Leben,
um eine gute Zeit und Tage mit erfüllten Stunden.
Ich bitte dich um offene Augen,
die dich in allen Dingen am Werk sehen;
um Augen, die hellsichtig sind
für die Gaben, die du mir schenkst.
Ich bitte dich um offene Ohren,
die mich auch die leisen
und unausgesprochenen Bitten
meiner Mitmenschen hören lassen.
Ich bitte dich um Behutsamkeit
im Umgang mit schwierigen Menschen.
Ich bitte dich um ein gutes Gedächtnis
für die Sorgen anderer und für Dinge,
die ich zu tun versprochen habe.
Ich bitte dich um ein fröhliches Gesicht
und um ein Lächeln,
das aus dem Herzen kommt.
Ich bitte dich, begegne mir auf den Wegen,
die ich morgen gehen werde;
tritt mir entgegen in den Menschen,
die von mir Hilfe erwarten.
Lass mein Leben in deiner Hand ruhen,
so geborgen wie ein Vogel in seinem Nest.

„Der Vogel hat ein Haus gefunden und die Schwalbe ein Nest für ihre Jungen – deine Altäre, Herr Zebaoth, mein König und mein Gott. Wohl denen, die in deinem Hause wohnen.“

(Psalm 84,4f)

Das Geheimnis des Roten Meeres

In Holland wurde während des Zweiten Weltkrieges eine jüdische Frau mit vielen anderen Volksgenossen in einen Güterzug getrieben, der sie nach Auschwitz bringen sollte. Die Frau hatte eine solche Angst, dass sie davon fast irrsinnig wurde. Als sie sich in dem mit Menschen überfüllten Waggon umsah, entdeckte sie einen alten Rabbi, einen bekannten Religionslehrer. In ihrer Not stürzte sie zu ihm hin, umschlang mit ihren Armen seine Beine und schrie: „Helft mir doch, ich werde verrückt vor Angst!“
Der Rabbi legte der Frau seine Hand auf den Kopf und fragte sie: „Kind, kennst du das Geheimnis unseres Volkes nicht? Das Geheimnis Israels ist das Geheimnis des Roten Meeres. Es gibt keinen Weg um das Meer herum, keinen Weg, weder darüber noch darunter her zu kommen. Der Weg Gottes führt mitten durch das Rote Meer hindurch. Und nun leg deine Hand in Gottes Hand, meine Tochter, und dann geh in das Wasser hinein, du wirst es staunend erleben, dass es zurückweicht!“ – Und das Wunder geschah. Die Frau wurde still, und die irre Angst fiel von ihr ab.
Auch Jesus musste den Weg durch das Rote Meer gehen. Gott hat ihn nicht vor dem Leiden bewahrt, aber durch das Leiden hindurch bewahrt und erlöst. Auch wir werden durch das Rote Meer gehen müssen. Gott wird mitgehen und uns hindurchbringen.

„Wenn du durch Wasser gehst, will ich bei dir sein, dass dich die Ströme nicht ersäufen sollen. So fürchte dich nun nicht, denn ich bin bei dir!“

(Jesaja 43,2.5)

Das wünsche ich dir

Mögen sich die Wege vor deinen Füßen ebnen,
mögest du den Wind im Rücken haben,
möge die Sonne warm dein Gesicht bescheinen,
möge Gott seine schützende Hand über dir halten.

Mögest du in deinem Herzen dankbar bewahren
die kostbare Erinnerung der guten Dinge in deinem Leben.

Das wünsche ich dir, dass jede Gottesgabe in dir wachse
und sie dir helfe, die Herzen jener froh zu machen, die du liebst.
Möge freundlicher Sinn glänzen in deinen Augen,
anmutig und edel wie die Sonne, die aus dem Nebel steigend
die ruhige See erwärmt.

Gottes Macht halte dich aufrecht,
Gottes Auge schaue für dich,
Gottes Ohr höre für dich,
Gottes Wort spreche für dich,
Gottes Hand schütze dich!

„Der Herr behüte dich vor allem Übel, er behüte deine Seele. Der Herr behüte deinen Ausgang und Eingang von nun an bis in Ewigkeit!“

(Psalm 121,7f)

Ausgeladen

Ein Farbiger wünschte, in eine New Yorker Gemeinde aufgenommen zu werden. Der Pfarrer war reserviert. „Tja“, sagte er, „da bin ich nicht sicher, ob es unseren Gemeindemitgliedern recht sein würde. Ich schlage vor, Sie gehen erst mal nach Hause und beten darüber und warten ab, was Ihnen der Allmächtige dazu zu sagen hat.“
Einige Tage später kam der Farbige wieder. Er sagte: „Herr Pfarrer, ich habe Ihren Rat befolgt. Ich sprach mit dem Allmächtigen über die Sache, und er sagte zu mir: Bedenke, dass es sich um eine sehr exklusive Kirche handelt. Du wirst wahrscheinlich nicht hineinkommen. Ich selbst versuche das schon seit vielen Jahren, aber bis jetzt ist es mir noch nicht gelungen.“

„Ich bin euren Feiertagen böse und verachte sie und mag eure Versammlungen nicht riechen. Tu weg von mir das Geplärr deiner Lieder, denn ich mag dein Harfenspiel nicht hören. Es ströme aber das Recht wie Wasser und die Gerechtigkeit wie ein nie versiegender Bach!“

(Amos 5,21ff)

Eingeladen

Tritt über meine Schwelle
und streife ab
ins Geflecht der Fußmatte
deine Hemmungen
vor unbekannten Mauern.

Lege ab
deinen Mantel der Verschlossenheit
und entledige dich dabei
deiner Ängste,
zu viel von dir zu offenbaren.

Komm
in die Stube der Gemeinsamkeit
und lass hinter dir
die Scheu, mich zu stören.

Nimm Platz
und lass das Gefühl,
keine Zeit zu haben,
draußen vor der Tür.
Iss und trink mit mir
und ziere dich nicht,
mich dazu anzuregen,
Brot und Wein mit dir zu teilen.

Bleibe bei mir,
solange es dir Bedürfnis ist,
und lass dich nicht vertreiben
vom Zeiger und der Unruh,
die nach gutem Ton dich
längst zum Gehen mahnen.

Gehe,
wann es dich weiterzieht,
und nimm Ermutigung mit dir,
unbesorgt wiederzukehren,
wann immer du das Sehnen spürst.

(Klaus Huber)

„Gastfrei zu sein vergesst nicht, denn dadurch haben einige ohne ihr Wissen Engel beherbergt!“

(Hebräer 13,2)

Den laden wir auch mal ein!

Ein Lehrer nimmt im Religionsunterricht die Geschichte von der Hochzeit in Kana durch. Er erklärt den Kindern, wie damals zur Zeit Jesu eine Hochzeit gefeiert wurde, wie sich die Familien durch eine Woche Festlichkeiten mit vielen Gästen hoch verschuldeten, aber alle ihre Ehre dareinsetzten, die Gäste gut und reichlich zu bewirten. Er macht deutlich, welche Katastrophe es bedeutete, dass der Wein ausging, und wie verwunderlich es war, dass Jesus, der als Gast zur Hochzeit eingeladen war, in dieser Verlegenheit gut 300 Liter Wasser in den besten Wein verwandelte. Um das etwas Anstößige daran aus den Kindern herauszulocken, fragt er in die Klasse: „Was haben wohl die Leute damals gedacht, als Jesus so viel Wasser in Wein verwandelt hatte?“ Ein Junge meldet sich und sagt: „Die Leute haben sicher gedacht: Den laden wir auch mal ein!“
Schöner und richtiger kann man den Sinn der Geschichte nicht umschreiben. Sie möchte verlocken, Jesus einzuladen in die Hoch-Zeiten und die Tief-Zeiten des Lebens, in Haus und Familie, Arbeit und Freizeit, Freude und Leid. Denn wenn Jesus eingeladen ist, verwandelt sich was. Also: „Den laden wir auch mal ein!“

„Und es war eine Hochzeit in Kana in Galiläa. Jesus aber und seine Jünger waren auch zur Hochzeit geladen!“

(Johannes 2,1f)

Wenn es klopft

Ein Pastor macht Hausbesuche. Er klingelt. Aus der Sprechanlage ruft eine Stimme: „Bist du es, mein Engelchen?“ Der Pastor ist etwas verwirrt, aber dann antwortet er schlagfertig: „Nicht direkt, aber ich bin von der gleichen Firma!“
Das ist ein Urtraum des Menschen. Wenn es anklopft, möchte es doch ein Engel sein, der mit Liebe und Wärme, mit Schutz und Fürsorge in mein Leben eintritt. Wenn es klopft, kann es aber auch der Verführer sein, der in mein Leben eindringen, es besetzen und in die Zerstörung führen möchte. Gott hatte Kain einst gewarnt: „Die Sünde lauert vor deiner Tür, und nach dir hat sie Verlangen; du aber herrsche über sie!“ (1. Mose 4,7). Kain ließ die Sünde ein, erschlug seinen Bruder Abel. Und es begann eine Geschichte von Blut und Tränen, die sich bis in unsere Tage und Welt fortsetzt. Wenn es klopft, kann es die Sünde sein, die uns verführen und ersticken möchte. Werde ich sie einlassen und ein Geheimnis mit ihr haben? Werde ich ihrem Zauber erliegen und ihrer Verführung Raum geben? Wenn es klopft, kann es aber auch der auferstandene Christus sein, der von sich sagt: „Siehe, ich stehe vor der Tür und klopfe an. Wenn jemand meine Stimme hören wird und die Tür auftun, zu dem werde ich hineingehen und das Abendmahl mit ihm halten und er mit mir!“ (Offenbarung 3,20). Auch Jesus möchte in das Haus meines Lebens hereinkommen. Werde ich seiner Werbung nachgeben, ihn einlassen und einen Bund der Liebe mit ihm machen? Er will der Engel, der Bote Gottes sein, der mein Leben mit Liebe füllt, mit Freundlichkeit erwärmt und mit seiner Fürsorge bewahrt.

„Jesus sprach: Wer mich liebt, der wird mein Wort halten; und mein Vater wird ihn lieben, und wir werden zu ihm kommen und Wohnung bei ihm nehmen!“

(Johannes 14,23)

„Hör dir das an, Gott …“

„Hör dir das an, Gott, ich will heute mit dem Auto unterwegs sein, morgen schließ ich den Kaufvertrag ab, das neue Haus wird in zehn Monaten stehn, dann ziehen wir ein, machen das dritte Kind, schicken das erste zur Schule, das Geschäft wird vergrößert, den Kompagnon schmeiße ich raus, kaufe das restliche Aktienpaket, übernehme den Vorsitz in der Waschmittelgesellschaft, wechsle die Freundin, der Bungalow im Tessin ist fällig, die Gören springen mir von der Tasche, die Frau hat eine Operation, ich bin Generaldirektor, vielleicht Prostata, gut, wird repariert, man ist sechzig, Konzern gesund, rapide wächst das Grundkapital, glänzende Aussichten für die nächsten zehn Jahre, was sag ich, für zwanzig – hör dir das an, Gott, und komme mir nicht dazwischen.“

(Rudolf Otto Wiemer)

Hör dir das an, Mensch:

„Ihr sagt: Heute oder morgen wollen wir in die oder die Stadt gehen und wollen ein Jahr dort zubringen und Handel treiben und Gewinn machen –, und wisst nicht, was morgen sein wird! Was ist euer Leben? Ein Rauch seid ihr, der eine kleine Zeit bleibt und dann verschwindet. Dagegen solltet ihr sagen: Wenn der Herr will, werden wir leben und dies oder das tun. Nun aber rühmt ihr euch in eurem Übermut. All solches Rühmen ist böse!“

(Jakobus 4,13ff)

Schenk mir Vertrauen, guter Gott!

Weit ist der Himmel über mir,
und er erzählt von Gottes Treue.
„Ich schütze und begleite dich“,
spricht Gott und will, dass ich mich freue.

Fest ist die Erde unter mir.
Sie trägt mich, wohin ich auch gehe.
„Ich stelle dich auf weiten Raum“,
spricht Gott und will, dass ich bestehe.

Schön ist die Schöpfung, guter Gott.
Wie wunderbar sind deine Werke.
„Ich bitte dich, bewahre sie“,
spricht Gott und schenkt mir dazu Stärke.

Bunt ist mein Leben, schwarz und weiß.
Wer weiß den Weg, lenkt meine Schritte?
„Ich bin der Anfang und das Ziel“,
spricht Gott und zeigt mir meine Mitte.

Schenk mir Vertrauen, guter Gott,
in meiner Angst, mit meinen Fragen.
Du sprichst: „Ich mache alles neu!“
Mit dir kann ich das Leben wagen.

(Reinhard Bäcker)

„Ich hebe meine Augen auf zu den Bergen. Woher kommt mir Hilfe? Meine Hilfe kommt vom Herrn, der Himmel und Erde gemacht hat. Er wird deinen Fuß nicht gleiten lassen, und der dich behütet, schläft nicht!“

(Psalm 121,1ff)

Christus immer ähnlicher

„Ich sehe so viele Menschen auf den Straßen. Unerwünschte, ungeliebte, unversorgte Menschen, Leute, die nach Liebe hungern. Sie sind Jesus. Wo seid ihr? ‚Mich dürstet', sagte Jesus am Kreuz. Er sprach nicht nur vom Durst nach Wasser, sondern nach Liebe. Er, der Schöpfer des Alls, bat um die Liebe seiner Geschöpfe. Er dürstet nach unserer Liebe. Hallen die Worte ‚Mich dürstet' in unseren Seelen wider? Geld ist nur brauchbar, wenn es dazu dient, die Liebe Christi zu verbreiten. Es kann dazu dienen, den hungrigen Christus zu speisen. Er hungert jedoch nicht nur nach Brot, sondern nach Liebe, nach eurer Nähe, nach menschlicher Begegnung mit euch. Um dem obdachlosen Christus ein Zuhause zu geben, müssen wir zunächst unsere Wohnungen zu Orten voll Frieden, Glück und Liebe machen, durch unsere Liebe zu jedem Familienmitglied und zu unseren Nachbarn. Wenn wir gelernt haben, mit einer Liebe zu lieben, die wehtut, werden unsere Augen aufgehen, und wir werden fähig sein, solche Liebe zu schenken. Seien wir deshalb im Herzen voll Liebe, voll Freude und voll Frieden. Strahlen wir diese Liebe, diese Freude und diesen Frieden aus, indem wir Christus immer ähnlicher werden."

(Mutter Teresa)

„Ein jeder sei gesinnt, wie Jesus Christus auch war!"

(Philipper 2,5)

Glocken rufen zum Einhalten

Die Hammerleute im ehemaligen Augustenthal bei Sonneberg in Thüringen hatten die Gewohnheit, zuweilen auch am Sonntag zu arbeiten. An einem Sonntagmorgen waren sie damit beschäftigt, einen Amboss zu gießen. Als sie die Form abnahmen, stand zu ihrem allergrößten Erstaunen kein Amboss, sondern eine wohlgeformte Glocke vor ihnen. Darin erblickten die Hammerleute einen Fingerzeig Gottes und unterließen künftig die Arbeit an den Feiertagen. Statt dessen gingen sie zum Gottesdienst. Die Glocke aber erhielt im Hammerwerk einen Ehrenplatz. Sie wurde zum Beginn und Abschluss der Arbeit geläutet.

„Sechs Tage sollst du arbeiten und alle deine Werke tun. Aber am siebenten Tage ist der Sabbat des Herrn, deines Gottes. Da sollst du keine Arbeit tun. Gedenke des Sabbattages, dass du ihn heiligest!“

(2. Mose 20,8ff)

Winterpsalm

Es ist jetzt nicht die Zeit,
um zu ernten.
Es ist auch nicht die Zeit,
um zu säen.

An uns ist es,
in winterlicher Zeit uns
eng um das Feuer zu scharen
und den gefrorenen Acker
in Treue geduldig zu hüten.

Andere vor uns haben gesät.
Andere nach uns werden ernten.

An uns ist es,
in Kälte und Dunkelheit
beieinanderzubleiben und,
während es schneit, unentwegt
wachzuhalten die Hoffnung.
Das ist es.

Das ist uns aufgegeben
in winterlicher Zeit.

(Lothar Zenetti)

„Der Gott aller Gnade aber, der euch berufen hat zu seiner ewigen Herrlichkeit in Christus Jesus, der wird euch, die ihr eine kleine Zeit leidet, aufrichten, stärken, kräftigen, gründen. Ihm sei die Macht von Ewigkeit zu Ewigkeit!“

(1. Petrus 5,10f)

Der Herr und sein Knecht

„Ein Gutsherr aus unserer Gegend hat sich von einem Häusler in einer Nacht im Winter 1908 über das Eis vom See führen lassen. Sie haben gewusst, dass im Eis ein Riss war, aber nicht wo, und der Häusler hat vorausgehen müssen die zwölf Kilometer.
Dem Herrn ist angst geworden, und er hat dem Knecht einen Gaul versprochen, wenn sie hinüberkommen. Wie sie so in der Mitte gewesen sind, hat er wieder geredet und gesagt: ‚Wenn du durchfindest, und ich brech nicht ein, kriegst du ein Kalb.' Dann hat man das Licht von einem Dorf gesehen, und er hat gesagt: ‚Gib dir Müh, damit du dir die Uhr verdienst.' Fünfzig Meter vom Ufer hat er noch von einem Sack Kartoffeln gesprochen, und wie sie da waren, hat er ihm eine Mark gegeben und gesagt: ‚Lang hast du gebraucht!'"

(Bertolt Brecht)

„Wer unter euch groß sein will, der sei euer Diener; und wer unter euch der Erste sein will, der sei euer Knecht, so wie der Menschensohn nicht gekommen ist, dass er sich dienen lasse, sondern dass er diene und gebe sein Leben zu einer Erlösung für viele!"

(Matthäus 20,26ff)

Die Kälte, die wärmt

Zwei Nachbarinnen pflanzten in ihren Vorgärten Rosen. Sie hegten und pflegten sie beide und hatten ihre Freude an der Blütenpracht einen ganzen Sommer lang. Dann kam der Herbst. Von den hohen Bäumen im Garten fiel das Laub. Die Rosenstöcke trugen noch letzte Blüten.

„Ihr, meine schönen Rosen, werdet ja ganz schmutzig von all dem alten Laub“, sprach die eine. Und sie fegte jeden Tag die Blätter zusammen und trug sie fort. So war ihr Vorgarten blitzsauber, bis der erste Schnee fiel.

Die andere aber schien sich gar nicht zu kümmern. Sie ließ das Laub liegen, sah nur hin und wieder zu den Blüten und sagte: „Bis zum nächsten Sommer, meine Rosen.“

Es wurde Winter. Dicke Flocken fielen auf die Erde.

„Der Schnee ist kalt!“, klagte die Frau wieder. „Meine Rosen werden frieren.“ Und sie machte sich daran, den Schnee wegzufegen. Jeden Tag hatte sie viel zu tun. Über ihre Nachbarin wunderte sie sich sehr, die ihre Blumen dem kalten Schnee schutzlos auslieferte.

Dann kam das Frühjahr. Jeden Tag lief sie nach draußen, um nach den ersten Knospen zu sehen, doch die Zweige waren braun und zeigten kein Leben. Auch die Nachbarin kam wieder zu ihrem Rosenbeet. Sie befreite die noch kahlen Zweige vom alten Laub, hackte und beschnitt sie. Bald zeigten sich dort die ersten grünen Spitzen.

Die Rosen der anderen aber blieben kahl. Ihnen hatte der strenge Frost des Winters geschadet. Warum auch hatte sie den wärmenden Schnee weggeräumt?

Die Ordnung des Menschen ist nicht Gottes Ordnung.

„Meine Gedanken sind nicht eure Gedanken, und eure Wege sind nicht meine Wege, spricht der Herr!“

(Jesaja 55,8)

Sieben kleine Anweisungen zum Leben

1. Mach aus der ängstlichen Sorge um morgen die behutsame Fürsorge für heute.
2. Vergleiche dich nicht mit anderen, es bedeutet sinnloses Leiden. Jeder Mensch ist unvergleichlich. Darum brauchen wir niemanden zu beneiden oder verachten.
3. Plane deine Zeit, aber lass Freiräume für Überraschungen. Nimm Menschen stets wichtiger als Dinge. Wer liebt, hat Zeit!
4. Ärgere dich nicht über andere. Wer sich über andere aufregt, büßt ihre Sünden. Nur wer liebt und vergibt, kann Menschen verändern.
5. Teile gern mit anderen. Teilen vermehrt das Lebenskapital. Und die Vermehrung des Lebens beginnt immer mit dem Opfer.
6. Vergiss die Freude nicht. Suche bewusst die kleinen und großen Anlässe zur Freude bei dir und anderen.
7. Beginne den Tag mit einem Gespräch mit Gott. Danke, klage, bitte, singe, aber rede mit ihm. Er wartet schon auf dich.

„Freuet euch in dem Herrn allewege. Eure Güte lasst kundsein allen Menschen! Der Herr ist nahe! Sorgt euch um nichts, sondern in allen Dingen lasst eure Bitten in Gebet und Flehen mit Danksagung vor Gott kundwerden."

(Philipper 4,4ff)

Das sprechende Pferd

Ein Mann fand einmal ein Pferd des Königs und behielt es, weil er nicht wusste, dass es dem König gehörte. Aber der König kam dahinter und ließ den Mann ins Gefängnis werfen. Wegen des vermeintlichen Diebstahls wollte der König den Mann hinrichten lassen. Der Mann aber versuchte dem König zu erklären, warum er das Pferd behalten hatte. Aber die Strafe wollte er gerne auf sich nehmen. Dann fragte er den König, ob er wisse, dass er dem Pferd das Sprechen beibringen könne. Dann wäre der König mit einem sprechenden Pferd noch etwas Besonderes. Dem König gefiel der Vorschlag, und er gab dem Mann ein Jahr Zeit für seine Bemühungen. – Die Freunde des Mannes hielten ihn für verrückt, so ein Wagnis einzugehen. Aber er antwortete: „Erstens lebe ich noch ein Jahr, zweitens könnte der König in dem Jahr sterben, drittens könnte die Welt in der Zeit untergehen, und viertens könnte ja das Pferd am Ende noch sprechen lernen!“

„Ein kluger Knecht gefällt dem König, aber einen schändlichen trifft sein Zorn!“

(Sprüche 14,35)

Gute Wünsche

Reicht euch die Hand und sagt „Gute Nacht“,
hat doch das Tagwerk uns müd’ gemacht.
Nun ist es Zeit, von allem zu ruhn, die Lasten abzutun.

Reicht euch die Hand und sagt euch „Verzeiht!“,
so manches Wort hat verletzt und entzweit.
Noch ist es Zeit, sich neu zu vertraun, aufrecht sich anzuschauen.

Reicht euch die Hand, ich dir und du mir,
sagt: „Gottes Friede, er sei mit dir!“
hüllt euch drin ein als Schutz für die Nacht, da Gottes Engel wacht.

Reicht euch die Hand und schweiget dazu,
so wird euch in euren Herzen Ruh.
Nur Gott lasst reden! So seid bereit für Zeit und Ewigkeit.

„Selig sind die Friedfertigen, denn sie werden Gottes Kinder heißen!“
(Matthäus 5,9)

Geiz und Verschwendung

Der Geizige rafft Geld und Gut zwecklos zusammen; der Verschwender bringt es zwecklos durch. Der Geizige hat keinen, der Verschwender hat einen unnützen Genuß von dem Seinigen. Der Geizige kann auf die goldene Mittelstraße zurückkehren, sobald er will; dem Verschwender wird es immer schwerer, je weiter er sich davon entfernt. Der Geizige kann, aber er will es selten; der Verschwender möchte oft, aber er kann nicht mehr. Der eine macht sich Feinde; der andere erwirbt Freunde, die schlimmer sind als ein Feind. Jenen peinigt der Wunsch, immer weiter zu kommen; diesen die Reue, dass er schon so weit gekommen ist. Geiz ist die Wurzel alles Übels; Verschwendung ist ein Baum voll bitterer Früchte. Den Geizigen verzehrt die Sorge, den Verschwender die Ausschweifung. Jenen lohnt am Ende die Furcht, diesen der Kummer. Nicht selten wird der jugendliche Verschwender noch ein geiziger Greis. Sehr oft kommt das Vermögen geiziger Sammler an verschwenderische und, im eigentlichen Sinne, lachende Erben.

(Johann Peter Hebel)

„So werdet ihr reich sein in allen Dingen, zu geben in aller Einfalt, die durch uns wirkt Danksagung an Gott!“

(2. Korinther 9,11)

Unerwünscht

Gandhi erzählt in seinen Lebenserinnerungen, dass er sich als Student in Südafrika sehr für die Bibel interessierte. Besonders die Bergpredigt hatte es ihm angetan. Er meinte, dass das Christentum eine Lösung in der schwierigen Kastenfrage sein könnte, die seine Heimat Indien so schwer belastete. Damals erwog Gandhi ernsthaft, ein Christ zu werden.
Eines Tages machte er sich auf, um an einem christlichen Gottesdienst teilzunehmen, um mehr über den christlichen Glauben zu erfahren. An der Kirchentür wurde Gandhi aufgehalten; man wies ihn freundlich darauf hin, dass er gerne an einem Gottesdienst teilnehmen könne, aber in einer Kirche, die Schwarzen Vorbehalten sei. – Gandhi ging fort und kam niemals wieder.

„Wer unrecht tut, der wird empfangen, was er unrecht getan hat; und es gilt bei Gott kein Ansehen der Person!“

(Kolosser 3,25)

Im Kleinen ganz groß!

In einer Stadt, deren Namen die Sage nicht zu nennen weiß, wurde einst ein stolzes Münster erbaut. Der Bischof rief die Gläubigen auf, Opfergaben für den Guss einer besonderen Glocke zu spenden.

Da brachte auch eine arme Witwe einen einzigen abgegriffenen Silberpfennig. Der war ihr ganzes Vermögen. Ein Priester nahm das Opfer mit geringschätziger Miene entgegen, und kaum hatte die alte Frau den Raum verlassen, warf er die Münze mit den Worten aus dem Fenster: „Ein Bettelpfennig vom Bettelvolk. Was soll eine so kleine Gabe für eine so große Glocke?"

Der Guss schien gelungen. Zum Osterfest sollte die Glocke geweiht werden. Doch sie gab nur einen dumpfen Ton von sich und verstummte dann ganz. Niemand konnte sich das erklären. Da flehte der Bischof Gott an, er möchte ihm die Ursache anzeigen. Da offenbarte ihm eines Nachts ein Engel im Traum, wie übel einer seiner Priester an der Gabe der armen Witwe gehandelt hatte. Der Bischof ließ den Mann kommen und stellte ihn zur Rede. Dann gingen beide in den Garten und suchten gemeinsam, bis sie das verschmähte Geldstück gefunden hatten. Nun ließ der Bischof die Glocke noch einmal gießen und gab ihr unter Gebeten den Silberpfennig bei. Und bald darauf schallte die Glocke mit hellem Klang über die Dächer der Stadt.

„Diese arme Witwe hat mehr in den Gotteskasten gelegt als alle, die etwas eingelegt haben. Denn sie haben alle etwas von ihrem Überfluss eingelegt; diese aber hat von ihrer Armut ihre ganze Habe eingelegt, alles, was sie zum Leben hatte!"

(Markus 12,43f)

Schule der Meditation

Außergewöhnliches wollte ich tun
und erreichen: Kraft aus der Stille.
Aber ich lernte vor allem Geduld und
übte in Demut, nichts zu begehren.
Warte: es wird dir alles geschenkt.

Und weiter: das Große ist einfach.
Bemühe dich nicht, möglichst viel
Gutes zu tun, aber das wenige gut.
Nicht das Vielerlei suche, sondern das
Eine. Und besser noch: Lass dich finden!

Lange war ich beherrscht vom Gedanken,
das Leben und meines vor allem
sei ein Problem, und ich müsste es lösen.
Bis ich begriff: mich selbst muss ich
lösen aus aller Erstarrung.

Überaus wichtig erschien mir darum,
mich selbst zu erkennen und mich,
wie man sagt, selbst zu verwirklichen.
Bis ich verstand, dass ich erkannt bin
und Er, der mich liebt, mich verwirklicht.

So suchte ich Ihn zu erkennen
außerhalb, irgendwo ferne von uns,
hinter der sichtbaren Wirklichkeit.
Bis es mir aufging, lange danach: dass es
nichts Wirkliches gibt außerhalb Gottes.

(Lothar Zenetti)

„Ich bin der Weinstock, ihr seid die Reben. Wer in mir bleibt und ich in ihm, der bringt viel Frucht; denn ohne mich könnt ihr nichts tun!“
(Johannes 15,5)

Den Damm gar nicht erst aufreißen

Zwei Weise hatten viele Jahre miteinander gelebt. Nie waren sie in einen Streit geraten. Schließlich sagte der eine zum anderen: „Einmal wollen wir doch versuchen, uns zu streiten wie andere Leute!“ Der andere fragte: „Aber wie geht das, wie sollen wir uns streiten?“ Der erste antwortete: „Sieh, ich lege hier einen Ziegelstein zwischen uns und sage: Er gehört mir! Nein, er gehört mir, sagst du dann. Und schon geht der Streit los.“ Also suchten sie einen Ziegelstein, legten ihn zwischen sich, und der eine Weise begann: „Der Stein gehört mir!“ Darauf der andere: „Nein, er gehört mir!“ Darauf der eine: „Ja, er gehört dir. Also nimm ihn, ich brauche ihn gar nicht!“ So waren sie außerstande, sich zu streiten.

(Mönchsväter im 4. Jh.)

„Wer Streit anfängt, gleicht dem, der dem Wasser den Damm aufreißt. Lass ab vom Streit, ehe er losbricht!“

(Sprüche 17,14)

Nach oben schauen

Als Gott die Welt machte, fragte er die Tiere nach ihren Wünschen. Er hörte sie alle an und erfüllte ihnen ihre Wünsche. Die Menschen aber wurden ärgerlich darüber, dass Gott sie nicht gefragt hatte. „Wir können mit uns und dieser Welt nicht zufrieden sein!“, stellten sie vor Gott fest. „Das sollt ihr auch gar nicht“, antwortete Gott, „eure Heimat ist nicht die Erde, auf euch warten die Überraschungen der Ewigkeit!“
Seitdem tragen die Tiere ihre Augen zur Erde, der Mensch aber geht aufrecht und schaut zum Himmel.

(Nach einer mittelalterlichen Legende)

Der Mensch ist der Nach-oben-Schauende (anthropos), seine Sehnsucht geht bis an den Himmel und bis in die Ewigkeit. Aber von daher sollte er auch die Erde und das Leben in der Zeit ganz ernst nehmen. Darum hat Wilhelm Raabe einmal empfohlen: „Schau auf zu den Sternen, hab acht auf die Gassen!“

„Gott hat alles schön gemacht zu seiner Zeit, auch hat er die Ewigkeit in ihr Herz gelegt; nur dass der Mensch nicht ergründen kann das Werk, das Gott tut, weder Anfang noch Ende!“

(Prediger 3,11)

Es allen recht machen?

Johann Peter Hebel erzählt von einem Mann, der auf seinem Esel vom Markt nach Hause reitet. Sein Junge läuft nebenher. Kommt ein Wanderer vorbei und meint: „Das ist nicht recht, Vater, dass ihr reitet und lasst euer Kind laufen. Ihr habt stärkere Beine!“ Da stieg der Vater vom Esel herab und ließ den Sohn reiten. Kommt wieder ein Wandersmann und sagt: „Das ist nicht recht, Junge, dass du reitest und deinen Vater zu Fuß gehen lässt! Du hast jüngere Beine.“ Da saßen sie beide auf und ritten eine Strecke. Kommt ein dritter Wandersmann und schimpft. „Was ist das für ein Unverstand, zwei kräftige Leute auf einem schwachen Tier! Sollte man da nicht einen Stock nehmen und euch beide hinabjagen?“ Da stiegen beide ab und gingen zu dritt zu Fuß, rechts der Vater, links der Sohn und in der Mitte der Esel. Kommt ein vierter Wandersmann und lacht: „Ihr seid drei kuriose Gesellen. Ist es nicht genug, wenn zwei zu Fuß gehen? Geht es nicht leichter, wenn einer von euch reitet?“ Da banden sie dem Esel die vorderen und dann die hinteren Beine zusammen, zogen einen starken Baumpfahl durch, der an der Straße stand, und trugen den Esel auf der Schulter heim.
Wer sich immer nur nach anderen richtet, richtet sich selbst zugrunde!

„Ein jeder sei in seiner Meinung gewiss! Was richtest du deinen Bruder? Oder du, was verachtest du deinen Bruder? Darum lasst uns nicht mehr einer den andern richten; sondern richtet vielmehr darauf euren Sinn, dass niemand seinem Bruder einen Anstoß oder Ärgernis bereite!“

(Römer 14,5.10.13)

Wer spielt die erste Geige?

Wenn das Leben ein Orchester ist, spielen viele verschiedene Instrumente zu einer guten Musik zusammen. Die kleine Flöte bringt ihre hellen Töne hervor. Der große Bass ertönt stark und tief. Die Harfe singt, die Trompeten und Posaunen erschallen dazu. Die Klarinetten und Oboen mischen sich ein. Die Trommeln wirbeln dazu. Die Triangel klingt mit ihren zarten Tönen, und die Pauke ist wuchtig und laut. Instrumente werden geblasen, gestrichen, gezupft und geschlagen, und alles klingt und passt zusammen.
Viele Gaben, Kräfte, Stimmen und Wirkungen kommen in einem Leben zusammen wie in einem Orchester. Die kleinsten sind wichtig, und die größten sind nicht das Ganze. Alles klingt und spielt zusammen.
Unter allen Instrumenten gibt es im Orchester ein besonderes: die erste Geige. Sie ist wichtig, besonders und herausgestellt. Sie gibt den Ton an, sie führt und trägt die Melodie. Wer spielt im Leben die erste Geige?
In manchen Menschenleben spielt Jesus sozusagen die erste Geige. Er hat einen besonderen Platz, große Geltung und den ersten Rang. Er gibt den Ton an, nach ihm sollen sich alle anderen Kräfte richten. Er ist der große Star im Leben. Aber am Dirigentenpult steht der Mensch. Er gibt die Einsätze, die Tempi und die Pausen. Aber Jesus möchte in meinem Leben nicht die erste Geige spielen, einen besonderen Platz unter meiner Regie einnehmen. Nein, Jesus möchte mit seiner Übersicht und Kraft der Dirigent meines Lebens sein. So wird die Musik des Lebens lebendig und gut. Und ich selbst bin dabei erlöst von dem Druck, alles leiten und führen und richtig machen zu müssen. Wenn Jesus der Dirigent ist, muss ich auch nicht immer die erste Geige spielen, selbst als kleine Pikkoloflöte bin ich noch wichtig und ganz dabei.

„Jesus ist das Haupt der Gemeinde, er ist der Anfang, der Erstgeborene von den Toten, damit er in allem der Erste sei!“

(Kolosser 1,18)

Nichts unversucht lassen

Ein alter, weiser Afrikaner wurde einmal gefragt, wie er mit Widrigkeiten und Schwierigkeiten, mit Sorgen und Ängsten im Leben fertig wird. Er sagte: „Wenn Schwierigkeiten und Sorgen auftauchen, versuche ich, sie zuerst zu umgehen. Wenn sie sich nicht umgehen lassen, versuche ich, unter ihnen durchzukriechen. Und wenn mir das nicht gelingt, probiere ich, sie zu überspringen. Geht auch das nicht, dann gehe ich mitten durch sie durch!“

„Wenn du durch Wasser gehst, will ich bei dir sein, dass dich die Ströme nicht ersäufen sollen; und wenn du ins Feuer gehst, sollst du nicht brennen, denn ich bin der Herr, dein Gott!“

(Jesaja 43,2f)

Sehnsucht nach Leben

Eine junge Frau war sehr verzweifelt und wollte ihrem Leben ein Ende machen. So ging sie zu einem weisen Mann und erzählte ihm von ihrer Absicht, nichts mehr zu essen, bis sie sterben würde. Der alte Mann nickte zustimmend und meinte nur: „Das wird ein schöner Tod werden!“ Die Frau war ganz enttäuscht, denn insgeheim hatte sie gehofft, der weise Mann würde sie von ihrem Vorhaben abbringen. So begann sie denn zu fasten. Und im Laufe der Tage spürte sie in ihrem Körper wunderbare Veränderungen. Ihr Leib und ihre Seele wurden gereinigt, und sie fühlte sich mit jedem Tag besser und wohler. Gelegentlich hatte sie ein Gefühl von Traurigkeit, und sie lernte auch seelischen Schmerz kennen, der sich aber immer mehr in eine tiefe Freude am Leben verwandelte. In ihr wuchs mit jedem Tag mehr eine Sehnsucht nach Leben. Sie fastete nun schon über zwei Wochen, und es ging ihr immer besser. Nach drei Wochen war aller Schmerz vorbei, und sie fühlte ihr Herz überströmen von Glück und Lebenshunger. Es war eine unbändige Sehnsucht nach Leben. Und so beschloss sie denn, wieder zu leben, doch ab jetzt wirklich zu leben.

„Wenn du aber fastest, so salbe dein Haupt und wasche dein Gesicht, damit du dich nicht vor den Leuten zeigst mit deinem Fasten, sondern vor deinem Vater, der im Verborgenen ist.“

(Matthäus 6,17f)

Die Betten des Prokrustes

Theseus begegnete der griechischen Sage nach auf seinem Weg nach Athen vielen Gefahren und schlimmen Feinden. Der grausamste von ihnen war der Straßenräuber Prokrustes. Er überfiel die Vorbeikommenden und tat ihnen Gewalt an. Er hatte sich zwei Bettgestelle gemacht, ein sehr langes und ein sehr kurzes. Die kleinen Leute unter seinen Opfern legte er in die lange Bettstelle und sprach beim Schlafengehen zu ihnen: „Wie du siehst, ist meine Lagerstatt für dich viel zu groß. Lass dir das Bett anpassen, Freund!“ Und dann dehnte er den Gast so lange, bis er unter Schmerzen zugrunde ging. Kam aber ein großer Mensch vorbei, so legte er ihn gewaltsam in die kurze Bettstelle und erklärte ihm: „Es tut mir leid, mein Guter, dass mein Lager für dich viel zu klein ist!“ Und dann hieb er ihm die Beine, so weit sie über das Bett hinausragten, ab.

Theseus aber überwand den grausamen Straßenräuber, legte ihn in das kleine Bett und kürzte ihm mit seinem Schwert den Riesenleib.

Heute sind die Prokrustesbetten natürlich ganz anders gebaut. Sie sind Denkschubladen, Vorurteile, falsche Bilder und feste Meinungen, die wir uns von Menschen machen. Wir messen und beurteilen andere nach unseren vorgefertigten Ansichten. Das Grausame ist, wir sehen oft nur zwei Möglichkeiten. Die einen erscheinen uns zu klein, und wir strecken sie, obwohl es ihnen wehtut. Andere sind uns viel zu groß. Die stauchen wir ordentlich zusammen, auch wenn es sie umbringt.

„Nach welchem Recht ihr richtet, werdet ihr gerichtet werden; und mit welchem Maß ihr messt, wird euch zugemessen werden!“

(Matthäus 7,2)

Die alte Bügelfrau

„Scheint dir auch mal das Leben rau, sei still und zage nicht.
Die Zeit, die alte Bügelfrau, macht alles wieder schlicht!“

(Wilhelm Busch)

Das klingt so locker und gemütlich, so einfach und beruhigend, ist aber falsch und lebensgefährlich. Die Zeit heilt keine Wunden, ebnet keine Wege, löst keine Probleme und kuriert keine Brüche.
Wenn ein Kind sich den Arm gebrochen oder eine Platzwunde zugezogen hat, wird der Arzt nicht falsch trösten, die Zeit heile alle Wunden. Er wird den Verletzten und seinen Schaden richtig behandeln. Der Arzt und sein helfendes Handeln gehen mit dem Körper und seiner heilenden Kraft eine Verbindung ein. Aus dieser Verbindung von ärztlicher Kunst und heilender Kraft des Körpers entsteht die Heilung, die nun auch Zeit braucht. Aber nicht die Zeit heilt, sondern die Heilung entsteht durch Behandlung und wächst in der vergehenden Zeit.
Gott will das Leben heilen, und das Leben will heil werden. Aus dieser Verbindung von Heilskraft und Heilssehnsucht kann das Heil unseres Lebens in der Zeit, die wir noch haben, entstehen. Machen wir einen Bund des Vertrauens und der Liebe aus unserer Sehnsucht, heil zu werden, und Gottes großer Kraft, heil zu machen. Dann würde unsere Zeit, die wir an den Heiland binden, zur Heilszeit.
Wir brauchen für die Brüche, Verletzungen, Kränkungen und Beschädigungen unseres Lebens, für all seine Tiefen und Schmerzen, seine Rauheiten und Widrigkeiten keine liebe, alte Bügelfrau, sondern einen starken und kundigen Helfer und Heiland.

„Heile du mich, Herr, so werde ich heil; hilf du mir, so ist mir geholfen!“ „Aber dich will ich wieder gesund machen und deine Wunden heilen, spricht der Herr!“

(Jeremia 17,14 und 30,17)

Liebe verwandelt

Ein russisches Märchen erzählt von einem Spielmann, der durch die Welt zieht, um die Menschen mit seinen Melodien zu erfreuen. Auf seiner Wanderung kommt er durch einen verzauberten Wald und hört dort eine Nachtigall singen. Er spürt sofort, dass die Nachtigall für ihn singt, und antwortet ihr mit seiner Flöte. Nun antwortet ihm wieder die Nachtigall mit ihrem Gesang, und so entsteht ein wunderbares Zusammenspiel. Als die Musik der beiden immer schöner wird, beginnt der Spielmann die Nachtigall zu lieben. Über seiner Liebe wird sein Spiel noch wunderbarer und schöner. Denn auch die Nachtigall spürt die Liebe und erwidert sie. Als die Liebe zueinander stark wird, verwandelt sich der kleine Vogel in das, was er von Anfang an ist, in eine wunderschöne Königstochter.
Man mag Menschen verlocken und zwingen, an sie appellieren und sie erziehen, man mag sie reizen und bedrängen, wirklich verwandeln vermag sie nur die Liebe. Nur durch die Gabe der Liebe werden Menschen, was sie von Anfang an sind: Königskinder.

„So folgt nun Gottes Beispiel als die geliebten Kinder und lebt in der Liebe, wie auch Christus uns geliebt hat!“

(Epheser 5,1f)

Was uns hält!

Wir Unterwegs-Menschen brauchen einen Aufenthalt, wo wir bleiben. Wir brauchen Anhaltspunkte, um uns zurechtzufinden. Wir benötigen Unterhalt und Unterhaltung, um leben zu können. Wir suchen Rückhalt, damit wir nicht zugrunde gehen. Wir möchten ein gutes Gehalt, aber auch guten Gehalt, wichtigen Inhalt für unsere Lebenszeit. Wir ringen um ein richtiges Verhalten, und mehr als nur auf Haltung sind wir auf einen echten Halt aus.
Das Wort „Halt" stammt aus dem Bereich der Tierhaltung und leitet sich von „Hirte" ab. Ein Hirte hält sich Schafe, er hält die Schafe zusammen und bietet ihnen Aufenthalt und bewahrenden Rückhalt. Der letzte und wichtigste Halt für die Schafe ist der Hirte. Er ist der Halter, und sie halten sich an ihn.
So brauchen auch wir nicht irgendeinen Halt, sondern eine große Liebe und Fürsorge, die uns festhält, eine große Kraft, die uns birgt und Rückhalt gibt in allen Gefahren und Bedrohungen des Lebens. Wir brauchen einen Lebens- und Liebeszusammenhang, in dem wir festgehalten werden.

„Meine Seele hängt an dir; deine rechte Hand hält mich!"
(Psalm 63,9)

Der große Knall

„Wir führten eine nach außen hin gut funktionierende Ehe, doch in unserem Inneren war es leer. Wir gingen zwar als Familie in die Kirche, füllten aber unsere seelische Leere mit Besitz, Geld, Hobbys und Unternehmungen. Mein ungestilltes Liebesbedürfnis stillte ein Freund, bis es mein Mann erfuhr. Wir trennten uns und gingen wegen der Kinder wieder zusammen. Doch unterschwellig kriselte es weiter, bis es in der Silvesternacht 1990 zum großen Knall kam. Als ich beim Streit aus dem Schlafzimmer laufen wollte, schoss mein Mann mit der Pistole auf mich. Die Kugel ging durch die Wirbelsäule. Ich fiel zu Boden und konnte nicht mehr aufstehen.
Nun griff Gott ein. Er schenkte, dass ich meinem Mann sofort von Herzen verzeihen konnte. Mein Mann verständigte selbst die Polizei und wurde festgenommen. Ich kam in die Klinik zur Operation. In der Intensivstation dachte ich, mein Leben ginge zu Ende. Doch ich genas und wurde zur Rehabilitation verlegt. Dann stand es fest: Ich würde querschnittsgelähmt bleiben.
Mein Mann bekam in der Untersuchungshaft eine Bibel in die Hand; und wir spürten eine nie gekannte Verbindung wie in einem Dreieck: zu Gott und zueinander. Er wurde nach 6 Wochen entlassen. Gott wirkte weiter wunderbar. Das Haus konnte in kurzer Zeit rollstuhlgerecht umgebaut werden. Die Strafe wurde auf Bewährung gesetzt. So konnten wir im Oktober 1991 wieder als Familie beginnen.
Bald merkte ich: Das neue Leben im Rollstuhl war mühsam und hatte viele Grenzen. Doch Gott schickte mir zu dieser Zeit einen Christen als Krankengymnasten ins Haus. Er hörte mir zu, half mir verständnisvoll und lud mich in seine Gemeinde ein. Dort lernten wir viele Christen kennen, ihren liebevollen Umgang miteinander, ihr Leben und Reden mit Gott, ihren Glauben. Bald bekannten auch wir uns zu Jesus, gingen in den Hauskreis und spürten die Führung Gottes in unserem Leben. Meine Verzweiflung und mein Selbstmitleid wurden weniger. Ich kann nun täglich die Hilfe und Liebe Gottes erleben; ich weiß um meine Vergebung und Heilsgewissheit und bin dankbar meinem Herrn, dass es mir gut geht und ich meine Familie mit Haushalt selbst versorgen kann.

1993 ließen mein Mann, meine 14-jährige Tochter und ich uns in der Baptistengemeinde taufen.
Ich weiß heute: Mein Leben im Rollstuhl hat seinen Sinn, meine Lebensfreude kommt von Gott. Wir wollen ihm als Familie treu sein. Der Herr Jesus ist unsere Mitte und unsere Kraft. Durch seine Liebe können wir uns annehmen und lieben. Unsere Ehe lebt und gedeiht durch ihn."

(Clara Schauer)

„Ist jemand in Christus, so ist er eine neue Kreatur; das Alte ist vergangen, siehe, Neues ist geworden!"

(2. Korinther 5,17)

Sich von allem lösen – sich in alles finden

Nun sich das Herz von allem löste,
was es an Glück und Gut umschließt,
komm Tröster, Heilger Geist, und tröste,
der du aus Gottes Händen fließt.

Nun sich das Herz in alles findet,
was ihm an Schwerem auferlegt,
komm, Heiland, der uns mild verbindet,
die Wunden heilt, uns trägt und pflegt.

Nun sich das Herz zu dir erhoben
und nur von dir gehalten weiß,
bleib bei uns, Vater. Und zum Loben
wird unser Klagen. Dir sei Preis!

(Jochen Klepper, EKG 532)

„Kommt her zu mir, alle, die ihr mühselig und beladen seid; ich will euch erquicken. Nehmt auf euch mein Joch und lernt von mir; denn ich bin sanftmütig und von Herzen demütig; so werdet ihr Ruhe finden für eure Seelen!"

(Matthäus 11,28f)

Bin ich verrückt?

Ein Mann stürzte von einer Klippe in eine tiefe Schlucht. Beim Absturz konnte er sich gerade noch an einem Zweig festhalten. Dort hing er über der dreihundert Meter tiefen Schlucht. Voller Angst sah er den winzigen Zweig, den riesigen Abgrund und spürte, wie seine Kräfte nachließen. In seiner Todesangst schrie er zu Gott. „Gott, wenn es dich gibt, rette mich, und ich will an dich glauben!" Nach einer Weile hörte er eine mächtige Stimme durch die Schlucht dröhnen: „Das sagen alle Menschen, wenn sie in großer Not sind." – „Nein, Gott", rief der Mann, „ich bin nicht wie die anderen, ich will wirklich an dich glauben; hilf mir doch bitte!" – „Gut, ich werde dich retten", ertönte die Stimme. „Lass den Zweig los, ich werde dich auffangen und bewahren!" – „Den Zweig loslassen? Bin ich verrückt?", schrie der verzweifelte Mann.

„Weil es unmöglich ist, dass Gott lügt, haben wir einen starken Trost, die wir unsre Zuflucht dazu genommen haben, festzuhalten an der angebotenen Hoffnung!"

(Hebräer 6,18)

Segen und Fluch

General Stenbok war der Anführer des schwedischen Heeres, das im Jahr 1773 die Stadt Altona abbrannte. Um das Unglück von der Stadt abzuwenden, wurden Verantwortliche zum General gesandt, an ihrer Spitze Pastor Johannes Sasse. Dieser warf sich vor Stenbok nieder und flehte „um der Wunden Jesu willen“ um Erbarmen für die Stadt. „Um der Wunden Jesu willen haben die Russen keinen einzigen Schweden geschont“, antwortete Stenbok und stieß den Pastor zurück. Aber der ließ sich nicht abweisen und bat erneut um Milde. Doch alles Bitten und Flehen half nichts, denn Stenbok entschuldigte sich damit, dass er auf höheren Befehl handle. „Wenn das wahr ist“, sagte Sasse, „wenn Sie auf höheren Befehl die Stadt in Flammen setzen müssen, so nehmen Sie den Segen des Herrn, der einst unser aller Richter sein wird.“ Und dann segnete er den General. Stenbok erzitterte bei diesem Segen, und dennoch führte er sein Vorhaben aus und brannte die Stadt ab. Aber von da an wich das Glück von ihm, und bei Thöningen musste der General die Waffen strecken und sich mit seiner ganzen Armee den Dänen gefangen geben. Stenbok selbst endete einige Zeit darauf im Gefängnis. Auf dem Sterbebett sagte er zu dem Pastor, der ihm noch das Abendmahl reichte: „Kein Fluch von allen denen, gegen die ich im Krieg gekämpft habe, liegt so schwer auf meiner Seele als dieser Segen von Pastor Sasse. Er wird mich im Tode noch foltern, denn grässlich war er für mich in seinen Folgen!“

(Nach Johann Arnold Kanne – 1836)

„Siehe, ich lege euch heute vor den Segen und den Fluch; den Segen, wenn ihr gehorcht den Geboten des Herrn, eures Gottes; den Fluch aber, wenn ihr nicht gehorchen werdet den Geboten des Herrn!“

(5. Mose 11,26ff)

Die bessere Gerechtigkeit

Eine alte Legende erzählt von zwei Mönchen, die Streit miteinander haben. Sie können sich nicht einigen, denn jeder von beiden fühlt sich im Recht. Schließlich tragen sie dem Abt ihre Sache vor und bitten ihn, den Streit zu schlichten und für Gerechtigkeit zu sorgen. Der Abt möchte eine Nacht Bedenkzeit und gibt den Mönchen am nächsten Morgen seine Antwort:
„Gerechtigkeit gibt es nur in der Hölle, im Himmel regiert die Barmherzigkeit, und auf Erden gibt es das Kreuz!"
Lange reibt man sich an der Antwort, bis man einsieht, dass eine austeilende und konsequente Gerechtigkeit in die Hölle führt, dass Gottes Gerechtigkeit die Gestalt der Barmherzigkeit hat und dass der Weg zwischen dem Rechthaben und Barmherzigsein der Weg des Kreuzes ist.
Schauen wir auf den Hügel Golgatha. Der eine Verbrecher lästert Christus. Er bekommt die gerechte Strafe für sein Leben und findet die Gerechtigkeit der Hölle. Der andere Verbrecher bittet Jesus um Gnade und bekommt Gottes Barmherzigkeit. Jesus aber leidet das Kreuz auf Erden, damit es in der Hölle die Gerechtigkeit und im Himmel die Barmherzigkeit geben kann.

„Barmherzig und gnädig ist der Herr, geduldig und von großer Güte. Er handelt nicht mit uns nach unsren Sünden und vergilt uns nicht nach unsrer Missetat."

(Psalm 103,8.10)

6. Februar

Rechthaben oder Liebhaben?

Wer immer nur recht haben will, wird sich selber zerstören und auch die Netze des Lebens einreißen. Schon in der Fahrschule hat uns der Fahrlehrer im Blick auf unser Vorfahrtsrecht eingebläut: „Hier ruht Herr Knecht, denn er hatte Vorfahrtsrecht!" Wer nur auf sein Recht pocht, wird als Erster unter die Räder kommen, nicht nur im Straßenverkehr, sondern auch im viel schwierigeren Miteinander von Menschen im Alltag, in der Familie, am Arbeitsplatz und in der Gemeinde. Gott wollte gegen uns nicht recht haben und sein Recht geltend machen, er wollte uns lieb haben und uns seine Barmherzigkeit schenken. Gott gibt uns nicht, was wir verdienen, sondern was wir so nötig brauchen, seine Liebe und Barmherzigkeit. Für unser Miteinander wollen wir es von Gott lernen: Das Rechthaben führt in die sinnlose Zerstörung des Lebens, das Liebhaben eröffnet die beglückende Vermehrung des Lebens und seiner Qualität.

Gottes Gnade ist, dass er uns nicht gibt, was wir verdienen! Gottes Barmherzigkeit ist, dass er uns gibt, was wir nicht verdienen!

„So hoch der Himmel über der Erde ist, lässt er seine Gnade walten über denen, die ihn fürchten. Wie sich ein Vater über Kinder erbarmt, so erbarmt sich der Herr über die, die ihn fürchten!"

(Psalm 103,11.13)

Wer liebt Gott wirklich?

Ein indisches Märchen erzählt von drei Männern, die im Urwald unterwegs sind. Plötzlich sehen sie einen Tiger auf sich zukommen. Der erste der drei Männer ruft: „Freunde, unser Schicksal ist besiegelt. Der Tiger wird uns fressen, und unser Tod ist unvermeidlich!“ Ein Mensch, der so reagiert, ist ein Fatalist, der an die Unabänderlichkeit des Schicksals glaubt.

Der zweite Mann rät: „Meine Brüder, wir wollen gemeinsam zu Gott rufen. Er wird uns in seiner Barmherzigkeit helfen und uns vor dem Tiger bewahren!“ Ein Mensch, der so rät, ist ein religiöser Mensch, der alles von Gott erwartet, ohne seine Möglichkeiten einzusetzen.

„Warum sollen wir Gott belasten, wenn wir uns selber mit seinen Gaben helfen können? Lasst uns schnell auf diesen Baum klettern und uns vor dem Tiger verbergen!“ Ein Mensch, der so denkt, liebt Gott wirklich.

Das indische Märchen möchte den Fatalisten, der weder handelt noch betet, und den religiösen Menschen, der nur betet und nicht handelt, dem wirklich liebenden gegenüberstellen. Wer klug und folgerichtig handelt, also die Möglichkeiten Gottes in seinem Leben nutzt, liebt Gott wirklich.

Gott gab uns Augen, die Gefahr zu sehen. Er gab uns den Verstand, über Wege der Rettung aus der Gefahr nachzudenken. Er gab uns Gefährten, mit denen wir die Wege überlegen und gehen können. Er gab uns Hände zum Handeln und ließ Bäume wachsen, auf die wir uns retten können. Der Glaube soll die Tat nicht ersetzen, sondern zu den richtigen Taten hinführen.

„Und der Herr sei uns freundlich und fördere das Werk unsrer Hände bei uns. Ja, das Werk unsrer Hände wollest du fördern!“

(Psalm 90,17)

Verstanden und einverstanden

Du musst das Leben nicht verstehen, dann wird es werden wie ein Fest.
Und lass dir jeden Tag geschehen, so wie ein Kind im Weitergehen von jedem Wehen sich viele Blüten schenken lässt.
Sie aufzusammeln und zu sparen, das kommt dem Kind nicht in den Sinn.
Es löst sie leise aus den Haaren, drin sie so gern gefangen waren, und hält den lieben jungen Jahren nach neuen seine Hände hin.

(Rainer Maria Rilke)

Wir können nicht alles verstehen, was das Leben an Geheimnissen und Leiden, Schmerzen und Abgründen, Vergeblichem und Vergänglichem enthält, aber wir können einverstanden sein, indem wir uns in das Verstehen Gottes einhüllen. Im Verstehen und Lieben Gottes eingelebt, können wir versöhnt und geborgen sein. Wir sind mit dem Leben einverstanden, weil wir von Gottes Liebe ganz verstanden und umhüllt sind.

„Wie schwer sind für mich, Gott, deine Gedanken! Wie ist ihre Summe so groß! Wollte ich sie zählen, so wären sie mehr als der Sand: Am Ende bin ich noch immer bei dir!“

(Psalm 139.17f)

Der schönste Versprecher

Opa hat Geburtstag. Die Kinder und Enkelkinder sind gekommen, Bekannte und Verwandte haben sich zum Gratulieren und Feiern eingestellt. Der kleine Enkelsohn steht mit einem wunderschönen Blumenstrauß vor dem Jubilar und sagt aus seinem tiefsten Kinderherzen: „Lieber Opa, ich gratuliebe dir!“ Kann man sich schöner versprechen und besser ausdrücken, worum es geht? Wenn die Glückwünsche für einen Menschen die Liebeserklärung zu ihm sind, und wenn die Liebe, die uns Menschen entgegenbringen, das Glück unseres Lebens ist, dann blüht das Herz auf, und die Erfüllung der tiefsten Sehnsucht wird erkennbar.
Worte, Zeichen, Gesten und Taten der Liebe sind die besten Glückwünsche, denn Glück und Erfüllung des Lebens liegen nicht in Dingen und Sachen, in Geschenken und Gaben, sondern in der geschenkten und erwiderten Liebe.

„Jesus sagt: Er selbst, der Vater, hat euch lieb, weil ihr mich liebt und glaubt, dass ich von Gott ausgegangen bin!“

(Johannes 16,27)

10. Februar

Menschen verkehrt

In einer Zeitung wird von einem Feuerwehreinsatz in einer Kleinstadt berichtet. Die Feuerwehr wird zu einem Haus gerufen, aus dem dicke Rauchschwaden quellen. Die Männer der Feuerwehr dringen rasch in die betreffende Wohnung ein und finden einen Mann in einem brennenden Bett. Nachdem sie ihn geborgen, die Matratze gelöscht und den Qualm vertrieben haben, fragen sie den Mann, wie das passieren konnte. „Ich weiß es nicht", antwortet er, „es hat schon gebrannt, als ich mich hingelegt habe!"
Wir sollten nicht überheblich lächeln, sondern daran denken, wie oft Menschen sich vollkommen unbegreiflich in schon bedrohliche Situationen noch hineinbegeben.

„Lasst euch erretten aus diesem verkehrten Geschlecht!"
(Apostelgeschichte 2,40)

Das Geschenk des Glaubens

„Glaube ist eine lebendige, verwegene Zuversicht auf Gottes Gnade, so gewiss, dass er tausendmal dafür sterben würde. Und solche Zuversicht und Erkenntnis göttlicher Gnade macht fröhlich, trotzig und lustig gegen Gott und alle Kreaturen, das wirkt der Heilige Geist im Glauben!"

(Martin Luther)

„Halte dich fest an Gott. Mach's wie der Vogel, der doch nicht aufhört zu singen, auch wenn der Ast bricht. Denn er weiß, dass er Flügel hat!"

(Johannes Don Bosco)

„Es gibt ein Argument, das man allen Spitzfindigkeiten der Glaubenslosen entgegenhalten kann: Noch niemand hat je auf dem Sterbebett bereut, ein Christ zu sein!"

(Thomas Morus)

„Da wir nun gerecht geworden sind durch den Glauben, haben wir Frieden mit Gott durch unsern Herrn Jesus Christus; durch ihn haben wir auch den Zugang im Glauben zu dieser Gnade!"

(Römer 5,1f)

Wunschkind Gottes

Die Eltern einer angesehenen Familie riefen uns an. Ihr Sohn lag nach einem fehlgeschlagenen Selbstmordversuch im Krankenhaus.
„Ich werd's wieder tun“, waren die ersten Worte, die er meiner Frau und mir bei unserem Besuch sagte.
„Warum?“
„Ich bin ein Irrtum, ein Fehler. Ich sollte eigentlich gar nicht da sein.“
Wir verstanden ihn nicht.
Allmählich rückte er mit der ganzen Geschichte heraus. Er hatte ein hässliches Gespräch zwischen seinen Eltern mitangehört und dabei erfahren, dass er ein unerwünschtes Kind war. Seine Mutter hatte vergessen, die Pille zu nehmen, und bei einer Auseinandersetzung hatte sein Vater sie daran erinnert und ihr deshalb Vorwürfe gemacht.
Dieses Wissen hatte er nicht verkraftet. Es hatte ihn zerstört. Was sollte sein Leben für einen Sinn und Zweck haben, wenn er eigentlich gar nicht da sein sollte? Wenn seine Eltern ihn schon nicht wollten, wer dann?
Gott? Will Gott, dass alle Kinder geboren werden, die geboren werden? Selbst wenn deren Eltern sie nicht wollten? Diese Fragen waren ihm zu schwer gewesen. Also hatte er die Alarmglocke gezogen.
„Gott will dich”, versicherten wir ihm.
„Woher wollen Sie das wissen?“ In seinem Gesicht spiegelten sich Zweifel und Hoffnung gleichzeitig.
„Gott selbst war ein ungewolltes Kind“, antwortete ich. „Er kam unerwartet und ungeplant und stürzte seine Eltern in die größte Verlegenheit. Er kam zur Welt, ohne dass sie etwas dazu getan hätten, geschweige denn, dass sie sich ihn gewünscht hätten. Ja, er blieb sein Leben lang eine unerwünschte Person – bis man versuchte, ihn aus der Welt hinauszubefördern, indem man ihn kreuzigte.“
„Und dennoch“, fügte meine Frau hinzu, „hat es nie ein erwünschteres Kind gegeben, ein Kind, das Gott mehr geliebt hätte, nie einen Menschen, durch den mehr Menschen gesegnet worden wären als Jesus.“

Das Gesicht des Jungen drückte ungläubiges Staunen aus.
„Ich – ein Segen?"
„Ja, ein besonderer Segen", versicherten wir ihm.

(Walter Trobisch)

„Gelobt sei Gott, der Vater unseres Herrn Jesus Christus, der uns gesegnet hat mit allem geistlichen Segen im Himmel durch Christus. In seiner Liebe hat er uns dazu vorherbestimmt, seine Kinder zu sein!"

(Epheser 1,3.5)

Selbstsucht oder Selbstliebe

„Was die anderen, was die Umwelt betraf, so machte er beständig die heldenhaftesten und ernstesten Versuche, sie zu lieben, ihnen gerecht zu werden, ihnen nicht wehzutun, denn das ‚Liebe deinen Nächsten' war ihm so tief eingebläut wie das Hassen seiner selbst. Und so war sein ganzes Leben ein Beispiel dafür, dass ohne Liebe zu sich selbst auch die Nächstenliebe unmöglich ist, dass der Selbsthass genau dasselbe ist und am Ende genau dieselbe grausige Isoliertheit und Verzweiflung erzeugt wie der grelle Egoismus!"

(Hermann Hesse)

Nur wenn ich mein Selbst angenommen habe, kann ich es auch loslassen, kann ich selbst-los werden. Habe ich mein Selbst aber nicht gefunden, bin ich nicht zu mir selbst, zu meiner Identität gelangt, dann muss ich mich immer suchen und werde also selbst-süchtig.
Jesus wusste, wer er war, er war einverstanden und identisch mit sich. Er hatte sich selbst angenommen und konnte sich darum auch loslassen und verschenken. So wurde Jesus der Selbstlose schlechthin. Er konnte sich, seine Würde, sein Gleichsein mit Gott loslassen und andere wirklich lieben. Der Gehorsam der Selbstlosigkeit setzt den Gehorsam der Selbstannahme voraus.

„Jesus Christus hielt es nicht für einen Raub, Gott gleich zu sein, sondern entäußerte sich selbst und nahm Knechtsgestalt an. Er erniedrigte sich selbst und ward gehorsam bis zum Tode, ja zum Tode am Kreuz!"

(Philipper 2,6ff)

Partner gesucht

Als wir für einen Jugendabend zum Thema Einsamkeit eine Überschrift suchten, kamen wir auf die Worte „Partner gesucht!“.
Tief in jedem Menschen steckt die Sehnsucht nach Beziehung und Verbindung, nach Gespräch und Gemeinschaft, nach Vertrauen und Verstehen.
Darum ist keine Wunde so schmerzlich wie die der Einsamkeit. Als wir den Abend vorbereiteten, machten wir uns über das Wort Partner im Lexikon kundig und entdeckten dabei zwei Bedeutungen: Mitspieler und Teilhaber. Bei vielen Spielen braucht man einen Partner. Zum Tennis- oder Schachspiel, zum Federball oder Boxen. Für Ball-, Brett- und Kampfspiele sind Mitspieler nötig, damit es reizvoll, spannend und sinnvoll zugeht.
So ist es auch im Leben. Partner im Sinne von Mitspielern werden wir immer finden. Ob für die harmlosen oder gefährlichen, die langweiligen oder abenteuerlichen, die anständigen oder kriminellen Spiele – wir werden immer Partner finden.
Aber wie ist es mit Teilhabern? Wer nimmt einen Teil meines Lebens als seinen eigenen und gibt mir einen Teil seines Lebens als meinen? Wo findet eine solche Teilhaberschaft wirklich statt? Erwarten wir am Ende zu viel, wenn wir uns das von anderen wünschen? Wer wird sich aufrichtig und neidlos mit uns freuen? Wer wird schmerzlich und wirklich mit uns leiden? Wer sieht mit meinen Augen, fühlt mit meinem Herzen, geht in meinen Schuhen und versteht meine Gedanken? Jede gute Partnerschaft ist ein Versuch der Teilhabe. Aber darin sind wir sehr begrenzt. Denn wir können in den letzten und tiefsten Lebenssituationen nicht an die Stelle des anderen treten.
Das bleibt nur einem möglich, dem besten und wirklichen Teilhaber meines Lebens. Er ist der beste Partner und teilt alles mit mir, Geborenwerden und Leben, Lieben und Leiden, Lachen und Weinen, Sterben und das Vor-Gott-Stehen. Er nimmt mein Leben als seines und gibt mir sein Leben ganz zu eigen.
Das ist das Wunder der göttlichen Liebe in Jesus und das einzige Heilmittel gegen die Wunde der Einsamkeit.

„Partner gesucht“ heißt dann nicht mehr nur, dass wir jemanden suchen, der uns versteht. Es heißt dann auch, dass Jesus uns als Partner und Teilhaber sucht. Jesus hat wirklich Sehnsucht nach uns.

„Als Jesus an die Stelle kam, sah er auf und sprach: Zachäus, steig eilend vom Baum herunter; denn ich muss heute in deinem Hause einkehren!“

(Lukas 19,5)

Zu sich selber stehen

In der übersteigerten Sehnsucht, von anderen akzeptiert, wertgeschätzt und angesehen zu sein, werden wir selbst unser schlimmster Feind. Ständig vergleichen wir uns in Ansehen und Anziehung mit anderen Menschen. Wir beneiden sie um ihre Intelligenz und Schönheit, ihren Reichtum und ihren Erfolg. Ganz unbewusst kritisieren und verachten wir uns dabei selbst, machen uns klein und fühlen uns mies. Um das auszugleichen, beginnen wir ein übles Rollenspiel. Wir schlüpfen in fremde Rollen, setzen interessante Masken auf und erwerben uns Statussymbole, die in der Gesellschaft gelten. Wir täuschen vor, was wir nicht sind, und täuschen uns darin, wer andere sind. Niemand soll unsere Ecken und Kanten spüren, keiner unsere Fehler und Schwächen durchschauen, weil wir andere glatt, stark und erfolgreich wähnen. Niemand soll erfahren, wie einsam, ungeborgen, fremd, ängstlich und schwach wir sind. Wir haben Angst, dass andere uns herabsetzen und in unseren Wunden lustvoll herumkratzen und sich an unserer Schwäche weiden. Darum verbergen wir unser wirkliches Selbst aus Angst vor Verletzung und Verachtung.

Und was wir oft nicht bedenken, ist, dass es den anderen Menschen ähnlich ergeht. So entsteht eine Gesellschaft von verkrampften, gequälten Schauspielern, in der jeder seine eigene Identität verraten hat. Zwischen Überforderung und Untererfüllung geraten wir ins Schleudern, verleugnen uns selbst auf eine völlig falsche Weise, schämen uns unserer selbst und unserer Eigenart.

Es wird höchste Zeit, dass wir uns von Gottes unbedingter Liebe her als einzigartig und angenommen erkennen, unsere ureigene Identität leben, mit unserem Alter und Geschlecht, Charakter und Beruf, mit unseren Gaben und Grenzen, unserer Wohn- und Lebensart versöhnen. Versuchen wir nicht, wie andere oder anders zu sein, stehen wir zu uns selbst und vergleichen wir uns nicht mit anderen, weil jeder Mensch vor Gott unvergleichlich ist.

„Weil du in meinen Augen so wertgeachtet und auch herrlich bist, habe ich dich lieb!“

(Jesaja 43,4)

Hast du dich selbst lieb?

„Hast du dich selbst lieb, so hast du alle Menschen lieb wie dich selbst. Solange du einen einzigen Menschen weniger lieb hast als dich selbst, so hast du dich selbst nie wahrhaft lieb gewonnen!"

(Meister Eckhart)

Liebe dich selbst, denn du bist ein Wunder Gottes. Wenn du dich selbst liebst und annimmst, akzeptierst und bejahst, weil Gott dich einzigartig gemacht hat, wirst du die anderen Menschen, die auch aus Gottes wunderbarer Werkstatt stammen, mit derselben intensiven und zarten Liebe annehmen und wertschätzen wie dich selbst. Wenn Gott dich so liebt, warum solltest du dich nicht so lieben? Wenn Gott den anderen liebt, warum solltest du ihn nicht so lieben? Wenn Gott dich als Lebendigen so will, warum solltest du das Leben in der Gestalt deiner Person nicht lieben?
Diese Liebe wird in die Freude an deiner Existenz, an der Entfaltung der in dir liegenden Gaben und am Zusammenkommen mit anderen Menschen führen.

„Du sollst den Herrn, deinen Gott, lieben von ganzem Herzen, von ganzer Seele, von ganzem Gemüt und von allen deinen Kräften! Du sollst deinen Nächsten lieben wie dich selbst!"

(Markus 12,30f)

Zurücklassen

Zwei Mönche waren abends auf dem Heimweg ins Kloster. Am Flussufer trafen sie ein hübsches junges Mädchen, das verzweifelt nach einem Weg über den Strom suchte. Ohne lange zu fackeln, nahm der eine Mönch sie auf seine Arme und trug sie über die Furt. Drüben setzte er sie ab und ging weiter.

Das gab seinem Gefährten zu denken. Stundenlang grübelte er über das Benehmen seines Freundes nach, bis er sich schließlich an ihn wandte und sagte: „Du weißt doch, dass die Mönchsregeln uns streng verbieten, auch nur in der Nähe einer Frau zu verweilen, besonders wenn sie jung und hübsch ist. Wie konntest du dieses Mädchen nur so einfach auf die Arme nehmen?“

Erstaunt drehte sich der andere um und sagte: „Trägst du sie denn immer noch? Ich habe sie am Fluss zurückgelassen.“

(Eine buddhistische Legende)

„Ich vergesse, was da hinten ist, und strecke mich aus nach dem, was da vorne ist, und jage nach dem vorgesteckten Ziel!“

(Philipper 3,13f)

Brot zum Leben

Da herrschte in einem Land eine fürchterliche Christenverfolgung. Es war lebensgefährlich, eine Bibel zu besitzen. Wenn die Geheimpolizei kam und bei einer Hausdurchsuchung die Heilige Schrift fand, war mit Verhaftung zu rechnen.
Die Familie des frommen Küsters konnte sich nicht von dem Buch lösen. Es war für sie wie das tägliche Brot, ohne das man nicht leben kann. Eines Tages aber kamen Verfolger. Die Mutter hatte es geahnt, als sie durchs Fenster schaute und zwei fremde Herren ankommen sah. Sie war gerade dabei, ein Brot zu backen. Der Teig lag ausgerollt auf dem Tisch. In Windeseile nahm sie die Bibel, rollte sie in den Teig ein und schob das Ganze in den Ofen. Mit peinlicher Genauigkeit durchsuchte die Polizei das Haus, fand die Bibel aber nicht. Sie musste unverrichteter Dinge das Haus verlassen.
Als am nächsten Tag das Brot auf dem Tisch lag und die Bibel in der Mitte heil und unversehrt zum Vorschein kam, hatte jeder begriffen: die Bibel ist Brot zum Leben. Wie das tägliche Brot den Menschen nährt, so ist auch Gottes Wort, täglich gelesen, Kraft für ein Leben mit Gott.
Heute hat diese Bibel einen Ehrenplatz im Hause des Küsters, und jedem Besucher wird die Geschichte vom Brotbacken in der Verfolgungszeit erzählt.

(Heinrich Bücker)

Herr, dein Wort, die edle Gabe, dieses Gold erhalte mir,
denn ich zieh es aller Habe und dem größten Reichtum für.
Wenn dein Wort nicht mehr soll gelten,
worauf soll der Glaube ruhn?
Mir ist's nicht um tausend Welten, aber um dein Wort zu tun!

(Nikolaus Ludwig Graf von Zinzendorf)

„Die Worte Gottes sind köstlicher als Gold und viel feines Gold, sie sind süßer als Honig und Honigseim!“

(Psalm 19,11)

Nicht die Größe macht es, aber die Liebe!

Ein Löwe schlief im Schatten eines Baumes, als ihm eine kleine Maus über die Pranken lief. Erschrocken wachte der Löwe auf und wollte die Maus gerade verschlingen, als sie ängstlich zum Löwen sagte: „Was hast du schon von einem so winzigen Tier für einen Genuß? Lass mich laufen, und du gewinnst in mir einen Freund für das ganze Leben!"

Der Löwe lachte und sagte schließlich: „Dann lauf nur, kleiner Freund! Wenn ich dich brauche, werde ich dich rufen."

Eines Tages verfing sich der Löwe in einem Fangnetz. Je mehr er sich zu befreien suchte, desto enger zog sich das Netz um ihn zusammen. Da brüllte der Löwe laut in seiner Not. Sogleich kam die kleine Maus, zernagte Masche um Masche des Netzes und befreite ihren großen Freund.

(Nach einer alten Fabel)

„Alle eure Dinge lasst in der Liebe geschehen!"

(1. Korinther 16,14)

Krönung des Lebens

Ein Heiliger trug eine goldene Krone.
Als er in den Himmel kam und sah, dass alle anderen Heiligen juwelenbesetzte Kronen trugen, fragte er: „Warum hat meine Krone keine Juwelen?"
Der Engel antwortete: „Weil du keine gegeben hast. Diese Juwelen sind die Tränen, welche die Heiligen auf Erden vergossen. Du hast keine Tränen geweint."
„Wie konnte ich", fragte der Heilige, „wo ich so glücklich war in der Liebe zu Gott?"
„Das ist viel", sagte der Engel. „Hier ist deine Krone, sie ist aus Gold, aber Juwelen sind nur für die, die weinten."

(Französische Legende)

„Als Jesus hinzukam, sah er die Stadt und weinte über sie und sprach: Wenn doch auch du erkenntest zu dieser Zeit, was zum Frieden dient! Aber nun ist's vor deinen Augen verborgen."

(Lukas 19,41f)

Der fragwürdige Mensch

„Wer nicht fragt, bleibt dumm!“, heißt es in einem Kinderlied. Normalerweise fragen Kinder ihren Eltern Löcher in den Bauch. Sie wollen alles wissen, hinter alles kommen, immer noch weiterfragen. Ein Ausdruck der Würde des Menschen ist die Gabe, fragen zu können. Leider haben viele Menschen das Fragen aufgegeben. Sie meinen, alles zu wissen, geben sich mit halben Antworten zufrieden, und ihre Neugier ist an Resignation erstickt. Die bohrenden Lebensfragen wollen gestellt und Antworten darauf gesucht werden: Wer bin ich? Woher komme ich? Wohin gehe ich? Was ist der Sinn? Was ist die Kraft, die die Welt im Innersten zusammenhält?
In dem Buch „Anna“ von Fynn gibt es ein wunderschönes Gebet des liebenswürdigen Kindes: „Bitte, Mister Gott, lass mich nicht so dumm bleiben wie alle anderen und wie ich jetzt bin. Ich möchte so gern alles lernen. Bitte sag mir doch, wie man richtig fragt!“

„Nach drei Tagen fanden die Eltern Jesus im Tempel sitzen, mitten unter den Lehrern, wie er ihnen zuhörte und sie fragte!“

(Lukas 2,46)

Frag doch mal wieder!

„Fragen kann ich nach Person und Sache, nach Ort und Zeit,
nach Maß und Mittel, nach Grund und Ziel.
Wer Fragen stellt, erweist Vertrauen,
und darum tut es uns so gut,
wann immer jemand fragend mit uns spricht.
Fragen sind Geburtshelfer des inneren Lebens;
nur eine einzige geschickt gestellte Frage,
und neues Leben drängt ans Licht der Welt.
Urfragen gibt es, die uns treffen:
Adam, wo bist du?
Wo ist dein Bruder Abel?
Willst du gesund werden?
Was willst du, dass ich dir tun soll?
Urfragen, die Gott selbst uns Menschen stellt,
Fragen, die das Ziel uns zeigen,
Fragen, die den Weg uns weisen.
Und Fragen sind wie dürres Holz,
geworfen in die schwache Glut erloschener Gespräche,
und wieder prasselt hell das Feuer,
und wieder spürt das Herz ein heißes Glühn.
Fragen geben dem Erfragten Wert –
fragwürdig sein – welch schönes Kompliment!
Demütig ist, wer ernstlich fragt,
er schämt sich seiner Dummheit nicht,
und wirklich Meister ist nur der zu nennen,
der gute Fragen stellen kann."

(Reinhard Deichgräber)

„Nathanael sprach zu ihm: Was kann aus Nazareth Gutes kommen!

Philippus spricht zu ihm: Komm und sieh es!"

(Johannes 1,46)

Aufhören ist besser als Umkommen!

Ein kleiner Zirkus schlägt am Rande eines Dorfes seine Zelte auf. Die Bewohner sind eingeladen, die Vorstellung soll beginnen. Da bricht im Zirkus ein Feuer aus. Der Zirkusdirektor schickt seinen schnellsten Mann in das Dorf, um Hilfe zu holen. Es ist der Clown, der sich schon für seinen Auftritt im Zirkus fertig gemacht hat. In seinem Clownskostüm rennt er ins Dorf und schreit: „Es brennt, kommt schnell und helft löschen!“
Die Leute im Dorf lachen über ihn und meinen anerkennend, er spiele seine Rolle als Clown vortrefflich. Der Clown bittet eindringlich, es sei wirklich ernst und kein Spaß, das Feuer könnte auch auf das Dorf übergreifen und sie alle mit gefährden. Die Dorfbewohner lachen noch mehr und meinen, das wäre wirklich ein guter Trick, um sie in die Vorstellung zu locken, einfach gekonnt und richtig gut. So lachen sie und bleiben zu Hause. Das Feuer breitet sich aus, erfasst schließlich auch das Dorf, und die Bewohner verbrennen in ihren Häusern.

(Nach einer Erzählung von Søren Kierkegaard)

„Ermahnt euch selbst alle Tage, solange es ‚heute‘ heißt, dass nicht jemand unter euch verstockt werde durch den Betrug der Sünde!“
(Hebräer 3,13)

Wir haben den besten Anwalt

Haben wir schmerzliche Abschiede hinter uns und Berge von Schwierigkeiten vor uns, sind schwere Wege unter uns und bedrückende Lasten auf uns, finden wir nur Ratlosigkeit neben uns und große Angst in uns, wollen die Tage vor Einsamkeit nicht enden und die Seelen mit ihren Wunden nicht heilen, sind die Hände voller Scherben und die Herzen voller Sorgen, sind die guten Worte aufgebraucht und die Augen vom vielen Weinen ganz blind, wollen Gedanken und Gebete sich nicht mehr finden lassen, wirken die kleinen Tröstungen nicht mehr und sind die Ablenkungen abgenutzt, ist der Sinn abhandengekommen und die Hoffnung gestorben, dann bleibt uns noch eines: Jesus spricht für uns beim Vater vor und verwendet sich für uns. Er tritt für uns ein und bringt uns durch.

„Simon, Simon, siehe, der Satan hat begehrt, euch zu sieben wie den Weizen. Ich aber habe für dich gebeten, dass dein Glaube nicht aufhöre!“

(Lukas 22,31f)

Die wirklich Mächtigen

In einem Konzentrationslager lebte einmal ein Gefangener, der, obwohl zum Tode verurteilt, furchtlos und frei war. Eines Tages sah man ihn mitten auf dem Gefängnisplatz Gitarre spielen. Eine große Menge versammelte sich um ihn, denn unter dem Zauber der Musik wurden alle genauso furchtlos wie er. Als die Gefängnisaufseher das merkten, verboten sie dem Mann zu spielen.
Aber am nächsten Tag war er wieder da, sang und spielte auf seiner Gitarre, und die Menge um ihn war größer als zuvor. Wütend schleppten sie ihn weg und zerquetschten seine Finger.
Am nächsten Tag war er wieder da, sang und spielte, so gut er mit seinen blutenden Fingern konnte. Dieses Mal jubelten ihm die Menschen zu. Die Wärter schleppten ihn fort und zerschlugen seine Gitarre.
Am nächsten Tag sang er aus ganzem Herzen. Was für ein Lied! So rein und beglückend. Die Menge fiel ein, und während des Singens wurden ihre Herzen so rein wie seines und ihr Geist genauso unbesiegbar. Dieses Mal waren die Wärter so wütend, dass sie ihm die Zähne ausschlugen. Stille breitete sich über dem Lager aus.
Zu jedermanns Erstaunen war er am nächsten Tag wieder da und wiegte sich tanzend zu einer tonlosen Musik, die nur er hören konnte. Und bald fassten sich alle an den Händen und tanzten um diese geschundene Gestalt in der Mitte, während die Wachen wie angewurzelt dastanden.

(Nach Anthony de Mello)

„Aber in dem allen überwinden wir weit durch den, der uns geliebt hat!“

(Römer 8,37)

„Alles, was von Gott geboren ist, überwindet die Welt; und unser Glaube ist der Sieg, der die Welt überwunden hat!“

(1. Johannes 5,4)

Einsicht gegen Eifersucht

Anna sagte: „Gott hat mich nicht so lieb wie du, es ist bloß anders, nämlich Millionen Mal größer!“ Mit der Sicherheit des Chirurgen schnitt sie in die Wunde, die ein nutzloser Funke Eifersucht gebrannt hatte. Sie sagte: „Fynn, du hast mich lieber als irgendwer sonst, und ich hab dich auch lieber als irgendwer sonst. Aber mit Mister Gott ist das anders. Siehst du, Fynn, Leute lieben von außen rein, und sie können von außen küssen, aber Mister Gott liebt dich innen drin und kann dich von innen küssen, darum isses anders. Mister Gott is nich wie wir. Wir sind bloß ein bisschen wie er. Aber nich sehr viel.“ – Anna hatte Blei in Gold verwandelt. Alle weisen Definitionen des Gottesbegriffes waren bei ihr überflüssig. Gnade, Liebe, Gerechtigkeit dienten als schwache Stützen zur Beschreibung des Unbeschreibbaren. Anna brauchte solche Stützen nicht.
„Siehst du, Fynn, Mister Gott ist auch anders, weil er Sachen zu Ende machen kann, und wir können das nicht.“

„Verlasset euch nicht auf Fürsten; sie sind Menschen, die können ja nicht helfen. Denn des Menschen Geist muss davon, und er muss wieder zu Erde werden; dann sind verloren alle seine Pläne. Wohl dem, dessen Hilfe der Gott Jakobs ist, der seine Hoffnung setzt auf den Herrn, seinen Gott!“

(Psalm 146,3ff)

Der Stein der Weisen

Luise Rinser lässt in einer ihrer Erzählungen einen Arzt, der von einer längeren Reise zurückkommt, sagen: „Ich habe ein Geheimnis, ich habe etwas gefunden! Was denn? Den Stein der Weisen: Mich-Selbst!"
Der Stein der Weisen ist ein Symbol für die Lösung der tiefsten Menschheitsfragen, ein Ausdruck für die Verwirklichung des wahren Menschseins. Der Stein der Weisen ist das große Wunder, auf das Menschen hoffen, die wirkliche Lösung und Erlösung, die Menschen ersehnen.
Aber sie suchen in der Ferne, fahren fort, suchen überall und bleiben doch unerfüllt und finden nichts. Darum sagt Angelus Silesius einmal: „Mensch, geh' nur in dich selbst, denn nach dem Stein der Weisen darf man nicht allererst in fremde Lande reisen!"
Sicher ist es besser, zu sich zu kommen, als immer weiter und immer wieder auf andere Dinge abzufahren, sich zu verzetteln und seine Sinne zu zerstreuen. Aber kann ich selbst die Lösung meiner Fragen sein, die Stillung meiner Sehnsucht bieten, die Erfüllung meiner Träume gewähren? Bin ich nicht hoffnungslos überfordert im Vermögen und unterschätzt im Bedürfen, wenn ich selbst der Stein der Weisen sein soll?
Gottes Liebe zu uns, Christi Heil für uns und die Kraft des Heiligen Geistes in uns sind die Lösung. So wird aus dem Stein der Weisen als Symbol das Herz des Weisen als lebendige Wirklichkeit. Nur Gottes Liebe löst meine tiefsten Probleme, stillt meine letzte Sehnsucht, birgt die höchste Erfüllung in sich.
Darum sage ich, wenn ich zurückkomme: „Ich habe ein Geheimnis, ich habe etwas gefunden! Was denn? Den Stein der Weisen: Gott selbst und in ihm auch mich!"

„Jesus Christus ist uns von Gott gemacht zur Weisheit und zur Gerechtigkeit und zur Heiligung und zur Erlösung!"

(1. Korinther 1,30)

Der andere Stein der Weisen

Wir haben zu Hause noch einen anderen Stein der Weisen. Es ist ein wunderschöner, großer Stein, den wir von einer Reise mit nach Hause nahmen. Nun liegt er bei uns in der Fensterbank. Ein ganz gewöhnlicher Stein und doch ein besonderer. Immer wenn wir in der Familie mal wieder meinten, dass einer einen anderen beschuldigen und verurteilen sollte wegen offensichtlicher Fehler und Versagen, haben wir den Stein genommen, ihn umgedreht, uns besonnen und dann wieder hingelegt. Auf der Unterseite stehen mit dickem Filzstift die Worte Jesu geschrieben: „Wer unter euch ohne Sünde ist, der werfe den ersten Stein auf sie!“

(Johannes 8,7)

Der Stein der Weisen im Zusammenleben von Menschen ist der Stein, der nicht geworfen wird. Der andere Stein der Weisen ist die Besinnung auf die Liebe Jesu und seine Vergebung, von der wir alle leben. So werden wir aufeinander trotz unserer Fehler und Schwächen nicht mit Steinen werfen, wo wir doch selbst im Glashaus sitzen. Wir nehmen den Stein, lassen uns durch die Worte Jesu umstimmen, legen ihn wieder zurück und versöhnen uns. Das ist der andere Stein der Weisen, der Geist der Liebe.

„Jesus sprach: Wo sind deine Verkläger? Hat dich niemand verdammt? So verdamme ich dich auch nicht; geh hin und sündige hinfort nicht mehr!“

(Johannes 8,10f)

Eine „Ährenlese“: Was ist Demut?

„Nehmet auf euch mein Joch und lernet von mir; denn ich bin sanftmütig und von Herzen demütig!“

(Jesus nach Matthäus 11,29)

„Demut ist die dem Menschen eigentümliche Würde vor Gott!“

(Gertrud von Le Fort)

„Demut ist Neigung vor Gott und Zuneigung zum Menschen!“
„In Demut achte einer den anderen höher als sich selbst!“

(Paulus nach Philipper 2,3)

„Bescheidenheit kann man erziehen, Demut muss man erbitten!“

(Hermann Bezzel)

„Es ist weise, wenn ein Mensch sich demütigt; denn dadurch wird er der Notwendigkeit enthoben, gedemütigt zu werden!“

(Ch. H. Spurgeon)

„Der Welt Schlüssel heißt Demut: ohne ihn ist alles Klopfen, Horchen, Spähen umsonst!“

(Christian Morgenstern)

„Demut ist wie Unterwäsche – sie ist unentbehrlich, aber man zeigt sie nicht!“

(Aus Reader’s Digest)

„Fühlst du dich aber, du habest es gewiss und bildest dir was ein mit deinem eigenen Büchlein, Lehren oder Schreiben, als habest du es sehr köstlich gemacht, mein Lieber, so greif dir selbst an deine Ohren, und greifst du recht, so wirst du finden ein schön Paar großer, langer, rauer Eselsohren!“

(Martin Luther)

„Alle aber miteinander haltet fest an der Demut; denn Gott widersteht den Hochmütigen, aber den Demütigen gibt er Gnade. So demütigt euch nun unter die gewaltige Hand Gottes, damit er euch erhöhe zu seiner Zeit!“

(1. Petrus 5,5f)

Chance verpasst

Ein Mann erzählte seinen Freunden von den Urlaubsabenteuern. Er hatte sich auf einer Wüstentour verlaufen und war tagelang in der Einöde von Sand und Sonne umhergeirrt. Eindrucksvoll schilderte er seine Ängste und Verzweiflung. Schließlich sei er in seiner Todesnot niedergekniet und habe Gott um seine Hilfe angefleht. Stunden habe er gebetet und zu Gott gerufen. Aber ehe Gott eingreifen und helfen konnte, meinte er, sei ein Forschungsteam vorbeigekommen und habe ihn glücklich in sein Quartier gebracht.

„Vielleicht wird der Herr etwas für uns tun, denn es ist dem Herrn nicht schwer, durch viel oder wenig zu helfen!“

(1. Samuel 14,6)

Prüfung bestanden

An einem Montagmorgen besteigt ein Pastor den Bus, um in die Stadt zu fahren. Er reicht dem Busfahrer einen größeren Geldschein und wartet auf das Wechselgeld. Auf dem Sitzplatz angekommen, zählt er das Geld nach und stellt fest, dass ihm der Busfahrer zu viel herausgegeben hat. Er bleibt sitzen, und seine Gedanken machen sich an die Arbeit. Glücklicher Zufall, unwichtige Kleinigkeit oder ein Grund, ehrlich zu sein und dem Busfahrer das Geld zurückzugeben? Der Pastor findet manchen Grund, das Geld einfach zu behalten, aber schließlich siegt seine Gewissenhaftigkeit. Er steht auf, geht zum Busfahrer nach vorn und sagt: „Entschuldigen Sie, aber Sie haben mir zu viel Geld rausgegeben, als ich vorhin meine Fahrkarte bezahlt habe!“ Der Fahrer erwidert locker: „Ich weiß, ich war gestern in Ihrer Kirche und hörte Sie über die Gebote Gottes sprechen. Da wollte ich nur mal ausprobieren, ob Sie selbst auch tun, was Sie anderen predigen!“

„Ich hebe meine Hände auf zu deinen Geboten, die mir lieb sind. Ich neige mein Herz, zu tun deine Gebote immer und ewiglich!“

(Psalm 119,48.112)

Die Gnade des Morgens

„Jeder neue Morgen ist ein neuer Anfang unseres Lebens. Jeder Tag ist ein abgeschlossenes Ganzes. Der heutige Tag ist die Grenze unseres Sorgens und Mühens (Mt 6,34; Jak 4,14). Er ist lang genug, um Gott zu finden oder zu verlieren, um Glauben zu halten oder in Schande zu fallen. Darum schuf Gott Tag und Nacht, damit wir nicht im Grenzenlosen wandern, sondern am Morgen schon das Ziel des Abends vor uns sähen. Wie die alte Sonne doch täglich neu aufgeht, so ist auch die ewige Barmherzigkeit Gottes alle Morgen neu (Klgl 3,23). Die alte Treue Gottes allmorgendlich neu zu fassen, mitten in einem Leben mit Gott täglich ein neues Leben mit ihm beginnen zu dürfen, das ist das Geschenk, das Gott uns mit jedem Morgen macht. In der Heiligen Schrift ist der Morgen eine Zeit voller Wunder. Es ist die Stunde der Hilfe Gottes für seine Kirche (Ps 46,6), die Stunde der Freude nach einem Abend des Weinens (Ps 30,6), die Stunde der Verkündigung des göttlichen Wortes (Zeph 3,5), der täglichen Austeilung des heiligen Mannas (2 Mo 16,13f); vor Tagesanbruch geht Jesus beten (Mk 1,35), in der Frühe gehen die Frauen zum Grab und finden Jesus auferstanden am Ufer des Sees von Tiberias (Joh 21,4). Es ist die Erwartung der Wunder Gottes, die die Männer des Glaubens früh aufstehen lässt (1 Mo 19,27; 2 Mo 24,4; Hiob 1,5 u. a.). Der Schlaf hält sie nicht mehr. Sie eilen der frühen Gnade Gottes entgegen."

(Dietrich Bonhoeffer)

„Lass mich am Morgen hören deine Gnade, denn ich hoffe auf dich!"
(Psalm 143,8)

Gut geweckt ist halb gewonnen!

„Beim Erwachen vertreiben wir die finsteren Gestalten der Nacht und die wirren Träume, indem wir alsbald den Morgensegen sprechen und uns für diesen Tag dem dreieinigen Gotte befehlen. Böse Launen, unbeherrschte Stimmungen und Wünsche, die wir am Tag nicht mehr loswerden, sind oft genug Nachtgespenster, die nicht beizeiten verjagt worden sind und uns den Tag vergällen wollen. In die ersten Augenblicke des neuen Tages gehören nicht eigene Pläne und Sorgen, auch nicht der Übereifer der Arbeit, sondern Gottes befreiende Gnade, Gottes segnende Nähe. Wen die Sorge frühzeitig aufweckt, zu dem sagt die Schrift: ‚Es ist umsonst, dass ihr früh aufstehet und hernach lange sitzet und esset euer Brot mit Tränen‘ (Ps 127,2). Nicht die Angst vor dem Tag, nicht die Last der Werke, die ich zu tun vorhabe, sondern der Herr ‚weckt mich alle Morgen; er weckt mir das Ohr, dass ich höre wie ein Jünger‘, so heißt es vom Knecht Gottes (Jes 50,4). Bevor das Herz sich der Welt aufschließt, will Gott es sich erschließen; bevor das Ohr die unzähligen Stimmen des Tages vernimmt, soll es in der Frühe die Stimme des Schöpfers und Erlösers hören. Die Stille des ersten Morgens hat Gott für sich selbst bereitet. Ihm soll sie gehören.“

(Dietrich Bonhoeffer)

„Alle Morgen weckt er mir das Ohr, dass ich höre, wie Jünger hören. Gott der Herr hat mir das Ohr geöffnet. Und ich bin nicht ungehorsam und weiche nicht zurück!“

(Jesaja 50,4f)

Wider die gnadenlose Hetze des Morgens

„Vor das tägliche Brot gehört das tägliche Wort. Nur so wird auch das Brot mit Danksagung empfangen. Vor die tägliche Arbeit gehört das morgendliche Gebet. Nur so wird die Arbeit in der Erfüllung des göttlichen Befehls getan. Für stille Gebetszeit und gemeinsame Andacht muss der Morgen eine Stunde hergeben. Das ist wahrhaftig keine vergeudete Zeit. Wie könnten wir anders gerüstet den Aufgaben, Nöten und Versuchungen des Tages entgegengehen? Und ob wir auch oft nicht ‚in Stimmung' dafür sind, so ist es doch schuldiger Dienst an dem, der von uns angerufen, gelobt und gebeten sein will und der uns unseren Tag nicht anders als durch sein Wort und unser Gebet segnen will. Es ist nicht gut, von ‚Gesetzlichkeit' zu reden, wo es um die Ordnung unseres christlichen Lebens, um die Treue in den gebotenen Dingen des Schriftlesens und Betens geht. Unordnung zersetzt und zerbricht den Glauben. Das muss der Theologe besonders lernen, der Zuchtlosigkeit mit evangelischer Freiheit verwechselt. Wer einmal ein ausfüllendes geistliches Amt versehen und nicht in Betriebsamkeit sich und seine Arbeit zugrunde richten will, der lerne beizeiten die geistliche Disziplin des Dieners Jesu Christi. Der junge Theologe wird es als eine große Hilfe erfahren, wenn er sich für sein stilles Gebet und für die Andacht feste Zeiten setzt, die er in großer Beharrlichkeit und Geduld einhält."

(Dietrich Bonhoeffer)

„Ich will von deiner Macht singen und des Morgens rühmen deine Güte; denn du bist mir Schutz und Zuflucht in meiner Not!"

(Psalm 59,17)

6. März

Was Glaube ist

Als Jiri Izrael einer der Stillen im Getümmel der Welt vor Ostern im Jahre fünfzehnhunderteinundfünfzig bei Torun über die gefrorene Weichsel ging begann vor seinen Füßen plötzlich das Eis zu brechen Und Jiri Izrael sprang von Scholle zu Scholle und sang dabei den Psalm

Lobet im Himmel den Herrn lobet ihn in der Höhe Von Scholle zu Scholle Lobet ihn alle seine Engel lobet ihn all sein Heer Von Scholle zu Scholle Lobet ihn Sonne und Mond lobet ihn alle leuchtenden Sterne Von Scholle zu Scholle

Lobet ihn ihr Himmel aller Himmel und ihr Wasser über dem Himmel Von Scholle zu Scholle Lobet den Namen des Herrn aller Dinge denn er gebot da wurden sie geschaffen Von Scholle zu Scholle Lobet den Herrn auf Erden ihr großen Fische und alle Tiefen des Meeres Von Scholle zu Scholle Lobet den Namen des Herrn denn sein Name allein ist hoch seine Herrlichkeit reicht so weit Himmel und Erde ist Und so gelangte Jiri Izrael aus der Strömung des Flusses glücklich ans Ufer.

„Der Herr ist meine Macht und mein Psalm und ist mein Heil!“

(Psalm 118,14)

Der goldene Fisch

„In einem schönen, von Gott erschaffenen Garten lebten einmal ein Mann und eine Frau. Gott hatte ihnen die Pflege der Pflanzen und Bäume anvertraut, die Sorge um die Fische, die Vogel und die Landtiere. Dafür schenkte der Garten dem Mann und der Frau alles, was sie zum Leben brauchten, Nahrung und frisches Wasser, den Tag und die Nacht, den Lauf der Sonne, den Wechsel des Mondes, den Stand der Sterne, die Jahreszeiten: den Frühling, den Sommer, den Herbst und den Winter.

Eines Tages entdeckten der Mann und die Frau in einem Fluss einen Fisch. Er besaß goldene Schuppen. Aber als sie ihn fangen wollten, entwischte er ihren Händen und schwamm davon. Der goldene Fisch ließ dem Mann und der Frau keine Ruhe mehr. Sie fingen an, ihn zu suchen, und ihre Wege trennten sich. Der Mann ging am rechten, die Frau am linken Ufer entlang. Beide hofften, dem anderen mit dem Fang zuvorzukommen.

Der Wunsch, den goldenen Fisch zu besitzen, beherrschte alle ihre Gedanken. So kam es, dass sie den ihnen anvertrauten Garten mehr und mehr vergaßen, die Pflege der Pflanzen und Bäume, die Sorge um die Fische, die Vögel und die Landtiere.

Die großen Pflanzen zerstörten die kleinen, und die starken Tiere töteten die schwachen. Die vielerlei Arten der Pflanzen und Bäume, der Fische, der Vögel und der Landtiere wurden immer weniger.

Und eines Morgens, als der Mann und die Frau erwachten, war der Garten verödet und der Fluss ohne Wasser. Erschrocken machten sie sich auf, um nach seiner Quelle zu suchen. Dort trafen sie sich nach vielen Tagen und Nächten. Die Quelle war ausgetrocknet, und auf ihrem Grund lag der goldene Fisch. Er war tot.

Da schauten sich der Mann und die Frau in die Augen und weinten zum ersten Mal. Sie wussten, dass sie den ihnen anvertrauten Garten für immer verloren hatten. Auch Gott trauerte um seinen Garten. Aber als er sah, wie der Mann und die Frau niederknieten, um mit ihren

Händen nach einer neuen Quelle zu graben, hatte er Erbarmen. Und weil er wusste, dass sie es allein nie schaffen würden, einen neuen Garten zu bauen, schenkte er ihnen Kinder und den Kindern dieser Kinder die Verantwortung. Und diese Kinder sind wir.“

(Max Bolliger)

„Und Gott der Herr nahm den Menschen und setzte ihn in den Garten Eden, dass er ihn bebaute und bewahrte. Und Gott der Herr gebot dem Menschen und sprach: Du darfst essen von allen Bäumen im Garten, aber von dem Baum der Erkenntnis des Guten und Bösen sollst du nicht essen; denn an dem Tage, da du von ihm issest, musst du des Todes sterben!“

(1. Mose 2,15ff)

Dies ist der Tag …

Ein Pastor sollte den Gottesdienst in einer kleinen Dorfkirche halten und übernachtete in einem alten Haus gegenüber. Als er am Morgen aufgestanden war und die Rollläden hochzog, sah er, dass jemand in die Fensterscheibe die Worte geritzt hatte: „Dies ist der Tag!"
Beim Frühstück fragte er die Frau des Hauses, was die Worte im Fenster zu bedeuten hätten. Die Frau erzählte ihrem Gast, wie viel Leid sie in ihrem Leben erfahren habe und dass sie immer große Angst vor dem nächsten Morgen gehabt habe. „Eines Tages", sagte sie, „las ich in meiner Bibel das Psalmwort: Dies ist der Tag, den der Herr macht; lasset uns freuen und fröhlich darinnen sein!
Bisher hatte ich immer gedacht, das gelte nur für besondere festliche und glückliche Tage. Doch dann wurde mir klar, dass damit jeder Tag gemeint ist. Warum sollte ich mich vor den Tagen fürchten, die der Herr selbst gemacht hat? So ritzte ich die Worte in die Fensterscheibe, damit ich jeden Morgen, wenn ich die Läden öffne, daran erinnert werde: Diesen Tag hat Gott für mich gemacht. Es ist sein Tag, und ich muss mich nicht davor fürchten!"
Die Christen nennen den Tag, an dem Jesus auferstand und alles Dunkel überwand, den Tag des Herrn. Und sie nennen den Tag, an dem Jesus wiederkommt und alles vollenden wird, den Tag des Herrn. Jeder Tag zwischen Auferstehung und Wiederkunft Jesu ist ein Tag des Herrn. Ein Tag von Gott, ein Tag mit Gott, ein Tag für Gott und ein Tag zu Gott hin. So bekommen die einzelnen Alltage ihren Wert und ihren Glanz und verlieren ihre Bedrohlichkeit und Sorge.

„Ich bin bei euch alle Tage bis an das Ende der Welt!"
(Matthäus 28,20)

Alltag oder All-Tag

Obwohl unser Leben voller Zauber und Geheimnis, voller Abenteuer und Abwechslung ist, angefüllt mit schöpferischer, bewegender Energie und immer aus auf Neues, Wunderbares und Großes, leben die meisten Menschen so dahin, als sei Leben etwas allseits Bekanntes und Alltägliches. Alltag ist für viele ein Tag wie alle Tage: grau in grau, gewöhnlich und gleichförmig, langweilig oder stressig, ohne Höhepunkt und Besonderheit, ohne Glanz und Erfüllung. Dabei könnte der Alltag auch ein Tag sein im Sinne von: das ganze All, alles im Leben an einem Tag.

Jeder Tag ist Gottes Tag für uns und mit uns, voller Leben und Wunder, voller Dynamik und Erfüllung. Unser All-Tag enthält wirklich alles, wenn wir jeden Tag als ein Wunderwerk aus Gottes Hand empfangen, mit ihm erleben, bei ihm bleiben und zu ihm hin gelangen. Ein Tag mit Gott ist ein Tag zum Wundern und Staunen, Freuen und Erwarten.

Welch ein Glück ist es, dazusein, sich auf Erden und unter dem Himmel einzufinden, sich zu bewegen, Sonne und Wolken zu sehen, auf andere Menschen zu hören, mit ihnen zu sprechen und tief in sich zu fühlen, zu denken, zu träumen, zu handeln, zu lachen und zu lieben!

Gott will uns an jedem Tag alles geben: sich selbst und mit sich alles, was wir zum Leben brauchen.

„Ist Gott für uns, wer kann wider uns sein? Der auch seinen eigenen Sohn nicht verschont hat, sondern hat ihn für uns alle dahingegeben – wie sollte er uns mit ihm nicht alles schenken?“

(Römer 8,31f)

Gott fügt alles wunderbar

Ein König hatte einen Minister, der bei jeder passenden und unpassenden Gelegenheit sagte: „Gott fügt alles wunderbar." Nach einiger Zeit hatte der König diesen Satz so oft gehört, dass er ihn nicht mehr ertragen konnte. Die beiden sind auf der Jagd. Der König schießt einen Hirsch. Minister und König sind hungrig, machen Feuer, grillen den Hirsch, der König beginnt zu essen und schneidet sich in seiner Gier einen Finger ab. Der Minister: „Gott fügt alles wunderbar."
Jetzt reicht es dem König. Wütend entlässt er den Minister aus seinen Diensten und befiehlt ihm, sich fortzuscheren. Er wolle ihn nie Wiedersehen. Der Minister geht. Der König, vom Hirschbraten gesättigt, schläft ein. Wilde Räuber, Anhänger der Göttin Kali, überfallen und fesseln ihn, wollen ihn ihrer Göttin opfern und – verspeisen. Im letzten Moment bemerkt einer der Kali-Anhänger den fehlenden Finger. Die Räuber beratschlagen sich und befinden: „Dieser Mann ist unvollkommen. Ihm fehlt ein Körperteil. Unserer Göttin darf nur Vollkommenes geopfert werden." Sie lassen ihn laufen.
Der König erinnert sich an die Worte des Ministers: „Gott fügt alles wunderbar" und begreift: Genau so ist es. Auch in diesem Fall. Er fühlt sich schuldig, weil er den Minister verbannt hat, und lässt ihn suchen. Nach langer Zeit wird er gefunden. Der König entschuldigt sich und bittet ihn, wieder in seine Dienste zu treten.
Der Minister: „Du brauchst dich nicht zu entschuldigen. Ich bin dankbar, dass du mich fortgeschickt hast. Mich hätten die Räuber geopfert. Mir fehlt kein Finger. Gott fügt alles wunderbar."

(Ram Dass)

„Kommt her und sehet an die Werke Gottes, der so wunderbar ist in seinem Tun an den Menschenkindern!"

(Psalm 66,5)

Etwas fehlt

Dov Ber war ein ungewöhnlich strenger Gelehrter. In seiner Nähe zitterten die Menschen vor Ehrfurcht, und wegen seiner unbeugsamen und unerbittlichen Art zu lehren, war er sehr angesehen. Er fastete und verzichtete auf alle Annehmlichkeiten des Lebens. Und er lachte nie. Schließlich wurde er durch seine ständigen Entbehrungen ernstlich krank. Die Ärzte konnten ihm nicht helfen. Und so riet man ihm, den berühmten Baal Schem um Hilfe zu bitten. Doch Baal Schem war für den erkrankten Dov Ber so etwas wie ein Ketzer. Während Dov Ber meinte, das Leben könne nur durch Kummer und Leid, Schmerzen und Entbehrungen sinnvoll werden, versuchte Baal Schem die Schmerzen zu lindern und verkündigte den Menschen, dass die Lebensfreude der Sinn des Daseins sei. Doch dann ging es Dov Ber so schlecht, dass er einwilligte, den Baal Schem um Hilfe zu bitten. Der kam in einem wunderbaren Wollmantel und mit einer kostbaren Pelzkappe, gab dem Kranken das Buch der Herrlichkeit und bat ihn, laut daraus vorzulesen. Schon nach kurzer Zeit unterbrach Baal Schem den Kranken und meinte: „Etwas fehlt euch!“ – „Und was ist das?“ fragte der kranke Mann. „Die Seele“, sagte Baal Schem, „eurem Glauben fehlt die Seele!“

(Eine jüdische Legende)

„Und wenn ich alle meine Habe den Armen gäbe und ließe meinen Leib verbrennen, und hätte die Liebe nicht, so wäre mir's nichts nütze!“

(1. Korinther 13,3)

Wie viel Land braucht der Mensch?

Leo Tolstoi erzählt die Geschichte von einem Bauern. Er ist arm und hat kaum das Nötigste zum Leben. Da erlaubt ihm eines Tages ein reicher Grundbesitzer, so viel Land zu erhalten, wie er in der Zeit von Sonnenaufgang bis Sonnenuntergang zu Fuß umschreiten kann. Aber er muss, bevor die Sonne untergeht, wieder an dem Punkt angekommen sein, an dem er morgens losgegangen ist.
Der arme Bauer ist überglücklich, geht frohen Mutes los, ohne Hast mit ruhigem Schritt. Doch dann gewinnt die Verlockung, möglichst viel von dem Land zu umrunden. Sein Schritt wird schneller, sein Blick gieriger. Er geht einen noch größeren Kreis ab, um mehr Land zu bekommen. Dort noch einen Teich, dahinter noch eine besondere Wiese und da noch ein schattiges Wäldchen. Er rennt schneller, Angstschweiß bedeckt seine Stirn. Mit allerletzter Kraft erreicht er beim Untergang der Sonne den Ausgangspunkt. Ein riesiges Stück Land gehört nun ihm. Doch da bricht er vor Erschöpfung zusammen und stirbt. Sein Herz war der Anstrengung und der Gier nach immer mehr nicht gewachsen. Nun braucht er nur das winzig kleine Stückchen Land für sein Grab. So wenig Land braucht der Mensch!

„Gott sprach zu ihm: Du Narr! Diese Nacht wird man deine Seele von dir fordern; und wem wird dann gehören, was du angehäuft hast? So geht es dem, der sich Schätze sammelt und ist nicht reich bei Gott!“
(Lukas 12,20f)

Ballast ablegen

Ein Mensch war unterwegs zum Land seiner Sehnsucht. Es war eine lange und beschwerliche Reise. Endlich kam er an einen breiten Fluss. Er wusste: Drüben, am andern Ufer, liegt das Land der Herrlichkeit – und er konnte es kaum erwarten, hinüberzukommen.
Der Mensch fand einen Fährmann mit seinem Boot, der bereit war, ihn so schnell wie möglich überzusetzen. „Aber“, sagte er, „du musst dein Gepäck hierlassen. Ich nehme nur die Menschen mit, ohne allen Ballast.“ Der Reisende erschrak sehr, und es schien ihm unmöglich, alle die Dinge, die er angesammelt hatte, die er liebte, die er für lebensnotwendig hielt, die er auf seiner weiten Reise mühsam bis hierher geschleppt hatte, einfach abzulegen und am Ufer des Flusses zurückzulassen.
„Alles?“, fragte der Mensch, hoffend, doch ein wenig von seiner Habe mitnehmen zu können. „Alles. Ich nehme nur dich mit, ohne dein Gepäck, oder du bleibst hier mit deinen Sachen. Entscheide dich“, antwortete ernst der Fährmann.

(Nach einer alten Sage)

„Lasst uns ablegen alles, was uns beschwert, und die Sünde, die uns ständig umstrickt, und lasst uns laufen mit Geduld in dem Kampf, der uns bestimmt ist, und aufsehen zu Jesus, dem Anfänger und Vollender des Glaubens!“

(Hebräer 12,1f)

Gott kennen ist Leben

„An einem Vorfrühlingstage war ich allein im Wald und lauschte seinem Rauschen. Ich dachte an meine Unruhe während der letzten drei Jahre, an mein Suchen nach Gott, an mein dauerndes Schwanken zwischen Freude und Verzweiflung. Und plötzlich sah ich, dass ich nur lebte, wenn ich an Gott glaubte. Wenn ich nur an ihn dachte, erhoben sich in mir die frohen Wogen des Lebens. Alles ringsum belebte sich, alles bekam einen Sinn. Aber sobald ich nicht mehr an ihn glaubte, stockte plötzlich das Leben. Was suche ich also noch?, rief eine Stimme in mir. Er ist es doch, ohne den man nicht leben kann! Gott kennen und leben ist eins. Gott ist das Leben. Seitdem hat mich diese Leuchte nie mehr verlassen."

(Leo Tolstoi)

„Das ist aber das ewige Leben, dass sie dich, der du allein wahrer Gott bist, und den du gesandt hast, Jesus Christus, erkennen."

(Johannes 17,3)

Frieden ernährt – Unfrieden verzehrt

Es ist ein altes Sprichwort: Wer andern eine Grube gräbt, fällt selber darein. – Aber der Löwenwirt in einem gewissen Städtlein war schon vorher darin. Zu diesem kam ein wohlgekleideter Gast. Kurz und trotzig verlangte er für sein Geld eine gute Fleischsuppe. Hierauf forderte er auch ein Stück Rindfleisch und ein Gemüs' für sein Geld. Der Wirt fragte ganz höflich, ob ihm nicht auch ein Glas Wein beliebe? „O freilich ja", erwiderte der Gast, „wenn ich etwas Gutes haben kann für mein Geld." Nachdem er sich alles hatte wohl schmecken lassen, zog er einen abgeschliffenen Sechser aus der Tasche und sagte: „Hier, Herr Wirt, ist mein Geld." Der Wirt sagte: „Was soll das heißen? Seid Ihr mir nicht einen Taler schuldig?" Der Gast erwiderte: „Ich habe für keinen Taler Speise von Euch verlangt, sondern für mein Geld. Hier ist mein Geld. Mehr hab ich nicht. Habt Ihr mir zu viel dafür gegeben, so ist's Eure Schuld." – Dieser Einfall war eigentlich nicht weit her. Es gehörte nur Unverschämtheit dazu und ein unbekümmertes Gemüt, wie es am Ende ablaufen werde. Aber das Beste kommt noch. „Ihr seid ein durchtriebener Schalk", erwiderte der Wirt, „und hättet wohl etwas anderes verdient. Aber ich schenke Euch das Mittagessen und hier noch ein Vierundzwanzigkreuzerstück dazu. Nur seid stille zur Sache und geht zu meinem Nachbarn, dem Bärenwirt, und macht es ihm ebenso." Das sagte er, weil er mit seinem Nachbarn, dem Bärenwirt, aus Brotneid im Unfrieden lebte und einer dem anderen jeglichen Tort und Schimpf gerne antat und erwiderte. Aber der schlaue Gast griff lächelnd mit der einen Hand nach dem angebotenen Gelde, mit der andern vorsichtig nach der Türe, wünschte dem Wirt einen guten Abend und sagte: „Bei Eurem Nachbarn, dem Herrn Bärenwirt, bin ich schon gewesen, und eben der hat mich zu Euch geschickt und kein anderer."

(Johann Peter Hebel)

„Wer eine Grube gräbt, der kann selbst hineinfallen, und wer eine Mauer einreißt, den kann eine Schlange beißen!"

(Prediger 10,8)

Große Sprüche

Ein Elefant brach aus einer Herde aus und stürmte davon. Er kam an eine kleine, wackelige Brücke, die einen tiefen Abgrund überspannte. Der Elefant donnerte über die Brücke, die unter seinem Gewicht zitterte und ächzte, schaukelte und bebte. Als er glücklich auf der anderen Seite der Schlucht angekommen war, rief der Floh, der sich in einem Ohr des Elefanten häuslich eingerichtet hatte, ganz zufrieden mit sich: „Junge, Junge, die Brücke haben wir aber ganz schön wackeln lassen!“

„Aber Menschen sind ja nichts, große Leute täuschen auch; sie wiegen weniger als nichts, soviel ihrer sind. Gott allein ist mächtig!“
(Psalm 62,10.12)

Eine gute Antwort

„Vor einigen Jahren erhielt ich die Gelegenheit, mit Mutter Teresa von Kalkutta zu sprechen. Ich hatte damals mit vielen Dingen zu kämpfen und wollte die Chance nutzen, Mutter Teresa um Rat zu fragen. Kaum hatten wir uns begrüßt und Platz genommen, legte ich mit meinen Problemen los. Dabei versuchte ich, Mutter Teresa davon zu überzeugen, wie schwierig und kompliziert doch alles sei. Nachdem ich gut zehn Minuten geredet und mein Herz ausgeschüttet hatte, wurde ich endlich still, worauf Mutter Teresa mich ruhig ansah und sagte: ‚Nun, wenn Sie jeden Tag eine Stunde Anbetung vor dem Herrn verbringen und niemals etwas tun, von dem Sie wissen, dass es unrecht ist, dann werden Sie es recht machen!'
Als Mutter Teresa das sagte, wurde mir sofort klar, dass sie meinen großen Luftballon komplizierter Selbstanklagen zum Platzen gebracht und mich auf den weit weg von mir selbst liegenden Ort wirklicher Heilung hingewiesen hatte. Ich war von ihrer Antwort so verblüfft, dass es mich nicht mehr allzu sehr drängte und ich es auch nicht mehr für notwendig hielt, das Gespräch fortzusetzen. Es wäre gestohlene Zeit gewesen angesichts der vielen Leute, die vor der Tür warteten und Mutter Teresa sehen wollten. So dankte ich ihr und verabschiedete mich. Ihre wenigen Worte haben sich meinem Herzen bis heute tief eingeprägt. Ich hatte diese Worte nicht erwartet. Es war eine sehr direkte und einfache Antwort, die mich umso tiefer traf. Ich wusste, dass Mutter Teresa die Wahrheit gesagt hatte, die ich nun für den Rest meines Lebens leben musste.
Mutter Teresas Antwort war wie ein Lichtblitz in meiner Dunkelheit. Plötzlich kannte ich die Wahrheit über mich selbst."

(Henri J. M. Nouwen)

„Es ist dir gesagt, Mensch, was gut ist und was der Herr von dir fordert, nämlich Gottes Wort halten und Liebe üben und demütig sein vor deinem Gott!"

(Micha 6,8)

Was ist das Leben?

Ist das das Leben?
Geboren werden, wachsen, spielen, lernen,
reifen und – sich vom Elternhaus entfernen,
ins Leben stürmen und das Leben meistern,
sich freuen, resignieren und begeistern,
lieben und Treue üben, sich enthalten,
schaffen und ruhen und – wieder sich entfalten,
zerstören, bauen, jagen, rennen, hetzen,
und – mit fünfundsechzig sich zur Ruhe setzen,
mit achtzig sterben und – dann ist es aus!? –
Ist das das Leben?
Nein! Ich will nach Haus:
will hin zu dem, der es uns gab und gibt.
Ich will das Leben, das mich losgeliebt
von Schuld und Tod, ich will die Zuversicht,
das Brot, den Weg, die Wahrheit und das Licht,
das Leben, das kein Leid, kein Kreuz,
kein Grab mehr bricht:
Ich will nur ihn, nur ihn, nur ihn allein,
ich will nur Jesus, will nur den allein,
der Leben ist und war und noch wird sein,
wenn alles „Leben" dieser Welt vergeht
und neues Leben aus dem Staub ersteht,
das ewig bleibt.

(M. Tepelmann)

„Und das ist das Zeugnis, dass uns Gott das ewige Leben gegeben hat, und dieses Leben ist in seinem Sohn. Wer den Sohn hat, der hat das Leben; wer den Sohn Gottes nicht hat, der hat das Leben nicht!"
(1. Johannes 5,11f)

Was ist wohl das Größte?

Eines Sonntagvormittags fragte Anna: „Was ist wohl das Größte, was Gott gemacht hat?“ Ich überlegte und sagte: „Das Größte ist die Erschaffung des Menschen.“ Sie schüttelte den Kopf und war nicht einverstanden. Ich rätselte herum – vielleicht die Tiere oder Blumen? Ich fragte mich durch die sechstägige Schöpfungsgeschichte hindurch, erntete aber nichts als weiteres Kopfschütteln. Mehr fiel mir nicht ein. Sie holte tief Luft und sagte: „Das Größte ist der siebte Tag.“
„Das kapier ich nicht“, sagte ich. „Da hat er nun alle seine Wunder in sechs Tagen fertiggekriegt. Und dann ruht er sich aus am siebten Tag. Was ist da so Besonderes dran?“ Anna hopste vom Stuhl und setzte sich auf meinen Schoß. Das war ihre Art, wenn es galt, dem unwissenden kleinen Jungen etwas beizubringen. „Warum hat er sich denn am siebten Tag ausgeruht?“, fragte sie. „Na, das Ganze war doch ’ne hübsche Menge Arbeit. Da braucht man dann mal ’ne Pause.“ – „Er hat sich aber nicht ausgeruht, weil er müde war.“ – „Nanu? Ich bin schon müde, wenn ich bloß dran denke, was er alles gearbeitet hat.“ – „Er nicht. Er war nicht müde.“ – „Bestimmt nicht?“ – „Am siebten Tag hat er die Ruhe gemacht, geschaffen, meine ich. Und das ist das wirkliche Wunder. Er hat sich die Ruhe ausgedacht und sie dann gemacht. Wie, glaubst du, war das alles, bevor er am ersten Tag angefangen hat mit der Arbeit?“ – „Ein ziemlich schauerliches Durcheinander, nehme ich an.“ – „Ja, und du kannst dich doch nirgendwo ausruhen, wenn alles so ’n Riesendurcheinander ist … oder? … Und als er mit allem fertig war, hatte er die ganze Unordnung in Ordnung gebracht. Und jetzt konnte er sich die Ruhe ausdenken. Und darum ist die Ruhe das allergrößte Wunder!“

(Fynn)

„Nun waren ja die Werke von Anbeginn der Welt fertig; denn so hat er an einer andern Stelle gesprochen von dem siebenten Tag: Und Gott ruhte am siebenten Tag von allen seinen Werken. Es ist also noch eine Ruhe vorhanden für das Volk Gottes. Denn wer zu Gottes Ruhe gekommen ist, der ruht auch von seinen Werken so wie Gott von den seinen.“

(Hebräer 4,3f.9f)

Von der Liebe

Wenn die Liebe dir winkt, folge ihr,
Sind ihre Wege auch schwer und steil.
Und wenn ihre Flügel dich umhüllen, gib dich ihr hin,
Auch wenn das unterm Gefieder versteckte Schwert
dich verwunden kann.
Und wenn sie zu dir spricht, glaube an sie,
Auch wenn ihre Stimme deine Träume zerschmettern
dann, wie der Nordwind den Garten verwüstet.
Denn so, wie die Liebe dich krönt, kreuzigt sie dich.
So wie sie dich wachsen lässt, beschneidet sie dich.
So wie sie emporsteigt zu deinen Höhen und die
zartesten Zweige liebkost, die in der Sonne zittern,
Steigt sie hinab zu deinen Wurzeln und erschüttert
die in ihrer Erdgebundenheit.
Wie Korngarben sammelt sie dich um sich.
Sie drischt dich, um dich nackt zu machen.
Sie siebt dich, um dich von deiner Spreu zu befreien.
Sie mahlt dich, bis du weiß bist.
Sie knetet dich, bis du geschmeidig bist;
und dann weiht sie dich ihrem Heiligen Feuer,
damit du Heiliges Brot wirst für Gottes Heiliges Mahl.
All dies wird die Liebe mit dir machen, damit du
die Geheimnisse deines Herzens kennenlernst
und in diesem Wissen ein Teil vom Herzen des Lebens wirst.

(Khalil Gibran)

Jesus betet: „Und ich habe ihnen deinen Namen kundgetan, damit die Liebe, mit der du mich liebst, in ihnen sei und ich in ihnen!“

(Johannes 17,26)

Von den Kindern

Eure Kinder sind nicht eure Kinder.
Sie sind die Söhne und Töchter der Sehnsucht des
Lebens nach sich selbst.
Sie kommen durch euch, aber nicht von euch,
Und obwohl sie mit euch sind, gehören sie euch doch nicht.
Ihr dürft ihnen eure Liebe geben, aber nicht eure Gedanken,
Denn Sie haben ihre eigenen Gedanken.
Ihr dürft ihren Körpern ein Haus geben, aber nicht ihren Seelen,
Denn ihre Seelen wohnen im Haus von morgen,
das ihr nicht besuchen könnt, nicht einmal in euren Träumen.
Ihr dürft euch bemühen, wie sie zu sein, aber
ersucht nicht, sie euch ähnlich zu machen.
Denn das Leben läuft nicht rückwärts, noch verweilt es im Gestern.
Ihr seid die Bogen, von denen eure Kinder als
lebende Pfeile ausgeschickt werden.
Der Schütze sieht das Ziel auf dem Pfad der Unendlichkeit,
und Er spannt euch mit Seiner Macht,
damit seine Pfeile schnell und weit fliegen.
Lasst euren Bogen von der Hand des Schützen auf
Freude gerichtet sein;
Denn so, wie Er den Pfeil liebt, der fliegt, so liebt
Er auch den Bogen, der fest ist.

(Khalil Gibran)

„Siehe, Kinder sind eine Gabe des Herrn, und Leibesfrucht ist ein Geschenk. Wie Pfeile in der Hand eines Starken, so sind die Söhne der Jugendzeit. Wohl dem, der seinen Köcher mit ihnen gefüllt hat!“
(Psalm 127,3ff)

Man sieht nur mit dem Herzen gut

Da war ein Mann, für den nur zählte, was er messen, wiegen und zusammenzählen konnte. Er hatte eine Menge Geschäftssinn und verstand Geld zu machen, war aber blind für die „Gaben des Himmels". Er hatte seinen Stall voll Kühe stehen und rechnete mit dem Ertrag ihrer Milch. Darum geriet er in Panik, als er eines Morgens in den Stall kam und keine einzige Kuh mehr einen Tropfen Milch gab. Als sich das wiederholte, legte er sich auf die Lauer.
In der Nacht, als die Sterne immer heller leuchteten, sah er, wie an einer Strickleiter aus geflochtenen Strahlen Mädchen herunterstiegen. Sie gingen singend in den Stall, und jede molk ohne Eimer eine Kuh. Diese Verschwendung machte ihn wütend; er sprang auf die Sternenmädchen zu, um sie zu fangen und zu schlagen. Sie aber kicherten, wichen ihm flink aus, kletterten auf der Strahlenstrickleiter zurück und zogen sie ein. Nur: ein Mädchen hatten sie vergessen. Das packte der Mann an den Haaren und hielt es fest.
Im Morgengrauen verrauchte sein Zorn schnell: Er sah, wie schön es war, und fragte: „Willst du meine Frau werden?" Das Mädchen willigte ein unter einer Bedingung: „Du darfst nie in dieses Körbchen schauen." Jetzt erst sah er das kleine, kunstvoll geflochtene Körbchen. „Ich bin noch nie neugierig gewesen", sagte der Mann, „nie werde ich hineinschauen!"
Monatelang ging es gut. Doch immer öfter, wenn er an dem Körbchen vorbeikam, erwachte seine Neugier, doch einmal hineinzuschauen. Als seine Frau einmal nicht daheim war, hob er den Deckel und schaute hinein: Der Korb war leer!
Schließlich kam seine Frau nach Hause. Sie sagte traurig: „Du hast in das Körbchen geschaut." – „Dummes Ding", lachte der Mann, „warum sollte ich nicht hineinschauen? Da ist doch gar nichts drin!" Da sah seine Frau ihn lange an, drehte sich um und ging fort. Sie wurde nie wieder gesehen.

(Nach Käthe Recheis)

Die Frau ging doppelt traurig fort. Einmal, weil ihr Mann sein Versprechen gebrochen hatte. Und mehr noch, weil er das, was im Körbchen lag an Liebe und Treue, Vertrauen und Zuneigung, nicht sehen und nur darüber lachen konnte. Denn das Wesentliche ist für die Augen unsichtbar. „Man sieht nur mit dem Herzen gut."

(Antoine de Saint-Exupéry)

„Jesus Christus habt ihr nicht gesehen und habt ihn doch lieb; und nun glaubt ihr an ihn, obwohl ihr ihn nicht seht; ihr werdet euch aber freuen mit unaussprechlicher und herrlicher Freude!"

(1. Petrus 1,8)

Liebe ohne Bilder

„Jahrelang war ich neurotisch. Ich war ängstlich und depressiv und selbstsüchtig. Jeder sagte mir, ich solle mich ändern. Sie waren mir zuwider, und ich pflichtete ihnen doch bei, und ich wollte mich ändern, aber ich brachte es nicht fertig, sosehr ich mich auch bemühte. Was mich am meisten schmerzte, war, dass auch mein bester Freund mir immer wieder sagte, wie neurotisch ich sei. Auch er wiederholte immer wieder, ich sollte mich ändern. Und auch ihm pflichtete ich bei. Ich fühlte mich so machtlos und gefangen. Dann sagte er eines Tages: ‚Ändere dich nicht. Ich liebe dich so, wie du bist!'
Diese Worte waren wie Musik in meinen Ohren. Und ich entspannte mich, und ich wurde lebendig. Und Wunder über Wunder, ich änderte mich! Jetzt weiß ich, dass ich mich nicht wirklich ändern konnte, bis ich jemanden fand, der mich liebte, ob ich mich nun ändere oder nicht!"

(Verfasser unbekannt)

„Lebt in aller Demut und Sanftmut und in Geduld. Ertragt einer den andern in Liebe!"

(Epheser 4,2)

Was wir alles anhaben

Karlchen darf das erste Mal allein verreisen. In den Sommerferien soll er die Großeltern besuchen. Er freut sich riesig auf die Abwechslung und fährt voller Erwartung los. Völlig frustriert kehrt er nach wenigen Tagen zurück. „Nie wieder fahre ich zu den Großeltern!", verkündet er.
„Was ist denn los, war es nicht schön?", fragt die Mutter.
„Nein! Stell dir vor, Oma und Opa sitzen im Wohnzimmer auf dem Sofa und haben nichts an!" – „Nichts an?", fragt die Mutter erschrocken.
„So was Ödes, sitzen im Wohnzimmer und haben nichts an, kein Radio, kein Fernsehen, kein Video, keinen Gameboy, keinen Computer, noch nicht einmal einen Kassettenrekorder oder einen CD-Player haben sie. Da fahre ich nicht mehr hin!"
Was haben wir so alles an! Was muss alles laufen, damit es bei uns läuft! Morgens vom Radiowecker geweckt, den Tag über bedudelt und berieselt und spätabends vom Fernseher beschlagnahmt, zwischendurch von Computerspielen und Videoclips. Wir hoppen durchs Leben und zappen uns durch die Programme. Verabredungen oder Unternehmungen richten sich nach den Anfangszeiten der Fernsehsendungen.
Die interessanten Gespräche bleiben auf der Strecke, die guten Bücher im Schrank, die kreativen Ideen unentdeckt. Das Leben verkommt zum Verbrauchen geistiger Fertignahrung, Beziehungen verarmen, Seelen vertrocknen. Die Gestaltung unseres Lebens haben längst andere Mächte übernommen.
Haben statt Sein, Anhaben statt Zusammensein sind die einfachsten Möglichkeiten, kostbares Leben zu verderben. Es wird höchste Zeit, die Geräte und Apparate in ihre Schranken zu weisen und die unbeschränkte Möglichkeit zu nutzen, mit sich identisch und mit anderen zusammen zu sein, aktiv und kreativ.

„Unsre Seele harrt auf den Herrn; er ist uns Hilfe und Schild. Denn unser Herz freut sich seiner, und wir trauen auf seinen heiligen Namen. Deine Güte, Herr, sei über uns, wie wir auf dich hoffen!"

(Psalm 33,20ff)

Vision und Passion

Die größte Vision, zu der ein Mensch fähig ist, ist das Leben selbst. Kindheit und Jugend, Ehe und Familie, Arbeit und Erfolg, Lesen und Reisen, Bildung und Begegnung haben einen Zauber, Reichtum, Reiz und eine Imagination. Weltwahrnehmung und Selbsterfahrung bilden eine faszinierende Korrespondenz. Der Traum und die Schau vom Leben kann gar nicht groß und stark, weit und tief genug sein. Ist es ein Widerspruch, wenn das Leben selbst oft mehr einer schmerzhaften Passion gleicht als einem glücklichen Traum?

Bei allem Zauber und Reichtum der Kindheit und Jugend erfährt der Mensch in keiner anderen Lebensphase so viel Schmerz, Verletzung und Demütigung. „O selig, o selig, ein Kind noch zu sein!“, ist nur die eine Seite. Die unzähligen Ängste, Tränen, Leiden und Schmerzen sind die andere Seite der Kindheit.

Ist es in Ehe und Familie anders? Wie verletzlich wird man in der Liebe! Und wo wird neben dem Mysterium des Lebens die Qual und Seelennot des Menschen mehr erfahren als in der Liebe und im Miteinander? Auch in der Arbeit liegen glückliche Erfüllung und leidvolles Scheitern hautnah beieinander. Selbst Wissen und Erfahren tut weh. Wer die Welt im Großen und sich selbst im Kleinen wirklich wahrnimmt, wird daran auch unsäglich leiden.

Vision und Passion sind für Menschen, die das Leben leidenschaftlich lieben, eins. Menschen mit großen Visionen sind immer passionierte Lebende. Die Schmerzen des Lebens, von der Geburt angefangen bis zum leidvollen Prozess des Sterbens, sind kein Widerspruch zum Leben, sondern der Beweis für seine Echtheit und Wahrheit.

„Ich möchte ihn erkennen und die Kraft seiner Auferstehung und die Gemeinschaft seiner Leiden und so seinem Tode gleichgestaltet werden, damit ich gelange zur Auferstehung von den Toten!“

(Philipper 3,10f)

Das richtige Leben

Wer ein Leben ohne Schmerzen will, sollte nicht geboren werden. Wer ein Leben ohne Tränen will, sollte niemals Kind sein. Wer ein Leben ohne Spannungen will, sollte nicht erwachsen werden. Wer ein Leben ohne Leiden will, sollte niemals lieben. Wer ein Leben ohne Mühe will, sollte nicht arbeiten. Wer ein Leben ohne Opfer will, sollte niemals eine Familie haben. Wer ein Leben ohne Enttäuschungen will, sollte nichts hoffen. Wer ein Leben ohne Abschiede will, sollte nicht alt werden. Wer ein Leben ohne Einsamkeit will, sollte nicht einmalig sein. Wer ein Leben ohne Ziel will, sollte nicht sterben. Wer aber ein richtiges Leben will, sollte mit Schmerzen geboren werden, Kind sein, erwachsen werden, lieben und arbeiten, Familie und Hoffnungen haben, einzigartig sein, alt werden und einmal in Gott hineinsterben. Dann wird er ein Leben ohne Schmerzen und Tränen, Spannungen und Leiden, Mühen und Opfern, Enttäuschungen und Abschieden, Einsamkeit und Tod finden.

„Und Gott wird abwischen alle Tränen von ihren Augen, und der Tod wird nicht mehr sein, noch Leid noch Geschrei noch Schmerz wird mehr sein; denn das Erste ist vergangen. Und der auf dem Thron saß, sprach: Siehe, ich mache alles neu!“

(Offenbarung 21,4f)

Gottes Hausgenossen

Nach dem Zweiten Weltkrieg sollte in der Nähe von Krakau eine neue Stadt gebaut werden: Nowa-Huta. Aber eine Stadt ohne Gott. Eine Kirche war nicht vorgesehen. Das ließen sich die gläubigen Polen nicht gefallen. Sie stellten ein Kreuz ins Freie und trafen sich dort zu Tausenden, auch bei Temperaturen von oft 20–25 °C unter null. Zehn Jahre kämpften sie darum, eine Kirche bauen zu dürfen. Dann erhielten sie die Erlaubnis, sie in Eigenleistung zu erstellen. Tausend Quadratmeter sollten in Waschbeton entstehen. Die Verantwortlichen baten darum, im Flusslauf jeweils ein paar Kieselsteine zu suchen und mitzubringen. Diese Idee wurde zu einem eindrucksvollen Zeugnis: Von überall her kamen Kieselsteine; sie wurden sogar in so vielen Paketen geschickt, dass die Post streikte. Als sich die Geschichte bis Rom herumsprach, schickte Papst Paul VI. einen Stein aus St. Peter, der zum Grundstein wurde. Bis zu den Vereinigten Staaten drang die Kunde: Sie sandten einen Stein, den die Astronauten vom Mond mitgebracht hatten. Dieser Stein wurde in den Tabernakel eingearbeitet. So wurde aus dem kommunistischen Plan ein eindrucksvolles Zeugnis des Glaubens vieler Christen.

„So seid ihr nun Gottes Hausgenossen, erbaut auf den Grund der Apostel und Propheten, da Jesus Christus der Eckstein ist, auf welchem der ganze Bau ineinandergefügt wächst zu einem heiligen Tempel in dem Herrn. Durch ihn werdet auch ihr miterbaut zu einer Wohnung Gottes im Geist!“

(Epheser 2,19ff)

Wege oder Umwege?

Alle Wege in Gottes Schöpfung scheinen Umwege zu sein. Riesige Berge versperren den Weg, und abgrundtiefe Schluchten müssen weit umgangen werden. Die Flüsse schlängeln sich in zahllosen Windungen durchs Land, bis sie irgendwo einmünden. Wege führen am Unwegsamen vorbei zum Ziel. Meere trennen die Kontinente, und Schiffe umfahren ganze Erdteile, um mit ihrer Fracht anzukommen.
In Gottes Schöpfung ist nichts gerade und rechteckig, nichts glatt und eben, nichts der kürzeste Weg und einfach. Wenn der Mensch durch seine Eingriffe in die Natur begradigen und verkürzen, ebnen und glätten, vereinfachen und verändern wollte, hat er oft Schaden angerichtet.
Sollte das im menschlichen Leben anders sein? Auch hier gibt es Berge von Schwierigkeiten, Abgründe und Tiefen der Gefahr, die Meere von Chaos und Unberechenbarkeit, die vielfach gewundenen Lebensströme und lauter krumme Wege mit Hindernissen, Widrigkeiten, Herausforderungen, Bedrohungen und Fragen.
Das ganze Leben mit seinen Höhen und Tiefen, Proben und Gefahren, Schmerzen und Leiden scheint ein einziger Umweg zu sein. Oft genug träumen wir von einem geraden, glatten, direkten, einfachen Leben. Bis wir erkennen, dass es dann kein Leben mehr, sondern ein künstliches Gebilde ohne Sinn und Spannung, ohne Wirkung und Wahrheit, ohne Frucht und Erfolg, ohne Wachsen und Reifen wäre.
Was wir in unserem Leben Umwege nennen, sind von Gott her gesehen Reifungs- und Segenswege.

„Meine Gedanken sind nicht eure Gedanken, und eure Wege sind nicht meine Wege, spricht der Herr, sondern so viel der Himmel höher ist als die Erde, so sind auch meine Wege höher als eure Wege und meine Gedanken als eure Gedanken!“

(Jesaja 55,8f)

Unbedingt frei!

Besucher der Burg Waldeck bekommen einen tiefen Brunnen zu sehen, um den sich eine alte Geschichte rankt. In den dunklen Kellern der Burg lagen einst zwei Männer gefangen. Eines Tages fragte man sie, ob sie sich ihre Freiheit erkaufen wollten, indem sie einen Brunnen graben. Natürlich gingen die beiden Männer freudig darauf ein und begannen sofort mit der Arbeit. Bald aber zeigte es sich, dass der Wasserspiegel hier oben sehr tief lag. So mussten sie in den ganzen Berg hineingraben und brauchten schließlich zehn lange Jahre dazu, bis sie auf Wasser stießen. Dann wurden sie ans Tageslicht gezogen und sollten ihre Freiheit erhalten. Der eine Gefangene starb an Erschöpfung, bevor er die Freiheit erleben konnte. Der andere war durch die langen Jahre im Dunkeln, als er ans Tageslicht kam, erblindet, sodass er seine Freiheit auch nicht mehr recht genießen konnte. – Zum Glück ist unser Herr nicht ein solcher Burgherr, bei dem wir uns die Freiheit mit einer elenden Schinderei verdienen müssen. Nein, Jesus macht uns unbedingt frei, ganz ohne Bedingung seinerseits und Leistung unsererseits. Seine Liebe macht uns völlig und beglückend frei. Er selbst hat uns mit seinem Leiden und Sterben, seinem Opfer und seiner Liebe losgekauft aus den Kerkern der Sünde und des Todes, der Angst und der Abhängigkeit.

„Denn aus Gnade seid ihr selig geworden durch Glauben, und das nicht aus euch: Gottes Gabe ist es, nicht aus Werken!“

(Epheser 2,8f)

Viele kleine Dinge

„Hilfe! Hilfe!“, hört die Taube Talitu eine Kinderstimme rufen. Sie zieht einen Kreis in der Luft und schaut auf die Erde hinunter. Sehen kann sie nichts. Kein Kind. Niemanden. „Ich muss etwas tiefer fliegen“, denkt sie. „Wer weiß, was da passiert ist.“ Da – jetzt hört sie die verzweifelte Stimme ganz deutlich: „Hilfe! Wer hilft mir?“ Erschrocken fliegt Talitu noch tiefer und setzt sich auf einen Brunnenrand. „Hier irgendwo muss es herkommen.“ Dann hört Talitu aus der Tiefe des Brunnens laut und traurig die Stimme eines kleinen Jungen: „Ich habe Angst! Es ist so dunkel hier unten. Hört mich denn keiner?“
„Ich muss ihm helfen!“, denkt Talitu. „Aber allein schaffe ich es nicht. Was kann ich nur machen?“ Talitu denkt nach und hat eine gute Idee …
Plötzlich kann man am Himmel eine große Taubenschar sehen. Alle wollten Talitu helfen. Wie? Jede Taube bringt im Schnabel einen Strohhalm mit und wirft ihn in den Brunnen. Viele Tauben und viele, viele Strohhalme sind es. Sie fallen in das Wasser des Brunnens, und der Junge kann sich auf das Stroh stellen. Immer mehr Strohhalme fallen vom Himmel. Immer höher kann der Junge darauf stehen. „Ich kann schon etwas sehen! Den Himmel kann ich sehen! Und gleich die Sonne!“, ruft er den Tauben zu. Und schließlich ist der Brunnen so voller Stroh, dass er glücklich über den Brunnenrand klettern kann. „Danke! Vielen Dank, liebe Tauben!“, ruft er und schaut zum Himmel. Die Tauben fliegen im Kreis, und es sieht aus, als würden sie dem Jungen mit ihren Flügeln winken. Dann fliegen sie weiter, es kann ja sein, dass an einem anderen Ort ein anderes Kind ihre Hilfe braucht.

(Armenisches Märchen)

„Viele kleine Leute an vielen kleinen Orten, die viele kleine Dinge tun, werden das Angesicht der Erde verändern!“

(Afrikanisches Sprichwort)

„Alles, was dir vor die Hände kommt, es zu tun mit deiner Kraft, das tu!“

(Prediger 9,10)

Bis dahin …

Das letzte Kleid hat keine Taschen, das letzte Zuhause ist eine schlichte Holzkiste, der letzte Wagen fährt ganz langsam, und am Ende ist es nur ein kleines Stück Erde. Die Hände sind gefaltet, es ist nichts mehr zu machen. Die Augen sind geschlossen, es gibt nichts mehr zu sehen. Der Mund ist sprachlos, Totenstille.

Bis dahin – carpe diem – pflücke den Tag. Lass jeden Tag eine Kostbarkeit sein. Halte dich am Lebendigen fest und lass die toten Dinge los. Nimm dir Zeit für Menschen und nimm Sachen nicht so ernst. Mach jede Arbeit wie einen Gottesdienst und lass jede Mahlzeit eine Andacht sein. Nimm Worte wörtlich und Menschen menschlich. Mach aus jeder Begegnung ein kleines Fest und aus jeder Liebe eine neue Hochzeit.

Wirf deine Sorgen auf Jesus und wirf dein Vertrauen auf Jesus nicht weg. Lass jeden Atemzug wie ein Gebet und jedes Gebet ein tiefes Atemholen der Seele sein. Nutze jede Gelegenheit, Freude zu machen, Freude zu haben, Freude zu wecken. Nimm das Leiden ganz ernst und teile es, wenn möglich, mit anderen. Ärgere dich nicht über Menschen, aber freue dich über deinen Gott und seine Güte. Erbitte für jede deiner Sünden seine ganze Vergebung. Am Ende hat Gott für dich ein neues Kleid und eine ewige Wohnung und einen neuen Himmel und eine neue Erde bereit. Deine Hände strecken sich ihm entgegen, deine Augen werden ihn von Angesicht sehen, und dein Mund wird sich zum ewigen Lobpreis öffnen.

Bis dahin behalt das Leben lieb!

„Doch dies sah ich auch, dass alles von Gottes Hand kommt. Denn wer kann fröhlich essen und genießen ohne ihn?“

(Prediger 2,24f)

Die größere Macht!

In der Französischen Revolution wurden einst 16 Schwestern des Karmeliterinnenordens wegen ihres angeblich fanatischen Glaubens zum Tode verurteilt. Eine der einfachen Schwestern fragte den Richter: „Was ist Fanatismus?“ – „Das ist eure verdammte Anhänglichkeit an den Glauben!“ – „Wie schön“, sagte die Schwester, „für Jesus zu sterben.“ Sie mussten auf den berüchtigten Karren steigen und wurden zum Schafott gefahren. Auf dem Weg dahin sangen sie ihre Glaubenslieder. Angesichts des Schafotts knieten sie alle vor der Priorin nieder und erneuerten ihr Gehorsamsgelübde. Dann sangen sie: „Komm, Schöpfer, Heiliger Gott …“ Mit jedem Kopf, der fiel, wurde der Gesang leiser. Die Letzte war die Priorin, Mutter Theresa vom hl. Augustinus. Bevor ihr Kopf fiel, sagte die Schülerin des großen Heiligen: „Die Liebe ist immer siegreich, die Liebe ist die größere Macht!“

(Nach G. Bernanos)

„Jesus sprach zu seinen Jüngern: Will mir jemand nachfolgen, der verleugne sich selbst und nehme sein Kreuz auf sich und folge mir. Denn wer sein Leben erhalten will, der wird's verlieren; wer aber sein Leben verliert um meinetwillen, der wird's finden!“

(Matthäus 16,24f)

Dein Kreuz

„Gottes ewige Weisheit hat von Ewigkeit her das Kreuz ersehen, das er dir als ein kostbares Geschenk aus seinem Herzen gibt.
Er hat dieses Kreuz, bevor er es dir schickte, mit seinen allwissenden Augen betrachtet, es durchdacht mit seinem göttlichen Verstand, es geprüft mit seiner weisen Gerechtigkeit, mit liebenden Armen es durchwärmt, es gewogen mit seinen beiden Händen, ob es nicht einen Millimeter zu groß und ein Milligramm zu schwer sei. Und er hat es gesegnet in seinem allheiligen Namen, mit seiner Gnade es durchsalbt und mit seinem Troste es durchduftet.
Und dann noch einmal auf dich und deinen Mut geblickt – und so kommt es schließlich aus dem Himmel zu dir als ein Gruß Gottes an dich, als ein Almosen der allbarmherzigen Liebe!“

(Franz von Sales)

„O welch eine Tiefe des Reichtums, beides, der Weisheit und der Erkenntnis Gottes! Wie unbegreiflich sind seine Gerichte und unerforschlich seine Wege! Denn von ihm und durch ihn und zu ihm sind alle Dinge. Ihm sei Ehre in Ewigkeit! Amen.“

(Römer 11,33.36)

Das Kreuz, das eigentlich mir gehört

Man borgte eine Futterkrippe, um Jesus hineinzulegen. Man borgte den Esel, auf dem Jesus später in die Stadt ritt. Doch die Dornenkrone und das Kreuz, das er trug, gehörten ihm.
Jesus borgte das Brot, das er für die hungrige Menge vermehrte. Er borgte die Fische, um sie an alle auszuteilen. Doch die Dornenkrone und das Kreuz, das er trug, gehörten ihm.
Jesus borgte sich das Schiff, aus dem er die Menschen am Ufer lehrte. Er borgte sich den Ruheplatz zum Schlafen. Er hatte nie ein Haus und eine Bleibe. Doch die Dornenkrone und das Kreuz, das er trug, gehörten ihm.
Jesus borgte einen Saal, um mit seinen Jüngern das letzte Mahl zu halten. Man borgte ihm ein Grab im Felsen. Doch die Dornenkrone und das Kreuz, das er trug, gehörten ihm.
Die Dornen auf seinem Haupt und das Kreuz auf seinem Rücken trug Jesus für mich. Denn die Dornenkrone und das Kreuz, das er trug, gehörten eigentlich mir. Aber er nahm sie als seine auf sich, um mich von Sünde und Schuld, von Strafe und Gericht zu entlasten.

„Er hat unsere Sünde selbst hinaufgetragen an seinem Leibe auf das Holz, damit wir, der Sünde abgestorben, der Gerechtigkeit leben!“

(1. Petrus 2,24)

Liebe überwindet

Während des letzten Weltkrieges waren die Gläubigen eines Dorfes in der Kirche zum Gebet versammelt. Plötzlich stürzten ein Offizier und seine Soldaten herein und befahlen, innerhalb von zehn Minuten das Gotteshaus zu verlassen; es sollte zerstört werden. Doch dem Offizier kam – mit einem teuflischen Ausdruck im Gesicht – eine Idee. Er Riss das Christusbild von der Wand, warf es auf den Boden und sagte: „Nur die, die dieses Bild anspucken, dürfen hinausgehen, andernfalls werdet ihr mit in die Luft fliegen."
Die Situation war schrecklich, die Zeit zum Überlegen kurz; die Menschen waren ratlos. Einer trat zögernd hervor, und mit einem „Vergebt mir!" spuckte er auf das Bild. Einige entschuldigten sich für das gleiche Tun mit der Begründung, es sei ja schließlich nur ein Bild. Dreißig Leute hatten nach fünf Minuten auf diese Weise die Kirche verlassen. Da erhob sich ein 14-jähriges Mädchen, ging vor dem Bild auf die Knie, beugte sich nieder und wischte mit seinen Händen den Speichel fort. Dann küsste es den Christus. Im gleichen Moment wurde es von einer Pistolenkugel niedergestreckt und starb. –
Stille trat ein. Niemand spuckte mehr; man hätte sonst das tote Mädchen bespuckt. Ratlos schaute der Offizier auf die Szene, wandte sich plötzlich ab und verließ mit seinen Soldaten das Gotteshaus. Alle zurückgebliebenen Leute versammelten sich um das tote Mädchen. Schluchzend bat der Vater dieses Kindes um Verzeihung, weil er zu spät die Situation begriffen hatte. Er konnte nicht mehr rückgängig machen, was geschehen war, und sagte: „Hätte ich vorher deine Absicht erkannt, wäre ich dir vorausgegangen."

„Sie haben den Bösen überwunden durch des Lammes Blut und durch das Wort ihres Zeugnisses und haben ihr Leben nicht geliebt, bis hin zum Tod!"

(Offenbarung 12,11)

Bis heute trinken wir davon

Ein Spötter soll dem Kirchenvater Hieronymus (347–420) einst vorgerechnet haben, dass Jesus auf der Hochzeit zu Kana über 300 Liter Wasser in allerbesten Wein verwandelt habe, obwohl die Hochzeitsgesellschaft schon ziemlich viel getrunken habe. Hämisch habe er dann den Kirchenlehrer gefragt, ob die Hochzeitsleute diese ungeheure Menge dann wohl ganz ausgetrunken haben. Worauf Hieronymus dem Spötter ganz ruhig geantwortet habe: „Nein, wir trinken bis heute noch davon!“

„Und Jesus nahm den Kelch und dankte, gab ihnen den und sprach: Trinket alle daraus; das ist mein Blut des neuen Testaments, welches vergossen wird für viele zur Vergebung der Sünden.“

(Matthäus 26,27f)

„Denn sooft ihr von diesem Brot esst und aus dem Kelch trinkt, verkündigt ihr den Tod des Herrn, bis er kommt.“

(1. Korinther 11,26)

Der Holzweg

Zugegeben,
wir sind auf dem
Holzweg,
wenn wir ihm folgen:
Auf diesem mühsamen Weg

vom Holz der Krippe
im ärmlichen Stall
zum Holz des Kreuzes,
dem Marterpfahl,
an dem er litt.

Dazwischen
der harte Alltag des
Zimmermanns: Holz,
Balken und Latten ringsum.
Bretter, die die Welt
bedeuten. Das war
seine Welt. Holzgeruch
über Jahre hin.

Und nun also ich:
mit dem Brett
vor dem Kopf und dem
Balken im Auge.
Und ich (lacht nur),
ich will ihm nachgehn.

(Lothar Zenetti)

Jesus sprach: „Will mir jemand nachfolgen, der verleugne sich selbst und nehme sein Kreuz auf sich und folge mir!“

(Matthäus 16,24)

Ausgelöscht

Im Schwabenland gibt es in einer kleinen Dorfkirche ein eindrückliches Deckengemälde aus der Zeit des Barock. Der Maler hat Jesus am Kreuz dargestellt. Davor steht der Teufel mit einem Brief in der Hand. Auf dem Schuldbrief stehen die Sünden der Menschen, die der Teufel Jesus vorhält.
Wie viele Sünden verklagen die Menschen! Sie alle gehören dem Teufel und seinem Verderben. Aber da ist noch ein Engel. Er hat einen Schwamm in der Hand. Mit diesem Schwamm fängt er das Blut und Wasser, das aus der Seitenwunde Jesu tropft, auf. Mit dem Schwamm löscht er die Sünden der Menschen im Schuldbrief aus. Das ist die gute Nachricht dieses Bildes: Jesu Leiden und Sterben, sein kostbares Blut sühnen unsere Schuld und löschen unsere Sünden aus. Sie können uns nicht mehr vor Gott verklagen. Wir sind in Jesu Liebe versöhnt und frei.

„Dieser ist's, der gekommen ist durch Wasser und Blut, Jesus Christus! Er hat uns vergeben alle Sünden. Er hat den Schuldbrief getilgt, der mit seinen Forderungen gegen uns war!“

(1. Johannes 5,6 und Kolosser 2,13)

Tausendmal Dank

Mein lieber Herr, wie tief bist du herabgestiegen:
bis in die schlimmste Sünde,
bis in die dunkelste Nacht,
bis in die letzte Einsamkeit,
bis in die quälendste Sorge,
bis in den bittersten Tod,
bis in die schändlichste Entehrung,
bis in die furchtbarste Hölle,
bis in das härteste Gericht,
bis in die äußerste Gottverlassenheit,
bis in die schrecklichste Angst,
bis in das grausamste Leid,
bis in die schmerzlichste Kränkung,
bis in das irrsinnigste Schicksal,
bis in die tiefste Qual!

Und das alles aus lauter Liebe und reiner Barmherzigkeit mit mir und allen Menschen, um uns zu locken und zu werben, zu finden und zu retten, zu verwandeln und uns mit neuem Leben zu beschenken. Tausendtausendmal sei dir, liebster Jesus, Dank dafür!

„In Jesus haben wir die Erlösung durch sein Blut, die Vergebung der Sünden, nach dem Reichtum seiner Gnade, die er uns reichlich hat widerfahren lassen!“

(Epheser1,7f)

Unser Halt

Friedrich Traub (1873–1906) war von 1899 bis zu seinem frühen Tod am 8. 2. 1906 als Pioniermissionar in China tätig. Er geriet dort in den sog. Boxeraufstand im Jahr 1900. Das war eine fremdenfeindliche Bewegung, die sich gegen jeden Einfluss ausländischer Kräfte auf China erhob. Dieser Aufstand wurde dann wiederum von den europäischen Großmächten niedergeschlagen. Wütend über die Einmischung, hatte die chinesische Regierung strengen Befehl gegeben, alle Ausländer zu ermorden. In dieser Zeit mussten viele Missionare in China ihr Leben lassen. Friedrich Traub schreibt in einem seiner Briefe aus China:

„In Shanghai sind die meisten Missionare und Christen ermordet worden. In der Hauptstadt der Provinz Shanxi, Taiyuan, waren von den verschiedenen Stationen beim Ausbruch der Unruhen 33 Missionare versammelt. Der Gouverneur lud die Missionare ein, zu ihm zu kommen, damit er sie besser schützen könne. Die bedrängten Missionare gingen hin, wurden aber nicht beschützt, sondern sofort in Ketten gelegt und zum Tode verurteilt. Bald wurden sie dann auch auf dem Hofe des Gouverneurs enthauptet. Die chinesischen Christen traf dasselbe Los. Sie mussten gefesselt zusehen, wie ihre ausländischen Lehrer das Leben ließen für ihren Herrn, und wurden dann gezwungen, das warme Blut der Missionare zu trinken. Hierauf warf man ihnen vor, dass sie den Ausländern folgten. Sie antworteten aber, dass sie nicht den Ausländern, sondern Jesus nachfolgten. Da sagte man ihnen: ‚Aber ihr lest die Bücher der fremden Teufel!‘ Sie erwiderten: ‚Nein, wir lesen Gottes Wort!‘ Nun drohte man ihnen: ‚Wer von euch nicht Christus verleugnet, wird sofort geköpft!‘ Hierauf stellte man ihnen einzeln die Frage, ob sie nicht zu den Götzen zurückkehren wollten. Sie antworteten aber fest entschlossen, dass sie dem Herrn treu bleiben wollten und auch bereit seien, zu sterben.

Darauf wurden sie alle hingeschlachtet. Ihre Schmerzen und Leiden haben nun ein Ende, und sie sind bei dem König, welchem sie treu bis zum Tod dienten. Wir sind noch hier mit vielen anderen im Tal der Todesschatten. Da ist Jesus Christus unser Halt!"

„Sie haben den Bösen überwunden durch des Lammes Blut und durch das Wort ihres Zeugnisses und haben ihr Leben nicht geliebt, bis hin zum Tod!"

(Offenbarung 12,11)

Der Stellvertreter

Es war einmal ein König, der sein Land glücklich machen wollte. Er hatte schon verschiedene Anordnungen getroffen, um die schlechten Zustände in seinem Reich zu beseitigen. Eine dieser Maßnahmen lautete: Der Genuss von Rauschmitteln ist verboten. Das war eine besonders harte Maßnahme, denn viele waren diesem Laster verfallen, selbst am Hofe des Königs.
Der König hatte eine harte Strafe angedroht. Wer auf frischer Tat ertappt wurde, sollte mit dreißig Stockschlägen bestraft werden. Lange Zeit wurde niemand zum König gebracht. Und es schien so, als wagte kein Untertan, den Befehl zu übertreten. Eines Tages kam ein Diener zum König und meldete, dass eine Frau Rauschmittel genommen hätte. Der König befahl: „Bring sie her, sie wird ihre Strafe bekommen. Jeder, der es verdient, wird bestraft, und wenn es meine eigene Frau wäre."
Der Diener entfernte sich und kehrte bald darauf mit zwei Soldaten zurück, die eine Frau zwischen sich führten. Es war … die Mutter des Königs. Der König erschrak. Das hatte er nicht erwartet. Was nun? Er musste sein Wort halten.
Gespannt warteten die Diener ab, was ihr König tun würde. Der König sah seine Mutter an. Dann trat er vor, entblößte seinen Rücken und erteilte dem Gerichtsdiener den Befehl, ihm die dreißig Stockschläge zu geben. Er nahm die Strafe, die seine alte Mutter verdient hatte, auf sich. Im ganzen Land wurde der König für das, was er getan hatte, gelobt.

„Die Strafe liegt auf ihm, auf dass wir Frieden hätten, und durch seine Wunden sind wir geheilt. Wir gingen alle in die Irre wie Schafe, ein jeder sah auf seinen Weg. Aber der Herr warf unser aller Sünde auf ihn!"

(Jesaja 53,5f)

Die heilige Woche

Der Weg durch die Passionszeit
mündet ein in die „heilige Woche“,
in Tage,
in denen mein ganzes Menschsein zu Wort kommt.
Sie sind Höhepunkte, Verdichtung, Ziel
von allem, was vorher war.
Ein ganzes Leben
zusammengeballt in wenigen Tagen, Stunden:
Gründonnerstag, Karfreitag, Karsamstag, Ostern.
Mein ganzes Leben,
das einmünden, einfließen darf
in Jesu Leben:
Komm,
grüße den armen Jesus mit deiner Armut,
grüße den leidenden mit deinen Wunden,
zum Entblößten geselle dich mit deiner Blöße
und zum Ohnmächtigen mit all deiner Ohnmacht.
Schenke dem verlassenen deine Verlassenheit
und dem Dürstenden deinen Durst.
All deine Klage birg in seine Klage,
was in dir schreit, in seinen Schrei.
Bette mit ihm deine Nächte in die Hand des Vaters
und alles Unvollendete senke ein in sein „Vollbracht“.
Neige mit ihm dein Haupt
und lass fallen in seinen Tod
all deinen Tod und warte – wie er –
auf den dritten Tag.

„So steht's geschrieben, dass Christus leiden wird und auferstehen von den Toten am dritten Tage; und dass gepredigt wird in seinem Namen Buße zur Vergebung der Sünden unter allen Völkern!“

(Lukas 24,46f)

Ostermorgen

„Ganz früh am Ostersonntagmorgen machte sich meine Mutter auf. Während einer langen, schweren Krankheit hatte sie monatelang ihre Wohnung nicht verlassen können. Nun aber trieb sie eine doppelte Sehnsucht: Sie wollte die Auferstehungsfeier auf dem Friedhof miterleben und am Grab ihres Mannes sein. Sie wollte Jesus als den Sieger über den Tod mit anderen feiern und frische Blumen als Zeichen des Lebens an den Ort des Todes bringen.
Gott hat ihre Sehnsucht tiefer und wunderbarer erfüllt, indem er sie auf dem Weg zum Friedhof heimrief. Ihr Herz hörte auf zu schlagen, sie sank um und war tot. So erlebte sie eine größere Auferstehungsfeier und ein viel tieferes Wiedersehen mit ihrem Mann. Ihr von Krankheit und Alter gezeichneter Leib wurde verwandelt und dem verherrlichten Leib Jesu gleichgestaltet. Das Losungswort zum Ostersonntag aus Philipper 3,21 erfüllte sich buchstäblich.
Gott hat meine Mutter in seiner Fürsorge so gnädig heimgesucht, so liebevoll zu sich genommen, so bedeutungsreich hinausgeführt über alles Irdische und hineingenommen in das ewige Leben:
Sie kam zum Friedhof, aber nicht mehr mit Schmerzen.
Sie kam zur Auferstehungsfeier, aber mit der himmlischen Gemeinde.
Sie kam zu ihrem Mann, aber nicht mehr mit Tränen und Blumen, sondern in unaussprechlicher Freude. Und Gott wird ihre Tränen abwischen.
Fünf Wochen vor ihrem Tod hatten wir im großen Verwandten- und Bekanntenkreis ihren 80. Geburtstag gefeiert mit viel Loben und Danken, Erzählen und Erinnern. Geburtstag, Todestag, Ostertag, Auferstehungstag sind nun so nahe zusammengerückt. Tage, die Gott schenkt und so tief erfüllen kann, dass der Tod zum Leben und Sterben zum Auferstehen und Abschied zum Wiedersehen und Tränen zur Freude werden.“

(Gertrud Kühner)

„Jesus Christus wird unsern nichtigen Leib verwandeln, dass er gleich werde seinem verherrlichten Leibe.“

(Philipper 3,21)

Gedanken einer gelähmten Frau

„Ich lese Markus 2,1-12 und stelle mir vor: Ich bin der Gichtbrüchige. Ich sehe mich an seiner Stelle. Ich hänge in den Seilen. Ich bin abhängig. Aber diese Abhängigkeit hat einen Sinn. Ich lasse alles mit mir geschehen und überlasse mich den vier Trägern. So gelassen liege ich vor Jesus. Nicht verlassen, nicht allein gelassen. Weil das im Glauben geschieht. Diese Kraft muss mich tragen.
Hinter Jesus steht Gott. Das Geheimnis liegt in der Kraft dieser Worte von der Sündenvergebung. Vor mir ziehen alle Dunkelheiten vorüber, die mit der Krankheit verbunden sind, die mich trennen von dem Einssein mit Gott. Kein Vorwurf, kein Gebot. Nur ein Angebot: ‚Dir sind deine Sünden vergeben.' Und sie laufen mir davon, sie werden über Bord geworfen: die Resignation, Mutlosigkeit, Traurigkeit, Verzagtheit, Empfindlichkeit, das Im-Recht-sein-Wollen, Hadern, Sich-zurückgesetzt-Fühlen, Sich-von-Gott-vernachlässigt-Fühlen … Kann ich so sein, wie Gott mich gedacht hat? Auch mit der Krankheit? Ja. Ich sage Ja zu Vers fünf: ‚Deine Sünden sind dir vergeben.' – Jetzt habe ich alles hergegeben, was zwischen Gott und mir stand; auch die Angst, die Angst um das Fortschreiten der Krankheit. Jetzt gebe ich alles ab. Ich mache mir nichts mehr vor. Ich mache mich fest. Jesus befestigt und befreit mich zugleich. Ich stehe nicht mehr abseits, am Rande. Die Träger bringen mich zu Jesus. Das Trauern hört auf.
Der Gichtbrüchige kann wieder gehen. Man wird ihn stützen und halten und langsam, Schritt für Schritt, führen – nach Hause.
Ich mache mich auf den Weg, setze mich in Bewegung mit meinem elektrischen Rollstuhl – nicht nach Hause … zurück ins Heim. Der Wind berührt mich. Ich bin dankbar. Ich sehe die Brennnessel am Wegrand. Ich stelle mich unter einen Baum und lausche. Ich merke nicht mehr, dass ich mich ‚anders' fortbewege. Der Rollstuhl ist wie vergessen. Laufe ich? Ja. Stehe ich still? Ja. Springe ich über einen Graben? Ja. Bücke ich mich nach der Heide? Ja. Gehe ich durch den warmen Sand? Ja. Berühre ich die kühlen Lärchenzweige? Ja. Merken die anderen, dass ich das Gehen erlebe? Im Rollstuhl? Doch. Sie lächeln zurück, Kinder laufen mit mir um die Wette, das Baby im

Wagen bekommt einen breiten lachenden Mund, Menschen am Stock rufen: ‚Sie haben es gut!' Ich bin nicht gesund. Aber heil vor Gott. Irgendwann und irgendwo werde ich zu Jesus vom Dach heruntergelassen. Und jedes Mal, wenn das geschieht, werde ich wieder wie gesund und heil in ihm.

Gebet
Herr, unser Schöpfer,
wir bitten dich für alle Kranken,
dass sie dir gebracht werden,
dass keiner sagen muss: Ich habe niemanden. Amen."

(Liselotte Jacobi)

„Ich sage dir, steh auf, nimm dein Bett und geh, heim!"
(Markus 2,11)

Der Grund der Freude

Drei junge Männer stiegen eines Tages in ein Zugabteil. Sie lachten und waren sehr fröhlich. Sie konnten ihre übergroße Freude nicht verbergen. Sie hatten sich entschlossen, Jesus nachzufolgen, und kamen von einer Konferenz, auf der sie in ihrem Glauben bestärkt und neu motiviert worden waren.

Im Abteil saß eine Dame, die schließlich bissig anmerkte: „Sie scheinen ja besonders fröhlich zu sein!“ – „Raten Sie mal, warum!“, antwortete einer der drei. „Sie sind vielleicht ein wenig betrunken?“ – „Nein, das ist es nicht!“ – „Dann haben Sie wohl eine Fete gefeiert.“ – „Nein.“ – „Haben Sie vielleicht im Lotto gewonnen?“ – „Das ist es auch nicht!“ – „Ja, dann muss wohl einer von den Toten auferstanden sein!“ meinte die Dame gekränkt. „Ganz recht, das ist es!“, meinten die jungen Leute. „Dann war der Betreffende wohl nur scheintot!“ – Die drei lachten: „Nein, er war richtig tot. Aber nun lebt er auch richtig und ist wahrhaftig auferstanden. Und darum haben wir eine so große Freude!“ Erschrocken fragte die Dame zurück: „Davon habe ich ja gar nichts gehört! Wer war denn das?“ Da erzählten ihr die drei jungen Männer von Jesus, der für sie gestorben und wiederauferstanden ist.

„Denn dazu ist Christus gestorben und wieder lebendig geworden, dass er über Tote und Lebende Herr sei!“

(Römer 14,9)

Teuer erkauft

Ein Junge bastelt sich ein wunderschönes Segelschiff. Mit Liebe und Sorgfalt fügt er die Teile zusammen, takelt es mit großem Geschick auf und hat seine helle Freude an dem gelungenen Werk. Dann bringt er es stolz zum Fluss, um es dort schwimmen zu lassen. Heiter läuft er am Ufer entlang, während sein Segelschiff ruhig über das Wasser gleitet. Das weiße Segel füllt sich mit dem Sommerwind. Doch plötzlich wird das Schiff von einer Windböe und der Strömung fortgerissen. Der Junge kann es nicht mehr erreichen und muss voller Schmerzen zusehen, wie es verschwindet. Ganz geknickt kommt der Junge nach Hause. Sein wunderschönes Schiff ist verloren.

Wochen später entdeckt der Junge sein Segelschiff in einem Pfandhaus. Dort im Schaufenster liegt sein Boot, das er mit Liebe gebaut, mit Eifer angemalt und hergestellt hatte. Er geht in das Pfandhaus und erklärt dem Besitzer, er möchte das Boot haben, es wäre sein Eigentum. Doch der Mann hinter dem Tresen zeigt ihm das Preisschild und erklärt: „Wenn du den Preis bezahlst, kannst du das Schiff haben!"

Der Junge arbeitet Wochen und Monate, verzichtet auf alle anderen Dinge und hat schließlich die Summe bereit, geht in das Pfandhaus, erwirbt sein Segelschiff und geht voller Freude damit nach Haus. Unterwegs streichelt er das Boot und sagt voller Liebe zu ihm: „Nun gehörst du mir zweimal. Einmal, weil ich dich mit Liebe gemacht habe, und ein zweites Mal, weil ich dich mit Schmerzen teuer erkauft habe."

Auch wir Menschen gehören Gott zweimal. Einmal, weil er uns mit Liebe gemacht hat. Wir sind seine Kunstwerke. Aber wir haben uns von Gott losgerissen und gehören nun fremden Mächten. Doch Gott kauft uns mit dem Leiden und Sterben seines Sohnes los. Wir gehören Gott ein zweites Mal, weil er uns teuer erkauft hat. Darum wollen wir ihm dann auch wirklich und bleibend gehören.

„Denn ihr seid teuer erkauft; darum preist Gott mit eurem Leibe!"
(1. Korinther 6,20)

Der Tod und sein Überwinder

Einen kenn' ich,
Wir lieben ihn nicht.
Einen nenne ich,
Der Kronen zerbricht.
Weh! Sein Fuß steht im Staub,
Sein Haupt in Mitternacht,
Vor ihm weht das Laub
Zur dunklen Erde nieder.
Ohn' Erbarmen
In den Armen
Trägt er die kindische,
taumelnde Welt.
Tod – so heißt er,
Und die Geister
Beben vor dir, du eiserner Held!

Einen kenn' ich,
Wer liebt ihn genug?
Einen nenne ich,
der die Dornenkrone trug.
Heil! Sein Fuß steht im Licht,
Sein Haupt in der Glorie.
Wo er geht, zerbricht
Des Todes eiserner Riegel.
Voll Erbarmen
In den Armen
Trägt er die sterbliche,
liebende Welt.
Jesus – heißt er,
Und die Geister
Beten dich an, du ewiger Held!

(Clemens Brentano)

„Jesus Christus hat dem Tod die Macht genommen und das Leben und ein unvergängliches Wesen ans Licht gebracht durch das Evangelium!“

(2. Timotheus 1,10)

Passion

Ich kenne einen

der ließ sich von uns die Suppe versalzen
der ließ sich von uns die Chancen vermasseln
der ließ sich von uns das Handwerk legen
der ließ sich für dumm verkaufen
der ließ sich einen Strick drehen
der ließ sich an der Nase herumführen
der ließ sich übers Ohr hauen
der ließ sich von uns kleinkriegen
der ließ sich von uns in die Pfanne hauen
der ließ sich von uns aufs Kreuz legen
der ließ sich von uns Nägel mit Köpfen machen
der ließ sich zeigen, was ein Hammer ist
der ließ sich von uns festnageln auf sein Wort
der ließ sich seine Sache was kosten
der ließ sich sehen am dritten Tag

der konnte sich sehen lassen

(Lothar Zenetti)

„Ihnen zeigte er sich nach seinem Leiden durch viele Beweise als der Lebendige und ließ sich sehen unter ihnen vierzig Tage lang und redete mit ihnen vom Reich Gottes!“

(Apostelgeschichte 1,3)

Wenn ich gestorben bin

wenn ich gestorben bin
hat sie gewünscht
feiert nicht mich
und auch nicht den tod
feiert DEN
der ein gott der lebendigen ist

wenn ich gestorben bin
hat sie gewünscht
zieht euch nicht dunkel an
das wäre nicht christlich
kleidet euch hell
singt heitere lobgesänge

wenn ich gestorben bin
hat sie gewünscht
preiset das leben
das hart ist und schön
preiset DEN
der ein gott von lebendigen ist.

(Kurt Marti)

„Gott ist nicht ein Gott der Toten, sondern der Lebenden!“
(Matthäus 22,32)

Lieben und Leiden

„Das Leiden hat keinen Sinn in sich selbst; Leiden als Teilnahme an der Passion Christi jedoch ist eine herrliche Gabe und ein Zeichen seiner Liebe, denn auf diese Weise bewies der Vater, dass er die Welt liebt – indem er seinen Sohn hingab, für uns zu sterben. Gemeinsam auf sich genommenes, gemeinsam getragenes Leiden ist Freude. Denke daran, dass die Passion Christi immer in die Freude über die Auferstehung Christi mündet. Denke daran, wenn du das Leiden Christi im Herzen spürst, dass die Auferstehung unaufhaltsam kommt, die Osterfreude heraufzieht. Lass dich von nichts so sehr betrüben, dass du darüber die Freude des auferstandenen Christus vergisst.
Wir alle sehnen uns nach dem Himmel, wo Gott ist, aber wir haben es in der Hand, hier und jetzt bei ihm im Himmel zu sein, in diesem Augenblick mit ihm glücklich zu sein. Mit ihm jetzt glücklich sein heißt, lieben, wie er liebt, helfen, wie er hilft, geben, wie er gibt, dienen, wie er dient, retten, wie er rettet. Wenn du für einen Blinden einen Brief schreibst oder einfach kommst, dich hinsetzt und zuhörst oder für ihn die Post holst oder jemanden besuchst oder jemandem eine Blume bringst – nichts ist zu gering, denn so lieben wir Christus in Taten."

(Mutter Teresa)

„Denn euch ist es gegeben um Christi willen, nicht allein an ihn zu glauben, sondern auch um seinetwillen zu leiden!"

(Philipper 1,29)

Der Mensch denkt und Gott lenkt

Im Orient lebte einst ein gütiger und freundlicher König. Um die Armut in seinem Reich zu lindern, verteilte der König großzügig Almosen an Menschen in Not. Regelmäßig kamen zwei Bettler an die Tore des Palastes, und sie bekamen vom König stets eine reiche Gabe. Der eine Bettler pries darauf den König mit überschwänglichen Worten. Und das tat dem König gut. Der andere Bettler lobte Gott von Herzen, dass er dem König den Reichtum anvertraut habe, sodass er den Armen davon abgeben könne. Und das schmerzte den König. Und er sprach zum Bettler: „Ich bin es, der dir so großzügig gibt und dich so freundlich behandelt. Warum dankst du dann einem anderen?" – „Wäre Gott nicht so gut zu dir, dann könntest du auch nicht so gütig zu mir sein. Gott gehört der Dank!", sagte der Bettler. Der König wollte dem Bettler eine Lehre erteilen und ließ seinen Bäcker zwei völlig gleiche Brote backen und in das eine der Brote ein Säckchen mit kostbaren Edelsteinen einbacken. Die beiden Geschenke ließ er den Bettlern überreichen, und zwar dem Bettler, der immer den König pries, das Brot mit den Edelsteinen darin. Der Bettler nahm das Brot und merkte gleich, dass es etwas schwerer war. Er dachte, es sei schlecht gebacken und innen noch feucht und schwer. So bot er seinen Brotlaib dem anderen Bettler an, der ihn ohne weiter zu prüfen nahm, um dem anderen den Gefallen zu tun. So gingen sie mit ihrem Brot und aßen zu Hause davon. Der Bettler, der immer Gott dankte, brach das Brot, entdeckte die kostbaren Edelsteine und dankte Gott von ganzem Herzen, dass er nun nicht mehr betteln müsste. Der König vermisste bald den Bettler am Palasttor und fragte den anderen, ob er das Brot bekommen hätte. „Das Brot erschien mir hart und schwer, so tauschte ich es mit dem Brot meines Kollegen. Aber der ist seit dem Tag nicht wieder zum Betteln gekommen!"
Der König sagte nichts weiter, aber er verstand nun, dass Reichtum nur von Gott kommen kann. Gott kann den Armen reich und den Reichen arm machen. Auch ein König ist in seinem Denken begrenzt, wenn Gott die Geschicke lenkt.

„Der Herr schaut vom Himmel und sieht alle Menschenkinder. Er lenkt ihnen allen das Herz, er gibt acht auf alle ihre Werke!"

(Psalm 33,13.15)

Reden ist Silber

„Reden ist Silber, Schweigen ist Gold. Und was ist Platin? Reden um der Liebe willen, auch wenn um meiner selbst willen Schweigen Gold wäre, und dem anderen zuliebe schweigen, auch wenn das Silber des Redens für mich gut genug wäre!“

(Hans Joachim Eckstein)

„Wenn ich mit Menschen- und mit Engelzungen redete und hätte die Liebe nicht, so wäre ich ein tönendes Erz oder eine klingende Schelle. Und wenn ich prophetisch reden könnte und wüsste alle Geheimnisse und alle Erkenntnis und hätte allen Glauben, sodass ich Berge versetzen könnte, und hätte die Liebe nicht, so wäre ich nichts!“

(1. Korinther 13,1f)

Das fehlt uns noch

„Es fehlt uns an der Liebe zum Kreuz, zu dem Kreuz, das nicht leuchtet und nicht eingeht, aber weil von der Liebe gezimmert, immer wieder schön ist.
Denke, was es heißt, sich selbst eine Reihe von Jahren tragen sollen und nirgends eine Hilfe bei Menschen haben dürfen, bis man sich ganz auf den Herrn verlässt.
Erfahre, was es heißt, dass nie in den Verhältnissen für dich der Frieden ist, nachdem unter dem Kreuz für alle Verhältnisse wahrer Friede wurde, und nimm das Kreuz auf dich und liebe es. Tue deinen Willen unter den Willen des, der bis zum Tod gehorsam war.
Dass dieses Kreuz in all deine Räume geht, in all deinen Sinnen herrschen will und nichts vor ihm verborgen und ihm nichts entzogen sei, das fehlt uns noch.
Herr, indem du den Glauben stärkst, mehre auch die Liebe und den Ernst, die Wahrheit und die Schlichtheit und lass deine Jünger solche sein, die dein Kreuz und ihr Kreuz zu einem Kreuz erheben.
Alle deine Sorgen, deine ganze schwere Last, alles wirf auf deinen Heiland, was du selbst getragen hast. Alle deine Sünden, deine ganze Schuld und Not, hat der Herr für dich getragen, als er starb den Kreuzestod.“

(Hermann Bezzel)

„Will jemand mir nachfolgen, der nehme sein Kreuz auf sich und folge mir!“

(Matthäus 16,24)

Worte des Lebens sind lebendig

Im Moskauer Staatstheater fand die Premiere des antireligiösen Stückes „Christus im Frack" statt. Schulen, Jugendorganisationen und Jungarbeiter sollten das Stück in ihr Kulturprogramm aufnehmen und diskutieren.
Die Hauptrolle des Christus spielte der berühmte Schauspieler und Kommunist Alexander Rostowzew. Kein Wunder, dass das Theater bis auf den letzten Platz ausverkauft war. Auf der Bühne stand ein „Altar" – mit Schnaps- und Bierflaschen übersät. Betrunkene und grölende Popen, Nonnen und Mönche bewegten sich um diese Bartheke.
Zu Beginn des zweiten Aktes betritt Rostowzew die Bühne. In seinen Händen hält er die Heilige Schrift. Laut Regieanweisung hat er mit Witzen und Späßen die Zuschauer zu Lachstürmen hinzureißen. Alles, was mit Dummheit und Aberglauben zusammenhängt, ist hineingepackt. Nach Verlesen der ersten beiden Verse aus der Bergpredigt soll der Schauspieler in den Ruf ausbrechen: „Reicht mir Frack und Zylinder!"
Rostowzew beginnt und liest: „Freuen dürfen sich alle, die sich arm fühlen vor Gott; denn Gott liebt sie und öffnet ihnen die Tür zu seinem Reich. – Freuen dürfen sich alle, die trauern; denn Gott wird sie trösten."
Der Regisseur schmunzelt hinter den Kulissen in sich hinein: In wenigen Augenblicken werden die Lachstürme losbrechen. Aber nichts von dem geschieht. Rostowzew liest weiter: „Freuen dürfen sich alle, die keine Gewalt anwenden, denn sie werden das Land erben!" Das Publikum rührt sich nicht. Es spürt sofort, dass in dem Schauspieler etwas vorgeht. Alle halten den Atem an. Dann, nach kurzer Unterbrechung, liest er weiter. Mit einem anderen Klang in der Stimme. Totenstille. Der Staatsschauspieler tritt mit der Heiligen Schrift an die Rampe, schaut wie gebannt in das Buch und liest … und liest … alle 48 Verse des 5. Kapitels des Matthäus-Evangeliums. Niemand unterbricht ihn. Sie lauschen – als stünde Jesus selbst vor ihnen. Dann kommt es leise von seinen Lippen: „Darum sollt ihr vollkommen sein, wie euer Vater im Himmel vollkommen ist!"

Rostowzew schließt das Buch. Es sieht so aus, als deute er damit auch etwas Endgültiges für sein Leben an. Er bekreuzigt sich nach orthodoxer Art und spricht laut und vernehmbar die Worte des Schächers am Kreuz: „Herr, gedenke meiner, wenn du in dein Reich kommst!"
Niemand schrie oder pfiff oder protestierte. Stumm verließen alle das Theater. Es war wie nach einem Gewitter: Der Blitz hatte eingeschlagen und alle getroffen.
Das Stück kam nicht mehr zur Aufführung. Und Rostowzew war nach jenem Premierenabend für immer verschwunden.

(Nach P. Chrystomus Dahm)

„Das Wort Gottes ist lebendig und kräftig und schärfer als jedes zweischneidige Schwert und dringt durch, bis es scheidet Seele und Geist, und ist ein Richter der Gedanken und Sinne des Herzens!"
(Hebräer 4,12)

Zur Freiheit befreit

Ein Mann ging in einen Wald, um nach einem Vogel zu suchen, den er mit nach Hause nehmen konnte. Er fing einen jungen Adler, brachte ihn heim und steckte ihn in den Hühnerhof zu den Hennen, Enten und Truthühnern. Und er gab ihm Hühnerfutter zu fressen, obwohl er ein Adler war, der König der Lüfte.

Nach fünf Jahren erhielt der Mann den Besuch eines naturkundigen Mannes. Und als sie miteinander durch den Garten gingen, sagte der: „Dieser Vogel dort ist kein Huhn, er ist ein Adler." – „Ja", sagte der Mann, „das stimmt. Aber ich habe ihn zu einem Huhn erzogen. Er ist jetzt kein Adler mehr, sondern ein Huhn, auch wenn seine Flügel drei Meter breit sind."

„Nein", sagte der andere. „Er ist noch immer ein Adler, denn er hat das Herz eines Adlers. Und das wird ihn hoch hinauffliegen lassen in die Lüfte."

„Nein, nein", sagte der Mann, „er ist jetzt ein richtiges Huhn und wird niemals fliegen."

Darauf beschlossen sie, eine Probe zu machen. Der naturkundige Mann nahm den Adler, hob ihn in die Höhe und sagte beschwörend: „Der du ein Adler bist, der du dem Himmel gehörst und nicht dieser Erde: breite deine Schwingen aus und fliege!"

Der Adler saß auf der hochgereckten Faust und blickte um sich. Hinter sich sah er die Hühner nach ihren Körnern picken, und er sprang zu ihnen hinunter.

Der Mann sagte: „Ich habe dir gesagt, es ist ein Huhn!"

„Nein", sagte der andere, „es ist ein Adler. Versuche es morgen noch einmal."

Am anderen Tag stieg er mit dem Adler auf das Dach des Hauses, hob ihn empor und sagte: „Adler, breite deine Schwingen aus und fliege!" Aber als der Adler wieder die scharrenden Hühner im Hof erblickte, sprang er abermals zu ihnen hinunter und scharrte mit ihnen.

Da sagte der Mann wieder: „Ich habe dir gesagt, es ist ein Huhn."

„Nein", sagte der andere, „er ist ein Adler und hat das Herz eines Adlers. Lass es uns noch ein einziges Mal versuchen."

Am nächsten Morgen erhob er sich früh, nahm den Adler und brachte ihn hinaus aus der Stadt, weit weg von den Häusern, an den Fuß eines hohen Berges. Die Sonne stieg gerade auf, sie vergoldete den Gipfel des Berges, jede Zinne erstrahlte in der Freude eines wundervollen Morgens.
Er hob den Adler hoch und sagte zu ihm: „Adler, du bist ein Adler. Breite deine Schwingen aus und fliege!“ Der Adler blickte umher, zitterte, als erfülle ihn neues Leben – aber er flog nicht. Da ließ ihn der naturkundige Mann direkt in die Sonne schauen. Und plötzlich breitete er seine gewaltigen Flügel aus, erhob sich mit dem Schrei eines Adlers, flog höher und höher und kehrte nie wieder zurück.

(Eine Fabel aus Ghana)

„Zur Freiheit hat uns Christus befreit! So steht nun fest und lasst euch nicht wieder das Joch der Knechtschaft auflegen!“

(Galater 5,1)

Gott zieht

Ein Junge lässt am Strand bei herrlichem Wind seinen Drachen steigen. Als seine Schnur völlig abgerollt ist, sieht man den Drachen gar nicht mehr, so hoch ist er in die Wolken hineingeschwebt. Ein älterer Herr tritt zu dem Jungen und fragt ihn, was er da mache. „Ich lasse meinen wunderschönen Drachen steigen!“, sagt der Junge stolz. „Aber ich sehe gar keinen Drachen“, sagt der Mann. „Ich sehe ihn auch nicht“, antwortet der Junge, „und doch ist er da, ich fühle, wie er zieht.“ – Wie oft fragen uns Menschen danach, wo Gott ist. Er ist doch nicht zu sehen. Nein, wir sehen ihn auch nicht. Aber wir spüren, wie er zieht, mit seiner Liebe und Treue, seiner Barmherzigkeit und Wahrheit zieht er unser Leben in seine Nähe und ans Ziel.

„Ich habe dich je und je geliebt, darum habe ich dich zu mir gezogen aus lauter Güte!“

(Jeremia 31,3)

„Es kann niemand zu mir kommen, es sei denn, ihn ziehe der Vater, der mich gesandt hat, und ich werde ihn auferwecken am Jüngsten Tage!“

(Johannes 6,44)

Alles ist für Jesus

„Denken wir daran: alles, was wir einander schenken, ein Lächeln, ein Stück Brot, zärtliche Liebe oder eine hilfreiche Hand – alles ist für Jesus so, als hätten wir es ihm getan. Lasst aber bei der Arbeit weder Stolz noch Eitelkeit zu. Die Arbeit ist Gottes Arbeit; die Armen sind die Armen Gottes. Begebt euch völlig unter den Einfluss Jesu, damit er seine Gedanken in euren Gedanken denken kann; tut seine Arbeit mit euren Händen, denn durch ihn, der euch stärkt, könnt ihr alles vollbringen …
Es geht um den einzelnen Menschen. Um einen einzelnen Menschen lieben zu können, müssen wir mit ihm in enge Berührung kommen. Ich glaube an die Begegnung von Mensch zu Mensch. Jeder Mensch ist für mich Christus, und da es nur einen Jesus gibt, ist der jeweilige Mensch in diesem Augenblick der einzige Mensch auf der Welt.
Durch mein Gebet werde ich eins in der Liebe zu Christus und erkenne, dass zu ihm beten, ihn lieben heißt, und ihn lieben bedeutet, seine Worte zu erfüllen. Die Armen in den Elendsvierteln der Welt sind wie der leidende Christus. In ihnen lebt und stirbt der Sohn Gottes, durch sie zeigt mir Gott sein wahres Gesicht. Gebet heißt für mich, vierundzwanzig Stunden am Tag eins zu sein mit dem Willen Jesu, heißt, für ihn, durch ihn und mit ihm zu leben.“

(Mutter Teresa)

„Kommt her, ihr Gesegneten meines Vaters, ererbt das Reich, das euch bereitet ist von Anbeginn der Welt! Denn ich bin hungrig gewesen, und ihr habt mir zu essen gegeben. Ich bin durstig gewesen, und ihr habt mir zu trinken gegeben. Ich bin ein Fremder gewesen, und ihr habt mich aufgenommen. Ich bin nackt gewesen, und ihr habt mich gekleidet. Ich bin krank gewesen, und ihr habt mich besucht. Ich bin im Gefängnis gewesen, und ihr seid zu mir gekommen …Was ihr getan habt einem von diesen meinen geringsten Brüdern, das habt ihr mir getan!“

(Matthäus 25,34ff)

Mit der Wahrheit lügen?

Einer alten Geschichte nach schrieb einst der Kapitän eines großen Schiffes in das Logbuch: „Der erste Steuermann war heute betrunken!“ Als der Steuermann wieder nüchtern war und den Eintrag las, wurde er missmutig und traurig. Er bat den Kapitän, den Eintrag doch wieder zu streichen, da er vorher noch niemals betrunken war und es in Zukunft auch nicht wieder sein wolle. Aber der Kapitän blieb hart und meinte: „In dieses Logbuch schreiben wir immer die absolute Wahrheit!“ In der nächsten Woche machte der erste Steuermann die Eintragung ins Logbuch und schrieb: „Heute war der Kapitän nüchtern!“

Ist es überhaupt möglich, dass Menschen übereinander die absolute Wahrheit wissen und sagen können? Wie oft sind unsere Wahrheiten Teilwahrheiten, Halbwahrheiten und winzige richtige Ausschnitte aus einem größeren Zusammenhang! Die Wahrheit über Menschen und Leben ist wohl komplizierter und oft genug widersprüchlicher, als wir meinen. Man kann mit der Wahrheit lügen, großen Schaden anrichten und sich gegenseitig tief verletzen. Die ganze Wahrheit ist uns überhaupt nicht erkennbar. Darum sollten wir uns auf den besinnen, der allein den ganzen Zusammenhang kennt und alles durchschaut. Gott allein sieht die ganze Wirklichkeit. Jesus allein ist die absolute Wahrheit. Und er ist zugleich die reine Liebe. Der gekreuzigte Christus ist die Wahrheit über mich und zugleich die Liebe zu mir. Nur in der Versöhnung von Wahrheit und Liebe ist es möglich, dass die Wahrheit nicht verletzend und die Liebe nicht verlogen wird.

„Ich habe mir vorgenommen: Ich will mich hüten, dass ich nicht sündige mit meiner Zunge!“

(Psalm 39,2)

Morgengebet

„In unseren Gemeinschaften beten wir jeden Tag eine Stunde vor dem Allerheiligsten. Seit wir mit diesem Gebet begonnen haben, ist unsere Liebe zu Jesus inniger, unsere Liebe zueinander einfühlsamer, unsere Liebe zu den Armen mitleidender geworden. Jesus machte sich zum Brot des Lebens, um sicherzugehen, dass wir verstehen, was er sagen will, um unseren Hunger nach ihm zu stillen, um unsere Liebe zu ihm zu erwidern. Aber er geht noch weiter: er macht sich zum Hungrigen, damit wir seinen Hunger nach unserer Liebe stillen können. Und indem wir an den Armen handeln, wie wir es tun, stillen wir seinen Hunger nach unserer Liebe!“

(Mutter Teresa)

„Herzlich lieb habe ich dich, Herr, meine Stärke! Herr, mein Fels, meine Burg, mein Erretter; mein Gott, mein Hort, auf den ich traue, mein Schild und Berg meines Heiles und mein Schutz!“

(Psalm 18,2f)

Die Blume aus dem Paradies

Eine alte Geschichte erzählt von Eva und Adam, die aus dem Paradies vertrieben werden. Sie gehen so traurig und sind so unsäglich betrübt. Da erbarmt sich sogar der strenge Engel am Tor zum Garten über die beiden und übersieht freundlich, wie Eva sich noch schnell eine Ranke im Garten Eden bricht, damit sie ihr Haar zusammenhalten kann und eine kleine Erinnerung an die wunderbare Pracht im Paradies hat. Als ihr Mann später den ersten Acker in der Welt umbricht und bestellt, pflanzt Eva den Zweig aus dem Garten in die gelockerte Erde. Sie wärmt ihn mit dem Hauch ihrer Seufzer und begießt ihn mit ihren zahlreichen Tränen, bis er zu wachsen beginnt. Zuerst zeigen sich schmerzhafte Dornen, aber dann wunderbare Blüten, die an die Schönheit im Paradies erinnern.
So blüht das Leben jenseits von Eden auf, nicht ohne Klagen und Seufzer, nicht ohne Tränen und Dornen, und doch sind die wunderbaren Rosen die Zeichen der Schönheit Gottes und seiner Welt.

„Den Abend lang währet das Weinen, aber des Morgens ist Freude!“
(Psalm 30,6)

Der wirkliche Reichtum

Ein Mann hatte einen Traum. Eine Stimme sagte zu ihm: „Morgen um die Mittagszeit kommt ein Mönch durch das Dorf. Und wenn er dir den Stein gibt, den er bei sich trägt, wirst du der reichste Mann der ganzen Erde sein!"
Also wartete der Mann am nächsten Tag begierig auf den durchziehenden Mönch. Und als er ihn um die Mittagszeit im Dorf haltmachen sah, sagte er zu ihm: „Gib mir den Stein, den du bei dir trägst!"
Der Mönch kramte lässig in seiner Tasche herum und brachte daraus einen Diamanten hervor. Es war der größte Diamant der Welt. Dann sagte er zu dem Mann: „Ist das der Stein, den du meinst? Ich habe ihn unterwegs gefunden. Hier hast du ihn!"
Der Mann nahm den Stein und rannte damit nach Hause. Nun war er der reichste Mann. Aber er konnte vor lauter Aufregung nicht schlafen, und vor lauter Sorge um den Stein geriet er in eine solche Angst und Unruhe, dass es ihm den Atem nahm. Morgens früh nahm er den Stein und brachte ihn zu dem Mönch zurück. Der schlief noch fröhlich und friedlich unter einem Baum. Der Mann weckte ihn und sagte: „Hier hast du deinen Stein wieder. Gib mir lieber den Reichtum, der es dir so leicht macht, den Stein herzugeben!"

„Ihr sollt euch nicht Schätze sammeln auf Erden, wo sie die Motten und der Rost fressen und wo die Diebe einbrechen und stehlen. Sammelt euch aber Schätze im Himmel. Denn wo dein Schatz ist, da ist auch dein Herz!"

(Matthäus 6,19ff)

Gut aufgehoben

Ich liege Gott am Herzen, heißt es. Wie komme ich da wohl hin, frage ich! Ich liege oft auf der Nase, niedergeschlagen und von den Widrigkeiten des Lebens bedrückt. Ich liege bisweilen ziemlich schief, sage und mache so vieles verkehrt und unbedacht. Ich liege manchmal im Dreck, wollte ganz hoch hinaus und bin umso tiefer gefallen. Ich liege auch manchmal ziemlich daneben, hatte Träume bis an den Himmel und bin bis unter die Tiere herabgesunken. Ich liege dann wieder am Boden, entmutigt und erschöpft von all den Versuchen, es auf die Reihe zu bringen. Ich liege je und dann im Clinch mit den Mächten des Bösen und unterliege allzu oft. Ich liege Gott am Herzen, heißt es. Wie komme ich da bloß hin, frage ich! Jesus hat mich aufgehoben, getragen und mit großer Sorgfalt Gott ans Herz gelegt, heißt es. So wird es wohl gut sein, denke ich. Aber was liegt mir nun am Herzen, frage ich!

„Siehe, um Trost war mir sehr bange. Du aber hast dich meiner Seele herzlich angenommen, dass sie nicht verdürbe; denn du wirfst alle meine Sünden hinter dich zurück!“

(Jesaja 38,17)

Die Liebe bricht den Bann

Eines Tages ging die schöne Prinzessin im Wald spazieren, als sie einem Frosch begegnete. Der Frosch grüßte sie mit ausgesuchter Höflichkeit. Die Prinzessin erschrak bis ins Mark, als sie den Frosch mit menschlicher Stimme sprechen hörte. Doch der Frosch sprach: „Ihre Königliche Hoheit, in Wahrheit bin ich gar kein Frosch. Ich bin ein Prinz. Eine böse Hexe hat mich in einen Frosch verwandelt."
Die Prinzessin hatte ein mildes Herz und erwiderte: „Kann ich irgendetwas tun, um diesen Zauber zu brechen?"
„Ja", antwortete der Frosch, „die Hexe sagte, dass der Bann gebrochen sei, wenn ich eine Prinzessin fände, die ich liebte und die drei Tage und drei Nächte bei mir bliebe. Dann würde ich wieder in einen Prinzen verwandelt."
Die Prinzessin konnte sogar schon den Prinzen in dem Frosch sehen. Sie nahm ihn mit in den Palast, worauf alle riefen: „Was für ein widerliches Geschöpf trägst du da mit dir herum?"
Doch sie entgegnete: „Nein, das ist kein widerliches Geschöpf, sondern ein Prinz!"
So behielt sie den Frosch Tag und Nacht bei sich – auch bei Tisch. Und nachts, wenn sie schlief, saß er auf ihrem Kopfkissen. Nach drei Tagen und drei Nächten wachte sie auf und sah den schönen jungen Prinzen, der ihr voll Dankbarkeit die Hand küsste, denn sie hatte den Zauber gebrochen und ihn wieder zum Prinzen werden lassen, der er gewesen war.

(Ein orientalisches Märchen)

Das ist auch unsere Geschichte, denn wir sind eigentlich Königskinder, aber durch die Sünde und ihren Fluch entstellt. Wenn eine Liebe stark genug ist, den Bann zu brechen, können wir in Gottes Kinder verwandelt werden.

„Aber Gott, der reich ist an Barmherzigkeit, hat in seiner großen Liebe, mit der er uns geliebt hat, auch uns, die wir tot waren in den Sünden, mit Christus lebendig gemacht!"

(Epheser 2,4f)

Das halte fest!

Ergreife die Liebe, mit der Gott dich liebt!
Liebe das Leben, das Gott dir jeden Tag schenkt!
Sag Ja dazu, dass Gott dich in Jesus Christus als sein Kind angenommen hat.
Fange an, dich selbst von ganzem Herzen zu lieben, weil Gott dich so sehr liebt.
Wer du auch bist, wie schwer deine Tage und wie dunkel deine Nächte auch sein mögen, deren Finsternisse und Sorgen dich niedergedrückt haben, du bist für Gott unendlich wertvoll und wichtig!
Gib die Fehler und Irrtümer, gib alle Schuld deines Lebens an den, der dir seine Liebe und Vergebung schenkt ohne Vorbehalt – ein wunderbarer Tausch.
Vergib alle Verletzungen und Kränkungen, die man dir je zugefügt hat, an den, der gerecht richtet und barmherzig versöhnt – eine wunderbare Entlastung.
In Jesus Christus, unserem Erlöser, hat das Zerstörende und Lähmende unserer Vergangenheit alle seine Macht verloren, und das neue Leben, das wir mit Christus beginnen, kann uns keine Macht der Welt rauben, weder das Urteil anderer Menschen noch Misstrauen und Zweifel des eigenen Herzens.
Gott wird mit dir sein an diesem und an jedem neuen Tag. Amen, das ist wahr!

„Ich habe dich je und je geliebt, darum habe ich dich zu mir gezogen aus lauter Güte!“

(Jeremia 31,3)

Pyrrhus-Siege

„Noch so ein Sieg, und wir sind verloren!", rief einst Pyrrhus (319–272 v. Chr.), der König von Epirus und Makedonien, aus, als er 279 einen Sieg unter großen Verlusten errang. Seitdem nennt man Erfolge, die eigentlich Verluste sind, Pyrrhus-Siege. Berufliche Erfolge werden oft mit Verlust von Familienleben und Freundschaften erreicht. Materielle Gewinne gehen oft mit der Zerstörung der Gesundheit einher. Immer weiteres Wirtschaftswachstum bedeutet die Minderung der elementaren Lebensgrundlagen. Aber auch persönlich erkämpfte und erkaufte Freiheit zahlt oft den Preis in der Gestalt der Einsamkeit. Das schnelle Geld, der steile Anstieg, der rasante Fortschritt, die erkaufte Freiheit, die rigorose Selbstverwirklichung, das lustvolle Abenteuer haben ihren Preis. Sie sind oft Pyrrhus-Siege, weil sie den enormen Verlust von Umwelt und Lebensqualität, von Menschlichkeit und Würde, von Beziehung und Geborgenheit, von seelischer Ganzheit und körperlicher Gesundheit mit sich bringen.
Darum hat Jesus vor solchen Gewinnen, die den Verlust des Lebens in sich tragen, gewarnt und die Menschen eingeladen, den wirklichen Schatz in Ruhe und mit Geduld zu suchen: den Frieden mit Gott für die verletzte Seele, den Frieden untereinander und den Frieden mit sich selbst in den persönlichen Lebenssituationen.

„Was hülfe es dem Menschen, wenn er die ganze Welt gewönne und nähme doch Schaden an seiner Seele?"

(Matthäus 16,26)

Gabe und Aufgabe

„Spender des Lebens, gib mir Kraft, dass ich meine Arbeit mit Überlegung tue, getreu dem Ziel, das Leben jener zu hüten, die meiner Versorgung anvertraut sind. Halte rein meine Lippen von verletzenden Worten.
Gib mir klare Augen, das Gute der anderen zu sehen.
Gib mir sanfte Hände, ein gütiges Herz und eine geduldige Seele, dass durch deine Gnade Schmerzen gelindert werden, kranke Körper heilen, Gemüter gestärkt werden, der Lebenswille wieder wachse.
Hilf, dass ich niemandem durch Unwissenheit und Nachlässigkeit schade.
Für jene, die gebeugt sind von Kummer und Weh, von Angst und Schmerz, gib mir Kraft zum Durchhalten.
Schenk mir, o Gott, deinen Segen zu meiner Aufgabe!“

(Florence Nightingale)

„Wir aber, die wir stark sind, sollen das Unvermögen der Schwachen tragen und nicht Gefallen an uns selber haben. Jeder von uns lebe so, dass er seinem Nächsten gefalle zum Guten und zur Erbauung ... Darum nehmt einander an, wie Christus euch angenommen hat!“
(Römer 15,1f.7)

Wer bin ich?

Wer bin ich? Sie sagen mir oft,
ich träte aus meiner Zelle
gelassen und heiter und fest
wie ein Gutsherr aus seinem Schloss.
Wer bin ich? Sie sagen mir oft,
ich spräche mit meinen Bewachern
frei und freundlich und klar,
als hätte ich zu gebieten.

Wer bin ich? Sie sagen mir auch,
ich trüge die Tage des Unglücks
gleichmütig, lächelnd und stolz,
wie einer, der Siegen gewohnt ist.
Bin ich das wirklich, was andere von mir sagen?
Oder bin ich nur das, was ich selbst von mir weiß?
Unruhig, sehnsüchtig, krank, wie ein Vogel im Käfig,
ringend nach Lebensatem, als würgte mir einer die Kehle,
hungernd nach Farben, nach Blumen, nach Vogelstimmen,
dürstend nach guten Worten, nach menschlicher Nähe,
zitternd vor Zorn über Willkür und kleinlichste Kränkung,
umgetrieben vom Warten auf große Dinge,
ohnmächtig bangend um Freunde in endloser Ferne,
müde und leer zum Beten, zum Denken, zum Schaffen,
matt und bereit, von allem Abschied zu nehmen?

Wer bin ich? Der oder jener?
Bin ich denn heute dieser und morgen ein anderer?
Bin ich beides zugleich? Vor Menschen ein Heuchler
und vor mir selbst ein verächtlich wehleidiger Schwächling?
Oder gleicht, was in mir noch ist, dem geschlagenen Heer,
das in Unordnung weicht vor schon gewonnenem Sieg?
Wer bin ich? Einsames Fragen treibt mit mir Spott.
Wer ich auch bin, Du kennst mich,
Dein bin ich, o Gott!

(Dietrich Bonhoeffer)

„Herr, erquicke mich um deines Namens willen; führe mich aus der Not um deiner Gerechtigkeit willen, denn ich bin dein Knecht!“

(Psalm 143,11f)

Zu schwer?

In einer kleinen Stadt sitzt auf einer großen Treppe ein kleines Mädchen und weint. Sie hat ihren Schulranzen neben sich abgestellt und wischt sich die dicken Tränen vom Gesicht. Ich setze mich neben sie und frage vorsichtig: „Warum weinst du denn?" Sie schluchzt: „Ist so schwer!" – „Ist dein Schulranzen mit all den Büchern dir zu schwer?" – „Nein, der ist doch puppig leicht!" – „Ist die Schule zu schwer, verlangen die Lehrer zu viel, schaffst du deine Aufgaben nicht?" – „Nein, das Lernen ist doch nicht schwer!" – „Ja, was ist dann so schwer für dich, dass du so weinst?" Da sagt das sechsjährige Mädchen verblüffend einfach und ehrlich: „Das ganze Leben ist zu schwer, ich glaub, ich schaffe es nicht!"

Wie vielen Menschen ist das wohl aus dem Herzen gesprochen, und wie viele Lebensängste finden hier ihren einfachen Ausdruck. Die Herausforderungen des Lebens scheinen manche Menschen einfach zu erdrücken. Die Last von Einsamkeit und Leid, Schmerzen und Defiziten, Unerfülltheit und Not lassen viele daran zweifeln, ob ihre Kräfte reichen und ihre Hoffnungen tragen. Viele beschleicht die Sorge, ob sie es schaffen und die Zerreißproben bestehen werden. Das ganze Leben ist wirklich zu schwer, wenn wir alles allein tragen und bewältigen, lösen und schaffen müssten. „Werden wir das Leben meistern?", fragen viele voller Sorge und Zweifel. Nein, wir werden das Leben wohl nicht meistern. Aber wir haben einen Meister des Lebens als Freund und Begleiter. Er trägt uns und unser Leben, er hält uns mit all den Nöten fest in seiner Hand. Er meistert unser Leben, und wir wollen es ihm anvertrauen.

„Euer Herz erschrecke nicht! Glaubt an Gott und glaubt an mich!"
(Johannes 14,1)

Augenfenster und Herzfenster

„Lieber Mister Gott!
Heut schreib ich Dir über meinen Freund Fynn. Es gibt ja welche, die nicht genau wissen, wie Fynn ist, und das find ich traurig, weil Fynn, das ist der beste Mensch von der Welt. Er ist sehr groß und stark, aber er ist trotzdem sehr nett und sehr lieb. Er kann mich mit Schwung in die Luft werfen und dann auch wieder auffangen. Wie ein schöner Baum aus Mensch ist er. Aber das weißt Du ja auch.
Fynn sagt, wenn man in einem Haus wohnt, wo die Scheiben ganz schmutzig sind, und guckt raus, dann meint man, die Welt draußen ist so schmutzig, dabei ist sie es gar nicht. Und wenn man von draußen reinguckt ins Haus, dann denkste, es ist innen ganz schmutzig, aber das stimmt auch nicht. Es sind immer nur die Fenster, die schmutzig sind. Und Fynn sagt deshalb, nämlich, dass alle Menschen zwei verschiedene Arten von Fenstern haben: die Augenfenster, davon haben sie zwei, und das Herzfenster, davon hat jeder nur eins. Die Augenfenster sind da, um rauszugucken, und das Herzfenster ist da, um nach innen reinzugucken. Wenn man weint, sagt Fynn, dann ist das nicht nur wegen was Traurigem. Es ist auch dafür, dass man mal die Augenfenster putzen muss. Wenn sie dann sauber geworden sind von den Tränen, kann man besser durchgucken, und dann ist die Welt wieder viel heller als vorher.
Manchmal guck ich lieber durchs Herzfenster wie durch die Augenfenster. Weil, draußen kenn ich bald alles, was es zu sehen gibt. Aber wenn ich durchs Herzfenster nach innen reinguck, da seh ich immer Neues. Bei mir auch. Denn von innen, sagt Fynn, kennt sich niemand so gut, wie er seinen Garten kennt oder die Leute von gegenüber. Und das ist, weil das Herzfenster aus anderem Glas ist. Nach draußen, durch die Augenfenster, siehste meistens klarer, findet Fynn. Aber ich glaub, ich seh mit dem Herz besser."

(Fynn)

„Lass dir Wohlgefallen die Rede meines Mundes und das Gespräch meines Herzens vor dir, Herr, mein Fels und mein Erlöser!"

(Psalm 19,15)

Nicht einfach, aber einfach besser!

„Einmal hab ich Fynn gefragt, ob er was Süßes für mich hat, und er hat gesagt, nee. Da war ich enttäuscht und hab meine Augenfenster ein bisschen geputzt. Da war der ganze Schmutz von meiner Enttäuschung über keine Süßigkeiten drauf. Fynn hat mich an der Hand genommen, und wir sind vor den großen Spiegel gegangen. Da hab ich mich wie durch ein voll gespritztes Fenster gesehen, wo der Regen runterläuft. Das waren meine Tränen.
Jetzt ist es genug, hat Fynn gesagt. Das war schon eine Vollwäsche. Und wie ich aufgehört hab und die Tränen eingetrocknet waren, hab ich mich im Spiegel wie auf Hochglanz gesehen und Fynns Gesicht auch. Es lachte von einem Ende bis zum andern. Das war genauso schön zu sehen, wie was Süßes zu essen.“

(Fynn)

Wenn wer mit mir lacht, ist das allemal besser, als wenn mir was süß schmeckt!

„Es gibt Allernächste, die bringen ins Verderben, und es gibt Freunde, die hangen fester an als ein Bruder!“

(Sprüche 18,24)

Mutterfreuden

In einem kleinen Bauerndorf machte einst der Pfarrer frühmorgens seine Besuche bei den Landwirten. Er traf die Familie noch vollzählig an und konnte dann oft auch noch mit allen zusammen frühstücken. Eines Morgens geht der Pfarrer über die große Diele in die Küche des Bauernhauses. Dort steht die Mutter am Herd und kocht die kräftige Milchsuppe für die Kinder und die Angestellten. Der Pfarrer fragt die Bauersfrau nach ihrem Mann. „Wir hatten heute Nacht ziemliche Aufregung. Er ist ganz kaputt und hat sich ein bisschen hingelegt, um sich zu erholen.“ – „Was war denn los bei euch?“, fragt der Pfarrer nach. „Och, bei uns ist heute Nacht das Zehnte angekommen!“, sprach sie und rührte die Suppe weiter. Mutterfreuden!
Verzweifelt versucht eine junge Mutter, ihren Dreijährigen mit Spinat zu füttern, den aber der Junge absolut nicht mag, obwohl Spinat doch so gesund ist. Als alle Überredungskünste scheitern, versucht es die Mutter im Spiel. „Wir spielen zusammen Autobus. Der Bus fährt los. Er hält, und Leute steigen ein (dabei schiebt sie einen Löffel Spinat in den Mund), der Bus fährt weiter. Er hält wieder, und noch mehr Leute steigen ein (wieder einen Löffel in den Mund). Nach einer längeren Fahrt hält er wieder, eine Frau mit ihrem Jungen steigt ein (noch ein Löffel verschwindet im Mund).“ Doch plötzlich ruft der Junge: „Alles aussteigen!“ – und der ganze Spinat ergießt sich über den Jungen, den Tisch und die Mutter. Mutterfreuden!
Die Mutter war ganz gerührt, als ihre erwachsene Tochter sagte: „Aber Mutti, lass doch den Riesenberg Geschirr, du sollst doch nicht am Muttertag spülen!“ Und wie eine Seifenblase platzte ihre Freude, als die junge Dame fortfuhr: „Du kannst das Geschirr doch einfach bis morgen stehen lassen!“ Mutterfreuden!
Mutterfreuden sind die Freuden einer Mutter, wenn alle Kinder im Bett sind!
Das Beste, was ein Mann für seine Kinder tun kann, ist, ihre Mutter zu lieben, an jedem Tag, nicht nur am Muttertag. Das sind wahre Mutterfreuden!

„Sie steht vor Tage auf und gibt Speise ihrem Hause ... Kraft und Würde sind ihr Gewand, und sie lacht des kommenden Tages ... Ihre Söhne stehen auf und preisen sie, ihr Mann lobt sie: Es sind wohl viele tüchtige Frauen, du aber übertriffst sie alle!"

(Sprüche 31.15.25.28f)

Das Leben

Das Leben ist eine Chance, nutze sie.
Das Leben ist Schönheit, bewundere sie.
Das Leben ist Seligkeit, genieße sie.
Das Leben ist ein Traum, mach daraus eine Wirklichkeit.
Das Leben ist eine Herausforderung, stelle dich ihr.
Das Leben ist Pflicht, erfülle sie.
Das Leben ist ein Spiel, spiele es.
Das Leben ist kostbar, gehe sorgfältig damit um.
Das Leben ist Reichtum, bewahre ihn.
Das Leben ist Liebe, erfreue dich an ihr.
Das Leben ist ein Rätsel, durchdringe es.
Das Leben ist ein Versprechen, erfülle es.
Das Leben ist Traurigkeit, überwinde sie.
Das Leben ist eine Hymne, singe sie.
Das Leben ist ein Kampf, akzeptiere ihn.
Das Leben ist eine Tragödie, ringe mit ihr.
Das Leben ist ein Abenteuer, wage es.
Das Leben ist Glück, verdiene es.
Das Leben ist das Leben, verteidige es.

(Verfasser unbekannt)

Das Leben ist Jesus, vertraue ihm.

„In ihm war das Leben, und das Leben war das Licht der Menschen!“
(Johannes 1,4)

Maikäfer, flieg!

Gestern Abend – ich knabberte gerade an einem zarten grünen Blättchen – kam ein junges Paar durch den duftenden Jenisch-Park geschlendert. Sie ließen sich auf der grünen Bank direkt vor meiner flüsternden Buche nieder und wirkten auf mich wie zwei große glückliche Käfer. Gerade wollte ich mir ein neues Blättchen heranzupfen – eine zarte Knospe von saftigem Aussehen –, da ließ das junge Fräulein einen jammervollen Seufzer ertönen, wie ich ihn in meinem ganzen 48-stündigen Leben noch nicht vernommen hatte. Gleich darauf knurrte der junge Mann so mürrisch, als ob bereits der Juni drohte, und dann klagten die zwei über Geld, Arbeit, Wohnungen so negativ und ausdauernd, als ob ihnen der liebe Gott gar keinen lauen Maienabend geschenkt hätte. Weil sie den Duft der Bäume, den Mond und den Ruf der Drossel bei ihrem Lamentieren ganz vergaßen, pumpte ich mich flugs startfertig und flog eine fröhlich brummende Ehrenrunde vor den beiden. Die junge Frau bemerkte mich als Erste: „Guck mal, ein Maikäfer!", rief sie erfreut, „der erste in diesem Jahr." Das stimmte zwar nicht ganz – hatte ich doch gerade vorhin auf der Birke zwei ältere Maikäferinnen kennengelernt, aber es schmeichelte mir doch sehr. „In ein paar Tagen ist er sowieso hinüber", entgegnete ihr der junge Mann, und das fand ich sehr ungehörig und dumm. Schließlich können ein paar Tage eine lange Zeit voll ungeahnter Entdeckungen und herrlicher Augenblicke sein. Man muss sie nur in vollen Zügen Blatt für Blatt zu genießen wissen. Ja, ich möchte fast behaupten, dass ich aus meinen kleinen Maientagen mehr machen kann als diese Leute aus einem ganzen Jahr voll gigantischer Zukunftssorgen. Man muss nur einen Blick für die schönen Bäume haben, dachte ich, und da fiel mir wieder meine köstliche Buchenknospe ein. Ich ließ die beiden auf ihrer sorgenvollen Bank allein zurück und landete mit einem ausgelassenen Looping auf meiner gastlichen Buche. Arme Zweifüßler! Ob sie überhaupt wissen, wie viel ihnen in ihrem Leben entgeht? Dankbar ergriff ich ein schimmerndes Blättchen und knabberte zärtlich ein anständiges Loch hinein.

(Georg von Halem)

„Doch ich sah, dass alles von Gottes Hand kommt. Denn wer kann fröhlich essen und genießen ohne ihn?" (Prediger 2,24f)

Verweilen

„Lass mich langsamer gehen, Herr. Entlaste das eilige Schlagen meines Herzens durch das Stillwerden meiner Seele.
Lass meine hastigen Schritte stetiger werden mit dem Blick auf die weite Zeit der Ewigkeit. Gib mir inmitten der Verwirrung des Tages die Ruhe der ewigen Berge.
Löse die Anspannung meiner Nerven und Muskeln durch die sanfte Musik der singenden Wasser, die in meiner Erinnerung lebendig sind.
Lass mich die Zauberkraft des Schlafes erkennen, die mich erneuert.
Lehre mich die Kunst des freien Augenblicks. Lass mich langsamer gehen, um eine Blume zu sehen, ein paar Worte mit einem Freund zu wechseln, ein Kind zu streicheln, ein paar Zeilen in einem Buch zu lesen. Lass mich langsamer gehen, Herr, und gib mir den Wunsch, meine Wurzeln tief in den ewigen Grund zu senken, damit ich emporwachse zu meiner wahren Bestimmung!"

(Unbekannter Verfasser aus Südafrika)

„Der ist wie ein Baum, gepflanzt an den Wasserbächen, der seine Frucht bringt zu seiner Zeit, und seine Blätter verwelken nicht. Und was er macht, das gerät wohl!"

(Psalm 1,3)

Herr, gib uns deinen Segen

Herr, gib uns deinen Segen,
wie man ein Glas Wasser reicht
dem Durstigen in der Wüste.
Herr, gib uns deinen Segen,
wie man das Feuer schenkt
dem Frierenden in der Nacht.
Herr, gib uns deinen Segen,
wie man den Deich aufrichtet
gegen das wütende Meer.
Herr, gib uns deinen Segen,
wie man das Öl in die
schmerzenden Wunden träufelt.
Herr, gib uns deinen Segen,
wie man den Arm reicht
dem Blinden auf dem Weg.
Herr, gib uns deinen Segen,
damit wir ihn weitergeben
in unseren Häusern und Familien.
Herr, lege deinen Segen auf uns. Amen.

„Der Herr denkt an uns und segnet uns. Er segnet, die den Herrn fürchten, die Kleinen und die Großen. Der Herr segne euch je mehr und mehr, euch und eure Kinder!“

(Psalm 115,12ff)

Von der Liebe, die wächst

In einem Land lebte einst ein schönes und kluges Mädchen. Viele angesehene Männer warben um ihre Liebe, doch keiner konnte ihr Herz gewinnen. Eines Tages kamen wieder einmal drei junge Männer, um dem Mädchen ihre Zuneigung zu gestehen. Sie empfing sie höflich, bat sie zu Tisch und fragte sie nach diesem und jenem. Nach einem langen Gespräch sagte sie: „Ich sehe, ihr meint es ehrlich, und ihr seid alle drei liebenswert. Lasst mich eine Aufgabe stellen, an der ich eure Liebe erkennen kann. Ich mag Blumen über die Maßen. Bringt mir jeder die Blumen, die seine Liebe und Treue beschreiben."
„Das wird nicht schwer sein", sagte der eine. „Ich will dir die schönsten Blumen bringen, die es auf der Welt gibt."
„Und ich werde dir nicht nur den schönsten, sondern auch den größten Strauß beschaffen, den du je gesehen hast", versprach der zweite. „Denn meine Liebe ist groß." – Nur der Dritte schwieg.
Nach einigen Tagen trafen sie sich wieder im Hause des Mädchens. Der eine hatte einen wunderschönen bunten Strauß, wie ihn selbst das Mädchen noch nie gesehen hatte. Der andere brachte drei Wagenladungen herrlicher Blumen, sodass es im ganzen Haus betörend duftete. Nur der Dritte hielt ein einziges Veilchen in seinen Händen.
„Ich sehe, deine Liebe ist prächtig, aber sie wird schnell vergehen", sprach das Mädchen zum ersten.
„Deine Liebe ist überwältigend. Doch auch sie verblüht nach wenigen Tagen", wandte sie sich an den zweiten Mann.
„Und sag, was soll deine Blume?", fragte sie den Dritten.
„Meine Liebe, teures Mädchen", verneigte sich der Angesprochene, „ist für andere unscheinbar wie ein Veilchen am Wege. Aber sieh, ich habe es mit den Wurzeln ausgegraben, sodass es wachsen und gedeihen kann. Es wird nicht welken, sondern beständig in deinem Garten blühen und sich vermehren."
Das Mädchen lächelte, reichte dem jungen Mann die Hand und sagte: „Nur Liebe, die beständig ist und wachsen kann, erfüllt das Leben."

„Über alles aber zieht an die Liebe, die da ist das Band der Vollkommenheit!"

(Kolosser 3,14)

Gastfreundschaft

Rabbi Schmuel von Brysow war einer der von seiner chassidischen Richtung am höchsten geachteten Männer. Und er war reich.

Eines Tages kam eine große Gruppe von Kaufleuten nach Brysow, und zwar kurz vor Sabbatanbruch, sodass sie sich entschlossen, den Festtag über in der Stadt zu bleiben. Sie kamen zu Rabbi Schmuel und erkundigten sich, ob sie in seinem Hause wohnen und das Sabbatmahl mit ihm teilen dürften. Rabbi Schmuel erwiderte, er könne ihnen beides anbieten, allerdings nur gegen Bezahlung, und dann nannte er sogar noch eine recht hohe Summe, die sie für ihren Aufenthalt zu bezahlen hätten.

Die Reisenden waren befremdet, dass ein Chassid für die Wohltat der Gastfreundschaft Bezahlung verlangte, aber da sie keine Wahl hatten, nahmen sie sein Angebot an. Und so aßen und tranken die Kaufleute über den Sabbat zur Genüge, ja verlangten sogar noch erlesene Weine und ausgewählte Speisen als Entgelt für den hohen Preis, den sie zu entrichten haben würden. Auch zögerten sie nicht, alle möglichen Sonderwünsche zu äußern.

Als der Sabbat vorüber war und die Kaufleute ihre Reise fortsetzen wollten, traten sie in Rabbi Schmuels Studierzimmer, um die vereinbarte Summe zu entrichten. Der aber brach in Lachen aus: „Glaubt ihr, ich habe den Verstand verloren? Wie könnte ich Geld annehmen für das Privileg, Reisenden Gastfreundschaft zu gewähren?" Die Kaufleute sahen einander verständnislos an: „Warum habt Ihr uns denn dann nur unter der Bedingung aufgenommen, dass wir Euch hoch bezahlen?"

Da erklärte Rabbi Schmuel: „Ich fürchtete, es könnte euch peinlich sein, auch genug zu essen oder die besten Weine zu trinken, wenn ihr euch nur als meine Gäste fühlt. Und – seid ehrlich, hatte ich nicht recht?"

(Eine chassidische Geschichte)

„Gastfrei zu sein vergesst nicht; denn dadurch haben einige ohne ihr Wissen Engel beherbergt!"

(Hebräer 13,2)

Die erste Predigt

Die erste Predigt am Sonntag hält nicht der Pastor, sondern wir selbst. Wir verkündigen die Freude, wenn wir am Frühstückstisch fröhlich und freundlich zu unseren Angehörigen sind. Wir predigen Zuvorkommenheit beim Einparken vor der Kirche. Wir zeigen Aufmerksamkeit beim Hineingehen und Freundlichkeit beim Begrüßen. Wir predigen Herzlichkeit im Umgang miteinander. Wir sagen Willkommen, indem wir Platz machen und in die Reihe hineinrücken für die Nachkommenden. Wir predigen Dank und Anbetung, indem wir bewusst und begeistert die Lieder mitsingen. Wir drücken die Macht des Gebetes aus, wenn wir mit Herz und Hingabe beten. Wir verkündigen Sorgfalt und Aufmerksamkeit, indem wir bei den Ansagen wirklich zuhören und nicht mit unseren Nachbarn die wichtigsten Neuigkeiten austauschen. Wir predigen gegenseitige Achtung und Würdigung, wenn wir beim Musikvortrag konzentriert aufmerken statt unter lautem Geraschel unseren Halsbonbon auswickeln. Wir verkündigen Liebe, wenn wir pünktlich, freundlich, herzlich, sorgfältig, bedacht und hilfsbereit sind.

Mit Recht erwarten wir von unserem Pastor eine aufbauende, gute Predigt. Aber bevor er damit anfängt, sollten wir eine sehr gute schon gehalten haben.

„So lasst euer Licht leuchten vor den Leuten, damit sie eure guten Werke sehen und euren Vater im Himmel preisen!“

(Matthäus 5,16)

Einfach besser dran

Menschen, die an Jesus glauben, sind nicht besser als andere. Aber sie sind besser dran. Sie müssen sich nicht selbst rechtfertigen, sie sind schon gerechtfertigt in der Liebe Jesu. Sie müssen sich nicht selbst beweisen, sie sind schon bewiesen durch die Macht Christi. Sie müssen sich nicht größer machen, als sie sind. Sie sind das Größte, was ein Mensch werden kann, ein Kind und Erbe des lebendigen Gottes. Sie müssen sich nicht selbst bemitleiden, sie haben jemanden, der mit ihnen leidet. Sie müssen sich nicht selbst trösten, ermutigen und stark machen, sie haben jemanden, der sie aufbaut. Sie müssen nicht Erklärer, Erlöser und Liebhaber ihres Lebens sein. Sie haben den besten Löser und Liebhaber des Lebens. Und sie müssen nicht allein sterben, todeinsam und ganz verlassen. Sie haben jemanden, der auch da noch mit ihnen geht. Sie stehen auch nicht allein einmal vor Gott. Sie haben in Jesus einen Fürsprecher und Anwalt, den besten, den es für das Leben gibt. Christen sind einfach besser dran, und darum sind sie oft auch besser drauf. Christen sind nicht vollkommen, aber vollkommen geliebt!

„Aber der Herr ist treu; der wird euch stärken und bewahren vor dem Bösen!“

(2. Thessalonicher 3,3)

Die Kirche der brennenden Lampen

So heißt im Volksmund eine kleine evangelische Kirche in Frankreich. An jedem Sonntagabend versammeln sich in ihr die Leute aus dem Dorf zum Gottesdienst. Jeder Besucher bringt eine Öllampe mit. In der Kirche werden die Lampen angezündet und auf die breiten Banklehnen gestellt. So wird der Raum hell und der Gottesdienst gefeiert. Im Jahr 1550 entstand diese Gewohnheit. Seitdem bekommt jedes Gemeindeglied, das seinen Glauben bekennt, eine Lampe, die es bis zum Tode behalten und zu jedem Gottesdienst mitbringen soll. Schon über vierhundert Jahre wandern diese Lampen von Hand zu Hand, und jeder weiß, wenn er mit seiner Lampe im Gottesdienst fehlt, wird die Kirche ein wenig dunkler sein. – Sieht es deswegen in unseren Gemeinden oft so düster und trübe aus, weil wir zu Hause bleiben? Die Kirche der brennenden Lampen erinnert uns daran, dass unser Glaubenslicht, unsere brennende Liebe, unsere Hoffnungsflamme in der Gemeinde gefragt sind.

„Ihr seid das Licht der Welt. So lasst euer Licht leuchten vor den Leuten, damit sie eure guten Werke sehen und euren Vater im Himmel preisen!“

(Matthäus 5,14.16)

Von der Feldblume lernen

„Ich fand eine Feldblume, bewunderte ihre Schönheit, ihre Vollendung in allen Teilen und rief aus: ‚Aber alles dieses, in ihr und Tausenden ihresgleichen, prangt und verblüht, von niemandem beachtet, ja oft von keinem Auge nur gesehen!‘ Sie aber antwortete: ‚Du Tor! Meinst du, ich blühe, um gesehen zu werden? Meiner und nicht der anderen wegen blühe ich, blühe, weil es mir gefällt. Darin, dass ich blühe und bin, besteht meine Freude und meine Lust!‘“

(Schopenhauer)

Leben, handeln, blühen wir nur, um von anderen beachtet, gesehen und gewürdigt zu werden? Ist das Trachten und Buhlen nach Anerkennung und Wertschätzung nicht die tiefe Verkrampfung, die uns an der hohen Freude am Sein und Leben hindert? Kann unser Leben und Glauben aufblühen im Verborgenen, einfach für Gott und uns?

„Habt acht auf eure Frömmigkeit, dass ihr die nicht übt vor den Leuten, um von ihnen gesehen zu werden!“

(Matthäus 6,1)

Sport für jedermann und jedefrau

Der gesündeste Sport ist das rechtzeitige Aufstehen von den Mahlzeiten.
Der schwierigste Sport ist, über den eigenen Schatten zu springen.
Der erhebendste Sport ist, zu Gott seine Hände aufzuheben.
(1. Timotheus 2,8)

Der befreiendste Sport ist, alle Sorgen auf Jesus zu werfen.
(1. Petrus 5,7)

Der sozialste Sport ist, wenn einer des anderen Last trägt.
(Galater 6,2)

Der dümmste Sport ist der wöchentliche Kniefall vorm „heilig Blechle".

Der schönste Sport ist, mit seinem Gott über Mauern zu springen.
(Psalm 18,30)

Der fröhlichste Sport ist, gemeinsam Gott ein neues Lied zu singen.
(Psalm 96,1)

Der fairste Sport ist, den guten Kampf des Glaubens zu kämpfen.
(1. Timotheus 6,12)

Der sicherste Sport ist, den Weg der göttlichen Gebote zu laufen.
(Psalm 119,32)

Der würdigste Sport ist, seine Knie vor dem Vater im Himmel zu beugen.
(Epheser 3,14)

Der wichtigste Sport ist das Ringen, durch die enge Pforte in das Leben einzugehen.
(Lukas 13,24)

„Ich habe den guten Kampf gekämpft, ich habe den Lauf vollendet, ich habe Glauben gehalten; hinfort liegt für mich bereit die Krone der Gerechtigkeit, die mir der Herr an jenem Tag geben wird, nicht aber mir allein, sondern auch allen, die seine Erscheinung lieb haben!“

(2. Timotheus 4,7f)

Kein Leben ohne Leiden

In dem bekannten Roman von Alan Paton „Denn sie sollen getröstet werden“ sprechen zwei Männer miteinander, die jeder über den Tod eines Sohnes trauern. Sie sind sich nahe in ihrem Kummer. Sie verstehen sich in ihrem Leid. Sie können einander trösten und in ihrem Vertrauen stärken. So sagt der eine: „Ich halte am Glauben fest, aber ich habe erfahren, dass alles ein Geheimnis ist. Schmerz und Kummer sind ein Geheimnis. Güte und Liebe sind ein Geheimnis. Aber ich habe erfahren, dass Güte und Liebe den Schmerz und den Kummer aufheben können. Ich habe nie angenommen, dass ein Christ vom Leiden verschont bleibt. Denn unser Herr hat gelitten. Und ich denke manchmal, er hat nicht darum gelitten, damit wir nicht zu leiden brauchen, sondern um uns zu lehren, wie man das Leiden erträgt. Denn er wusste, dass es kein Leben gibt ohne Leiden!“
An Jesus können wir die Realitäten des Lebens sehen: Jedes Leben führt, wenn es über die Liebe geht, ins Leiden. Darum sagen wir: Ich mag Gott, dich und mich, das Leben und die Welt leiden! Aber jedes Leiden, das über die Liebe geht, führt in neues Leben. Denn Jesus hat das Leiden nicht nur getragen, sondern auch überwunden. Das ist unsere Hoffnung.

Jesus sagt: „Selig sind, die da Leid tragen; denn sie sollen getröstet werden!“

(Matthäus 5,4)

Ein Auto blieb stehen

Emmanuel kommt aus Namibia. Als Junge hütete er Kühe und musste dabei sehr auf Schlangen und wilde Tiere achten. Später ging er auf ein Gymnasium. Weil die Dörfer weit auseinanderliegen, wohnten die Kinder in einem Wohnheim bei der Schule. Einmal kam ein Auto vorbei. Plötzlich blieb es stehen. Die Missionare auf der Durchreise suchten einen Mechaniker. Tatsächlich fanden sie einen Mann in der Schule, der ihnen helfen konnte. Während er das Auto reparierte, sprachen die Missionare zu den Kindern. Atemlos und aufmerksam hörten die Kinder zu. Besonders Emmanuel staunte, dass es einen Gott gibt, der die ganze Welt geschaffen hat und alle Menschen liebt. Aufmerksam hörte er zu, wie die Missionare von Jesus erzählten, der für alle Menschen Liebe und Vergebung, Trost und ewiges Leben bereit hat. Emmanuel hörte von Jesu Tod und Auferstehung und dass er die Menschen versteht und sieht, wie sich ihr Herz nach Gott sehnt. „Ich wusste, dass ich mich schon so lange nach Gott sehnte“, erzählte Emmanuel später, „und jetzt klopfte er bei mir an. Ich wollte, dass Jesus in meinem Herzen wohnen sollte. Mitten in der Nacht schlich ich mich aus unserem Schlafsaal. Unter einem Baum kniete ich nieder. Ich rief zu Gott aus ganzem Herzen und bat ihn, mich von meinen Sünden zu befreien. Als ich betete, füllte sich mein Herz mit Freude und Frieden. Ich wusste, Jesus ist in mein Herz und mein Leben gekommen.“ Früher hatte Emmanuel große Pläne. Er wollte viel lernen und viel Geld verdienen. Doch nun sah er die Not der Kinder in seinem Land, die sich, wie er damals, nach Gott sehnten. So ging er auf eine Bibelschule und wurde ein fröhlicher Kinderevangelist, um es allen Kindern sagen zu können, wie sie Gott finden.

„Siehe, ich stehe vor der Tür und klopfe an. Wenn jemand meine Stimme hören wird und die Tür auftun, zu dem werde ich hineingehen und das Abendmahl mit ihm halten und er mit mir!“

(Offenbarung 3,20)

Mensch und Mitmensch

Wir brauchen uns und wir reiben uns. Unsere Gesellschaft ist ein Netz von gegenseitiger Abhängigkeit. Wir sind abhängig vom Kaufmann, vom Handwerker, Busfahrer und Arzt. Aber voneinander abhängen, um glücklich zu sein, das ist der Geburtsort des Unglücklichwerdens. Einsamkeit lässt sich niemals durch Beziehungen zu anderen heilen, sondern nur durch Beziehung zur Wirklichkeit. Liebe ist kein Begehren, kein Festklammern, keine krankhafte Sucht nach Anerkennung, Zuwendung und Wertschätzung. Liebe ist ein Geschenk und ein Geheimnis aus Gottes Wirklichkeit, ein Zustand der Empfänglichkeit. Jenseits von Pflicht und Schuldigkeit, Erwartung und Enttäuschung, Anhänglichkeit und Begehren, Vorliebe und Nachahmen, Zwang und Druck beginnt die Liebe. Ist das Auge frei, kann man sehen. Ist das Herz frei, kann man lieben.
Probe aufs Exempel: Wir füllen unsere Leere nicht mit Menschen aus und nennen es Liebe! Das ist mehr Sklaverei. Wirklich lieben heißt: auch ohne die anderen Menschen in der Liebe Gottes glücklich sein. Je mehr wir dann die anderen lieben, desto besser kommen wir ohne sie und desto besser kommen wir mit ihnen aus!
Die Freiheit von dem Zwang, belohnt zu werden, Beifall zu erhaschen, angesehen zu sein und akzeptiert zu werden, ist die Freiheit der Kinder Gottes, die die Dimension der Liebe eröffnet.

„Furcht ist nicht in der Liebe, sondern die vollkommene Liebe treibt die Furcht aus!“

(1. Johannes 4,18)

Gäste ohne Unterschied

Als der berühmte Rabbi Jizchak sich in Kinzk aufhielt, wurde er von einem sehr reichen Mann der Stadt in sein Haus eingeladen. Der Gastgeber bereitete voller Stolz für den hohen Gast einen besonderen Empfang. Er ließ Teppiche auf den Treppenstufen auslegen und eine Festbeleuchtung installieren. Als Rabbi Jizchak das alles sah, wollte er nur in das Haus des reichen Mannes eintreten, wenn der ihm verspreche, fortan jeden anderen Gast, wie unangesehen er auch sei, mit dem gleichen Prunk zu empfangen. Das aber konnte und wollte der nicht versprechen, und so musste er wohl oder übel sein Haus wieder in den alltäglichen Zustand versetzen, um den Rabbi als Gast empfangen zu können.

(Aus den chassidischen Erzählungen)

„Haltet den Glauben an Jesus Christus, unsern Herrn der Herrlichkeit, frei von allem Ansehen der Person!“

(Jakobus 2,1)

Ich bin traurig heute Nacht

„Herr, ich bin traurig heute Nacht. Ich bringe dir die Mutter, die ich heute gesehen habe. Tröste ihr gebrochenes Herz. Herr, tröste alle Mütter, die trauern, besonders diejenigen, deren Kinder am Verhungern sind. Der Schmerz der Mutter verfolgt mich. Sie wanderte viele Meilen in der Hitze, um ihr Kind zu uns zu bringen. Ich erinnere mich an den dünnen, ausgemergelten Körper des Jungen und an seine kranken Augen. Durch die Behandlung ging es ihm zunächst besser, aber heute ist er plötzlich gestorben. Die Unterernährung hatte seine Widerstandskraft geschwächt. Sie nahmen den kleinen Körper und wickelten ihn vorsichtig in Tücher aus Baumrinde, und der Vater schnallte ihn mit Bambusstäben auf dem Gepäckträger eines Fahrrads fest, das sie sich geliehen hatten. Ich griff die Hand der Mutter in stillem Beileid, und sie sagte: ‚Weebale Nnyo', ‚danke, Schwester, dass du so nett zu meinem kleinen Sohn warst!'
Würdevoll ging sie voraus, als sie sich auf den langen Heimweg machten, und in Gedanken ging ich mit ihr. Ich fühlte mich ruhelos und betroffen, betroffen, dass Kinder sterben müssen, während so viele andere an Übergewicht leiden. Aus deiner Hand erhalten wir das ‚Brot des Lebens', lass uns unser Brot mit den Hungrigen teilen."

(Sr. Monica Prendergast, Kitovu Hospital, Uganda)

„Herr, Gott, mein Heiland, ich schreie Tag und Nacht vor dir. Lass mein Gebet vor dich kommen, neige deine Ohren zu meinem Schreien!"

(Psalm 88,21)

Ich will alles – man gönnt sich ja sonst nichts!

Ich will ein richtiges Menschenkind und ein fröhliches Gotteskind sein. Ich will Identität mit mir und Kommunikation mit anderen. Ich suche die Herausforderung und die Beruhigung in einem. Ich möchte die Freiheit und zugleich die Geborgenheit. Ich brauche die Weite der Entfaltung und die Wärme der Bestätigung. Ich möchte losgebunden sein von allen Diktaten und festgehalten in der Liebe. Ich will Originalität und Solidarität. Ich brauche die Arbeit und Mühe, aber auch die Ruhe und den Genuss. Ich will Macht und Einfluss, aber nicht ohne Liebe und Demut. Ich will Neues und Altes. Ich habe eine Herkunft und eine Zukunft. Ich bin Nachfahre und Vorfahre. Ich will Materielles und Spirituelles als von Gott Geschenktes empfangen. Ich will mit zwei Ohren hören und mit einem Mund reden. Ich will mit zwei Augen sehen und mit einem Sinn verstehen. Ich will verantwortlich und zugleich begnadigt sein. Ich will einen echten Lebensweg und ein wirkliches Lebensziel. Ich will erfüllte Zeit und anbrechende Ewigkeit. Ich will irdisches Leben, geistliches Leben und ewiges Leben. Ich will alles, was Gott in dieses Leben hineingegeben hat.

„Ist Gott für uns, wer kann wider uns sein? Der auch seinen eigenen Sohn nicht verschont hat, sondern hat ihn für uns alle dahingegeben – wie sollte er uns mit ihm nicht alles schenken?“

(Römer 8,31f)

Die Entdeckung

„Nach dem Polenfeldzug war ich vier Jahre an der Ostfront und dann viereinhalb Jahre in russischer Gefangenschaft. Nun hatte ich im Krieg Russisch gelernt. Das wusste unser Rotarmist, der uns bewachte. Eines Tages rief er mich von der Arbeit weg und wollte mit mir eine rauchen, weil ihm langweilig war. Aus seinem Russenhemd zog er einige Blätter Papier, streute Tabak darauf und zündete die handgemachte Zigarette an. Ich sah das übrige Papier an, es war bedruckt, ich las und bemerkte die alte sowjetische Schreibart und erkannte mit einem Mal: Das sind Blätter eines russischen Neuen Testamentes. Ich bat den Soldaten um den Rest der Papiere, die er in seiner Gymnasterka stecken hatte, und versprach ihm dafür ein paar Blätter der ‚Prawda'. Ich bekam sie und hatte nun eine ‚Bibel'! Es waren ja nur wenige Reste eines Neuen Testamentes: Zwei, drei Seiten vom Römerbrief, ein bisschen vom 1. Korintherbrief, ein bisschen Apostelgeschichte und ein bisschen Johannesevangelium – russisch.
Ich las und las immer wieder, und Gott ließ mich seine Verheißungen verstehen. Sie galten mir. Unter den wenigen Seiten befand sich auch der Text von der Hochzeit zu Kana. Jesu Worte und sein Zeichen an den sechs Wasserkrügen zeigten mir mit voller Klarheit, wie wunderbar groß Gott ist und wie seine Barmherzigkeit niemanden abschreibt, der sich an ihn hält. Aus meinem vergeblichen Hoffen auf Rückkehr in die Heimat wurde ein getrostes Warten, gleich wohin er mich führt. Nun hatte das Wort der Bibel selbst zu mir gesprochen und hatte mich zum Zeugen der Worte Christi gemacht.
Ein weiter, langer Weg, und es gab darin keinen einzigen vergeblichen Tag in dieser Zeit, ich hatte ja meine ‚Bibel' und führte täglich mit Gott mein Gespräch."

(Oskar Sakrausky)

„Herr, lass mir deine Gnade widerfahren, deine Hilfe nach deinem Wort!"

(Psalm 119,41)

Morgenlob

„Die Morgenröte kleidet sich in ihr Lichtgewand. Sie will Ehre erweisen dem Schöpfer der Menschen. Der hohe Himmel legt die Decke seiner Wolken von sich. Er beugt sich vor dem Schöpfer der Menschen. Die Sonne, die Königin unter den Sternen, breitet ihre Strahlen aus wie goldenes Haar. Der Wind, der über die Erde geht, streichelt auf seinem Wege die Wipfel der Bäume, und wir hören ihn reden in den Zweigen. In den Bäumen singen die Vögel und bringen ihr Lied dar dem Herrn der Erde. Die Blumen breiten ihre Farben aus und ihren Duft. Es ist herrlich, sie zu sehen. So rühmt auch mein Herz dich, meinen Vater, bei jeder Morgenröte aufs Neue, du, mein Schöpfer."

(Morgengebet der peruanischen Indianer)

„Lobe den Herrn, meine Seele! Herr, mein Gott, du bist sehr herrlich; du bist schön und prächtig geschmückt. Licht ist dein Kleid, das du anhast. Du breitest den Himmel aus wie einen Teppich; du baust deine Gemächer über den Wassern!"

(Psalm 104,1ff)

Reklame für Gott

Eine Familie macht einen Sonntagsspaziergang. Die Sonne meint es gut und lacht. Die Kinder sind übermütig, die Eltern froh gestimmt. Plötzlich ziehen dunkle Wolken auf, und heftiger Regen setzt ein. Das Licht der Sonne bricht sich in den dicken Regentropfen, und es entsteht ein wunderschöner Regenbogen, der den ganzen Himmel überspannt. Das kleine Mädchen ruft laut in das Staunen hinein: „Vati, für was ist der schöne, bunte Bogen die Reklame?"
Ob der Vater seinem Kind erklären konnte, wofür der Regenbogen „Reklame" macht? Der Bogen in den Wolken ist das Zeichen der Treue Gottes. Er erinnert an den Bund, den Gott nach der Katastrophe der Sintflut mit den Menschen schloss. Gott versprach den Menschen seine unwandelbare Treue. Dafür macht der Regenbogen „Reklame". Die sieben Farben des Bogens deuten die Vollkommenheit der Treue Gottes an. Obwohl die Menschen auf der Erde den Bogen nur als Halbkreis sehen können, ist er doch ganz rund als Kreis. Die Treue Gottes bricht nicht irgendwo am Horizont ab. Sie ist eine ganze und runde Sache. So schön macht Gott für seine Liebe „Reklame". Und wir sollten sie wahrnehmen, ins Leben hineinwirken lassen und uns an ihrer überwältigenden Schönheit freuen.

„Solange die Erde steht, soll nicht aufhören Saat und Ernte, Frost und Hitze, Sommer und Winter, Tag und Nacht. Siehe, ich richte mit euch einen Bund auf. Und Gott sprach: Das ist das Zeichen des Bundes: Meinen Bogen habe ich in die Wolken gesetzt; der soll das Zeichen sein des Bundes zwischen mir und der Erde!"

(1. Mose 8,22 und 9,9ff)

Komm, Heiliger Geist …

„Herr, du weißt, wir haben zerstreute Herzen, o sammle uns.
Du weißt, wir haben harte und tote Herzen, o rühre und erwecke uns.
Du weißt, wir widerstreben deinem Wort, darum beweise deine Macht und sende deinen Geist aus der Höhe, dass er unter uns wirke, dir unsere Herzen untertan und uns tüchtig mache, ganz mit dir, unserem Heil, zu leben und deiner Gnade uns gänzlich zu überlassen.
Komm, Heiliger Geist, und entzünde unsere Herzen in Liebe zu dir Komm, du Geist der Kraft, und bewege unsere Seelen, dass sie hungern und dürsten nach dir. Erfülle mit deiner Gegenwart die Gemeinde, dass dein Friede nicht von ihr weiche. Segne in ihr die Verkündigung deines Wortes, jeden Dienst der Liebe, jedes Amt der Leitung. Schenke für die Neugestaltung unserer Gemeinde Weisheit, Zucht und Frieden. O du Tröster in aller Not, erbarme dich über uns. Lass unserer Gebrechlichkeit wegen deinen Segen von uns nicht abgewendet werden; tue mehr, als wir zu bitten vermögen! Amen.“

(Gerhard Tersteegen)

„Und der Friede Gottes, der höher ist als alle Vernunft, bewahre eure Herzen und Sinne in Christus Jesus!“

(Philipper 4,7)

Die Lehre will das Leben nicht bedrücken

„Damals im Jahrhundert vor der Zerstörung des Tempels war das Studium teuer, und Stipendien gab es nicht. Hillel musste, um das bewachte Lehrhaus betreten zu können, den Wächter bestechen, dem er jeden Tag die Hälfte von seinem Lohn als Holzhacker gab, und der war recht bescheiden.
Eines Tages, es war an einem Freitag mitten im Winter, hatte er keine Arbeit gefunden und besaß keinen Heller. Der Wächter weigerte sich, ihm Kredit einzuräumen, und Hillel versuchte vergeblich, ihn mit Schmeicheleien von seiner Vertrauenswürdigkeit zu überzeugen. In seiner Verzweiflung kletterte er heimlich aufs Dach, legte sich dicht neben die Dachluke und lauschte hingebungsvoll den Worten der Lehrer und Schüler unter ihm. Das scheint äußerst spannend gewesen zu sein, denn Hillel spürte die Kälte nicht. Er merkte auch nicht, dass es anfing zu schneien und der Schnee auf ihn herabrieselte und ihn zudeckte. Der Schwarzhörer auf dem Dach merkte überhaupt nichts, so intensiv lauschte er auf die Argumente und Gegenargumente unter ihm, damit ihm ja kein Wort entging.
Plötzlich wandte sich Schmaya an seinen Freund und Kollegen und bemerkte: Bruder Avtalion, warum ist es denn so dunkel hier im Zimmer? Als nun beide ihren Blick auf die Dachluke richteten, entdeckten sie dort den Kopf eines Menschen. Sofort wiesen sie ein paar Studenten an, aufs Dach zu steigen, und sie brachten Hillel hinein. Es war höchste Zeit, sonst wäre er erfroren. Seine Glieder waren steif und kalt wie Eis, aber sein Geist lebendig. Sie wuschen und massierten ihn und legten ihn neben den Ofen.
Da riefen die Meister: Wer einen solchen Wissensdurst besitzt, verdient, dass zu seiner Rettung die Heiligkeit des Sabbats verletzt wird! Denn jedes Lebewesen ist wichtiger als die Gesetze."

(Elie Wiesel)

Die Lehre will das Leben nicht bedrücken, sondern befreien.

„Der Herr ist der Geist; wo aber der Geist des Herrn ist, da ist Freiheit!"

(2. Korinther 3,17)

Tote Dinge oder lebendiges Licht

„Es gab eine Zeit, da hatte die Kerze noch keine Flamme, da gehörte sie noch zur Welt der toten Dinge. Dann aber fiel Feuer auf sie, von oben, und schuf das Leuchten, das sie nun als ihr Haupt trägt, um dessentwillen sie überhaupt da ist. Wie das Feuer von oben kam, so weist auch die Flamme wieder nach oben.
Sie bewegt sich wie eine himmlische Zunge. Unter der Gestalt solcher feurigen Zungen fiel einst der Heilige Geist auf die wartenden Jünger und entzündete sie zur flammenden Rede. Auch ich soll entzündet werden, damit ich zu brennen beginne.
Die Kerze brennt und leuchtet und wirft in die Finsternis der Welt einen hellen Schein. Wer sie erblickt, der liebt ihr Licht in seiner Reinheit und Wärme. Die Kerze brennt und leuchtet und dient; je mehr sie brennt und leuchtet und dient, umso mehr nimmt sie ab. Sie opfert sich im Dienst an der Welt. Und dazu ist sie da: sich aufzuzehren im lichtspendenden Dienst an der Welt – wie es im Englischen heißt: ‚to spend and to be spent'.
So wird mir die Kerze zum Vorbild christlichen Lebens: für andere dazusein, ihnen zu dienen und sich im Dienst aufzuopfern, aber in einem Dienst, der Licht verbreitet, weil er sein Licht von oben nimmt; in einem Dienst, der beständig nach oben weist. Mein Leben gleiche der leuchtenden Kerze."

(Friso Melzer)

„Lasst eure Lenden umgürtet sein und eure Lichter brennen ... Ich bin gekommen, ein Feuer anzuzünden auf Erden; was wollte ich lieber, als dass es schon brennte!"

(Lukas 12,35.49)

Noah beim Weinbau

Noah war froh, dass er in der Arche mit seiner Familie die Sintflut überlebt hatte. Und er war dankbar, dass er nun wieder die geliebte Erde unter seinen Füßen spürte. Als Ackermann wollte er nun auch einen Weinberg anlegen. Aber er wusste nicht so recht, wie man an diese Arbeit herangeht.

Da kam der Teufel zu ihm und bot ihm seine Hilfe an. Er sagte: „Ich bin gern bereit, dich den Weinanbau zu lehren. Aber nur unter einer Bedingung: Sobald der Wein reif ist, gehört die eine Hälfte mir, und wehe, wenn du mir davon nimmst!"

Noah war einverstanden und baute mithilfe des Teufels den Weinberg. Er grub die Erde um, und der Satan brachte das Blut eines Lammes und goss es in die Furche. Dann brachte er das Blut eines Löwen und ließ es in die Erde fließen. Danach schlachtete er einen Affen, und dessen Blut ergoss sich in die Erde. Schließlich brachte er ein Schwein und goss das Blut in die Furche.

Nach einigen Jahren sprossen die Weinreben üppig, und Noah begann den Wein zu ernten und dann zu trinken. Er schmeckte wunderbar, und Noah trank ohne Maß. Er trank auch den Teil des Satans und wurde schließlich so betrunken, dass er vor aller Augen entblößt im Dreck lag.

Als er wieder nüchtern war, erschien ihm der Teufel und sagte zu ihm: „Wisse, Noah, wenn der Mensch ein Glas von dem edlen Wein trinkt, wird er sanft wie ein Lamm. Trinkt er das zweite, spielt er sich wie ein Löwe auf und prahlt mit seinen Heldentaten. Wenn er das dritte Glas getrunken hat, verliert er das Menschliche und wird zum Affen. Und nach dem vierten Glas wird er zum Schwein und wälzt sich im Dreck der Erde. Denn auch die schönsten Dinge des Lebens verkehren sich im Übermaß und Unmaß in ihr Gegenteil!"

(Ein jüdisches Märchen)

„Und sauft euch nicht voll Wein, woraus ein unordentliches Wesen folgt, sondern lasst euch vom Geist erfüllen!"

(Epheser 5,18)

Morgengebet

Glanz und Herrlichkeit des Vaters,
Licht vom wahren Licht
und Quelle allen Glanzes,
du Tag, der den Tag erleuchtet.

Du wahre Sonne, leuchte auf uns herab
in deinem ewigen Glanz
und offenbare unseren Sinnen
das Feuer des Heiligen Geistes.

Wir bitten dich von Herzen,
du Vater der ewigen Herrlichkeit,
du Vater der machtvollen Gnade,
bewahre uns vor den Nachstellungen
des Bösen.

Erfülle uns mit deiner Kraft,
und behüte uns vor jenen, die uns hassen.
In Schwierigkeiten sei du unser Halt
und gib uns allen eine glückliche Hand.

Erleuchte und lenke den Verstand
in einem reinen Leib, der dir dient.
Unser Glaube werde stark
und überwinde jeden Irrtum.

Christus sei unsere Speise,
der Glaube unser Trank:
Mit Freude werden wir trinken
in der Klarheit des Geistes.

Dieser Tag sei mit Freude erfüllt:
Am frühen Morgen die Bescheidenheit,
am Mittag der Glaube,
so wird der Geist auch am Abend
lebendig sein.

Die Sonne steige herauf
und vollende ihren Lauf,
und alles werde
zu einem neuen Anfang der Sonne:
Der Sohn im Vater,
der Vater im Wort.

(Ambrosius)

„Gott, der sprach: Licht soll aus der Finsternis hervorleuchten, der hat einen hellen Schein in unsre Herzen gegeben, dass durch uns entstünde die Erleuchtung zur Erkenntnis der Herrlichkeit Gottes in dem Angesicht Jesu Christi!“

(2. Korinther 4,6)

Lebenskunst

Gelassen sein und nicht lässig werden.
Leicht leben und niemals leichtsinnig sein.
Mutig handeln und dabei nicht übermütig werden.
Beweglich bleiben und verbindlich leben.
In sich ruhen und nicht träge werden.
Vertrauen haben und nicht blind werden.
Versöhnt sein und dabei nicht fatalistisch denken.
Weise sein und nicht alles wissen.
Eine große Vision haben und ganz kleine Schritte tun.
Viele kleine Dinge mit großer Treue erledigen.
Gott von Herzen lieben und Menschen auf dem Herzen tragen.
Menschen lieben und sich selbst nicht vergessen.
Verantwortlich leben und doch erlöst sein.
Innen gefreit sein und äußerlich mit Bedingungen leben.
Jeden Tag richtig nutzen und damit das Sterben verarbeiten.
Den Lebensweg ganz ernst nehmen
und sich auf das Lebensziel unbändig freuen.

„Wer ist weise und klug unter euch? Der zeige mit seinem guten Wandel seine Werke in Sanftmut und Weisheit!“

(Jakobus 3,13)

Noch nie dagewesen

Eine Lehrerin möchte ihrer Schulklasse den Erfindungsreichtum der modernen Gesellschaft nahebringen. Sie spricht mit den Schulkindern über all das vermehrte Wissen und Können der letzten Jahrzehnte. Was haben Menschen alles erdacht und erfunden, erprobt und erschlossen! Schließlich fragt sie die Kinder: „Kann mir einer von euch eine wichtige Sache nennen, die es vor fünfzig Jahren noch nicht gab?“ Ein Junge in der ersten Reihe meldet sich eifrig und sagt voller Stolz: „Mich!“

„Ich danke dir dafür, dass ich wunderbar gemacht bin; wunderbar sind deine Werke; das erkennt meine Seele. Es war dir mein Gebein nicht verborgen, als ich im Verborgenen gemacht wurde, als ich gebildet wurde unten in der Erde. Deine Augen sahen mich, als ich noch nicht bereitet war!“

(Psalm 139,14ff)

Jeder Krieg ist ein Krieg gegen Kinder

Seit 1945 haben 189 Kriege Millionen Opfer unter Kindern gefordert! Die zehnjährige Assumpta wirkt apathisch. Sie ist scheu, spricht kaum, hält sich abseits der Gruppe. Ihr Gesichtsausdruck zeigt, dass Assumptas Augen Dinge gesehen haben, die ein Erwachsener sich kaum vorstellen kann. Assumpta hat den Bürgerkrieg in Ruanda überlebt. Sie musste mit ansehen, wie ihre ganze Familie brutal ermordet wurde. Assumpta wurde dabei ohnmächtig – und überlebte. Doch zu einem normalen, fröhlich unbeschwerten Leben eines Kindes wird sie wohl nie wieder zurückfinden.

„Krieg ist das traurigste Wort, das von meinen zitternden Lippen fliegt. Es ist ein böser Vogel, der nie Ruhe findet. Es ist ein tödlicher Vogel, der unsere Häuser zerstört und uns unsere Kindheit raubt. Krieg ist der teuflischste aller Vögel. Er malt die Straßen rot an mit Blut und verwandelt die Welt in ein Inferno!“

(Maida, 12 Jahre, aus Skopje / ehem. Jugoslawien).

„Eines Morgens kamen die Pasdaran, die Revolutionswächter, in unser Dorf im Norden. Sie trieben alle Jungen auf Lastwagen und fuhren uns zur Schlacht in den Bergen. Der Hang, den wir stürmen mussten, war mit irakischen Minen gespickt. Wir wussten es aber nicht. 25 Jungen aus meinem Dorf wurden losgeschickt, als erste Linie gegen den Feind. 20 starben, und ich sah, wie ihre Arme und Beine herumflogen!“

(Junge aus dem Iran, der als 12-jähriger in den Krieg ziehen musste).

„So spricht der Herr: Man hört Klagegeschrei und bittres Weinen: Rahel weint über ihre Kinder und will sich nicht trösten lassen über ihre Kinder; denn es ist aus mit ihnen!“

(Jeremia 31,15)

Ich habe einen Traum

„Ich habe einen Traum, dass eines Tages auf den roten Hügeln von Georgia die Söhne früherer Sklaven und die Söhne früherer Sklavenhalter miteinander am Tisch der Brüderlichkeit sitzen können.
Ich habe einen Traum, dass sich eines Tages ein Staat, der in der Hitze der Ungerechtigkeit und Unterdrückung verschmachtet, in eine Oase der Freiheit und Gerechtigkeit verwandelt.
Ich habe einen Traum, dass meine vier kleinen Kinder eines Tages in einer Nation leben werden, in der man sie nicht nach ihrer Hautfarbe, sondern nach ihrem Charakter beurteilen wird.
Ich habe einen Traum, dass eines Tages in Alabama mit seinen bösartigen Rassisten sich kleine schwarze Jungen und Mädchen mit kleinen weißen Jungen und Mädchen als Brüder und Schwestern die Hände schütteln.
Ich habe einen Traum, dass eines Tages jedes Tal erhöht und jeder Hügel und Berg erniedrigt wird. Die rauen Orte werden geglättet und die unebenen Orte werden begradigt werden.
Und die Herrlichkeit des Herrn wird offenbar werden, und alle Menschen werden es sehen. Das ist unsere Hoffnung. Mit diesem Glauben kehre ich in den Süden zurück. Mit diesem Glauben werde ich fähig sein, aus dem Berg der Verzweiflung einen Stein der Hoffnung zu hauen. Mit diesem Glauben werden wir fähig sein, die schrillen Missklänge in unserer Nation in eine wunderbare Symphonie der Brüderlichkeit zu verwandeln. Mit diesem Glauben werden wir fähig sein, zusammen zu arbeiten, zusammen zu beten, zusammen zu kämpfen, zusammen ins Gefängnis zu gehen, zusammen für die Freiheit aufzustehen, in dem Wissen, dass wir eines Tages frei sein werden."

(Martin Luther King)

„Wenn der Herr die Gefangenen Zions erlösen wird, so werden wir sein wie die Träumenden. Dann wird unser Mund voll Lachens und unsre Zunge voll Rühmens sein!"

(Psalm 126,11)

Ganz bei Trost

„Heilen, leiten, trösten – das ist Gottes Tun. Gott sieht unsere Wege an; es ist Gnade, wenn er das tut; er kann uns auch unserer Wege gehen lassen, ohne sie anzusehen. Aber er hat sie angesehen und er sah uns verwundet, verirrt, verängstigt. Nun ist er dabei, uns zu heilen. Er berührt die Wunden, die uns die Vergangenheit geschlagen hat, und sie vernarben; sie tun nicht mehr weh; sie können unserer Seele nicht mehr schaden. Erinnerungen quälen uns nicht mehr; alle Schmerzen versinken ins Nichts, in Vergangenheit, wie in der Nähe eines geliebten Menschen. Gott ist uns näher als das Vergangene.
Gott will uns leiten. Nicht alle Wege der Menschen sind Gottes Führung; wir können oft lange auf eigenen Wegen gehen; auf ihnen sind wir ein Spielball des Zufalls, ob er uns Glück oder Unglück bringt. Die eigenen Wege führen im Kreise immer zu uns selbst zurück. Aber wenn Gott unsere Wege leitet, dann führen sie zu ihm. Gottes Wege führen zu Gott. Gott leitet uns durch Glück und Unglück – immer nur zu Gott. Daran erkennen wir Gottes Wege.
Gott will uns trösten. Gott tröstet nur, wenn Grund genug dafür vorhanden ist; wenn Menschen nicht aus noch ein wissen; wenn die Sinnlosigkeit des Lebens sie ängstigt. Die Welt, wie sie in Wirklichkeit ist, macht uns immer Angst. Aber wer getröstet wird, sieht und hat mehr als die Welt, er hat das Leben mit Gott. Nichts ist zerstört, verloren, sinnlos, wenn Gott tröstet.
‚Ich heilte, ich leitete, ich tröstete – da ich ihre Wege ansah‘, – hat Gott es nicht unzählige Male in unserem Leben getan? Hat er nicht die Seinen oftmals durch große Not und Gefahr geführt? Wie heilt, wie leitet, wie tröstet Gott? Allein dadurch, dass er eine Stimme in uns gibt, die sagt, betet, ruft, schreit: ‚lieber Vater!‘“

(Dietrich Bonhoeffer)

„Ihre Wege habe ich gesehen, aber ich will sie heilen und sie leiten und ihnen wieder Trost geben; und denen, die da Leid tragen, will ich Frucht der Lippen schaffen. Friede, Friede denen in der Ferne und denen in der Nähe, spricht der Herr; ich will sie heilen!“

(Jesaja 57,18f)

Erkenne mein Herz

In einer kleinen Stadt lebt eine Mutter zusammen mit ihrer Tochter. Sie teilen sich den mühsamen und bescheidenen Alltag und auch die Unruhe der Nacht. Denn beide schlafwandeln zu bestimmten Zeiten. Eines Nachts, als die Leute der Stadt alle schliefen, trafen sich Mutter und Tochter schlafwandelnd in ihrem Garten hinter dem Haus. Die Mutter wandelte auf die Tochter zu und sprach: „Endlich habe ich dich, du Feindin meines Lebens. Du hast meine Jugend zerstört, und auf den Trümmern meines Lebens wirst du groß und blüht dein Leben auf. Ich könnte dich umbringen!“ Und die Tochter wandelte auf die Mutter zu und rief: „Verhasstes Weib, du selbstsüchtige Alte. Du stehst meiner Freiheit und Entfaltung im Weg. Immer soll ich nur ein Echo deines Lebens sein. Ich wünschte, du wärest tot!“ In diesem Moment krähte der Hahn, und beide Frauen erwachten, fanden sich im Garten, rieben sich verwundert die Augen, und voller Sanftmut fragte die Mutter: „Bist du es, mein Herzchen?“ Und die Tochter antwortete milde: „Ja, geliebte Mutter!“

„Erforsche mich, Gott, und erkenne mein Herz; prüfe mich und erkenne, wie ich's meine. Und sieh, ob ich auf bösem Wege bin, und leite mich auf ewigem Wege.“

(Psalm 139,23f)

Die Raupe und der Schmetterling

Ein wunderschöner Schmetterling saß auf einer Sommerblume, als eine hässliche Raupe unter ihr über die Erde kroch. „Warum gehst du elende Raupe über meinen Weg?“, rief der Schmetterling. „Sieh, wie schön ich bin und wie hässlich du. Ich schwebe zum Himmel auf, und du kriechst nur auf der dreckigen Erde!“ Da antwortete die Raupe: „Schmetterling, prahle hier nicht herum! Alle deine Schönheit gibt dir nicht das Recht, mich zu beleidigen. Wir haben einen Ursprung. Wenn du mich beschimpfst und verachtest, sprichst du gegen deine Mutter. Denn die Raupe stammt vom Schmetterling, und der Schmetterling von der Raupe!“

(Ein afrikanisches Märchen)

„Wer seinen Nächsten verachtet, versündigt sich; aber wohl dem, der sich der Elenden erbarmt!“

(Sprüche 14,21)

Wer hat den Schlüssel?

Vom Leben ausgeschlossen, sagen Krankheit und Alter.
In Sorgen eingeschlossen, kreisen ängstliche Gedanken.
Gute Zeiten abgeschlossen, neue Lebensräume zugeschlossen.
Sehnsucht aufgeschlossen, Hoffnung drängt an die Tür.
Die Frage steht auf: Wer hat den Schlüssel?
Wer schließt das Leben auf und den Tod zu?
Wer schließt das Scheitern aus und das Gelingen ein?
Wer schließt mich in seine Lebensarme?

„Fürchte dich nicht! Ich bin der Erste und der Letzte und der Lebendige. Ich habe die Schlüssel des Todes und der Hölle.

Das sagt der Wahrhaftige, der auftut, und niemand schließt zu ... Siehe, ich habe vor dir eine Tür aufgetan, und niemand kann sie zuschließen!“

(Offenbarung 1,17f und 3,7f)

Bedenken des Maulwurfs

Der du im Licht sollst wohnen, Gott, offen gestanden: Im Dunkeln fühl ich mich wohler, grabe die Stollen, fresse, was mir ins Maul kommt, fürchte mich vor dem Fuchs, vor Jagdhund und Igel, zeuge die Jungen, halte das Nest ihnen warm, höre jedoch mit Staunen, dass jenseits des Ackers dein Plan nicht endet, höre, dass dort eine Stadt wächst mit Brücken, Autos, Häusern und Menschen, dahinter noch tausend, tausend Städte und Länder – Gott, wäre das denkbar? Sollte es wirklich so sein, dass leckere Speise, anders als Engerlinge, es gäbe, Berge, höher als Maulwurfshügel, Gott, und am Ende dich selbst? Ganz unter uns, Gott, verzeih mir, das glaube ich nicht.

(Rudolf Otto Wiemer)

„Die Toren sprechen in ihrem Herzen: Es ist kein Gott! Sie taugen nichts; ihr Freveln ist ein Gräuel; da ist keiner, der Gutes tut.“

(Psalm 53,2)

Ist es wirklich Gott?

Eine Frau meint, sie habe Gotteserscheinungen, und geht zu ihrem Pfarrer, um seinen Rat einzuholen. „Ist es wirklich Gott, der mir erscheint?“ Der Pfarrer möchte mit ihr eine Probe machen. Die Frau ist einverstanden, und nun verabreden sie, wenn Gott der Frau wieder erscheint, soll sie ihn nach den persönlichen Sünden des Pfarrers fragen und davon dem Pfarrer berichten. Denn nur Gott und der Pfarrer können ja um die bestimmten Sünden wissen. Nach einem Monat kommt die Frau zum Pfarrer und berichtet, dass Gott ihr wieder erschienen sei. „Und, was hat er Ihnen auf Ihre Frage hin gesagt?“, erkundigt dich der Pfarrer. „Er hat zu mir gesagt: Die persönlichen Sünden deines Pfarrers sind alle vergeben!“ – „Dann ist es wirklich Gott!“

„Gott, sei mir gnädig nach deiner Güte, und tilge meine Sünden nach deiner großen Barmherzigkeit!“

(Psalm 51,3)

Über mich hinaussehen

Ein Schwimmer gelangt beim Hinausschwimmen ins Meer an eine strömungsreiche Stelle. Dort warnt ihn eine Tafel und empfiehlt für den Fall, dass eine Strömung ihn erfasst, sich nicht gegen den Strom zu wehren. Die Strömung bringe ihn wieder ans Ufer zurück. Man solle seine Kräfte nicht sinnlos im Widerstreben verbrauchen, sondern sich getrost vom Wasser wieder zurücktragen lassen.
Ein Mensch, der das glaubt, muss

1. verstehen, dass das Meer seine Gesetze und Ordnungen hat und seine Bewegungen nicht chaotisch-unberechenbar erfolgen;
2. verzichten auf die Durchsetzung seines eigenen Zieles, jetzt und sofort wieder ans Ufer gelangen zu wollen;
3. vertrauen auf die Richtigkeit des Hinweises und die größere Kraft des Wassers, gegen die seine eigene Kraft lächerlich klein ist;
4. verbinden die augenblickliche Gefahr der Entfernung vom Ufer mit dem guten Ausgang am Ende, also der ganzheitlichen Bewahrung trotz Gefahr.

Alles zusammen ist Glauben:
das Verstehen, dass Gottes Ordnungen gelten und Recht haben; das Verzichten darauf, mit eigener Kraft kurzfristige Ziele erreichen zu wollen;
das Vertrauen, dass Gottes Liebe trägt und auch gegen den Augenschein zum Ziel bringt;
das Verbinden der augenblicklichen Situation, die durchaus wie eine gefährliche Entfernung vom Leben aussieht, mit der ganzheitlichen Sicht der göttlichen Bewahrung.

„Herr, mein Herz ist nicht hoffärtig, und meine Augen sind nicht stolz. Ich gehe nicht um mit großen Dingen, die mir zu wunderbar sind. Fürwahr, meine Seele ist still und ruhig geworden wie ein kleines Kind bei seiner Mutter!“

(Psalm 131,1f)

Stufen des Lebens

Wie jede Blüte welkt und jede Jugend
Dem Alter weicht, blüht jede Lebensstufe,
Blüht jede Weisheit auch und jede Tugend
Zu ihrer Zeit und darf nicht ewig dauern.

Es muss das Herz bei jedem Lebensrufe
Bereit zum Abschied sein und Neubeginne,
Um sich in Tapferkeit und ohne Trauern
In andre, neue Bindungen zu geben.
Und jedem Anfang wohnt ein Zauber inne,
Der uns beschützt und der uns hilft, zu leben.

Wir sollten heiter Raum um Raum durchschreiten,
An keinem wie an einer Heimat hängen,
Der Weltgeist will nicht fesseln uns und engen,
Er will uns Stuf' um Stufe heben, weiten.
Kaum sind wir heimisch einem Lebenskreise
Und traulich eingewohnt, so droht Erschlaffen,
Nur wer bereit zu Aufbruch ist und Reise,
Mag lähmender Gewöhnung sich entraffen.

Es wird vielleicht auch noch die Todesstunde
Uns neuen Räumen jung entgegensenden,
Des Lebens Ruf an uns wird niemals enden …
Wohlan denn, Herz, nimm Abschied und gesunde!

(Hermann Hesse)

„Dein Wort ist meines Fußes Leuchte und ein Licht auf meinem Wege."

(Psalm 119,105)

Ganz nah

„In der vergangenen Woche schien mir der Herr oft so fern zu sein, und ich glaubte, ich müsse ihn durch meine Gebete vom Himmel herunterziehen. Es ging mir wie Maria: ‚Sie haben meinen Herrn weggetragen, und ich weiß nicht, wo sie ihn hingelegt haben!'
Da kam mir eines Morgens plötzlich der Gedanke: ‚Was suchst du den Herrn in weiter Ferne? Verwirkliche im Glauben, dass er bei dir ist!' Das half mir aus aller Not. Hat er denn nicht gesagt: ‚Siehe, ich bin bei euch alle Tage bis an der Welt Ende?' Ich glaube, viele Kinder Gottes begehen denselben Fehler. Sie meinen, sich den Herrn durch Kämpfen und Ringen näherbringen zu müssen, anstatt zu glauben, dass er ihnen innig nahe ist. Ja, in ihm leben, weben und sind wir. Er ist nicht ferne von einem jeden unter uns!"

(Friedrich Traub, Chinamissionar, 1873–1906)

„Der Herr ist nahe denen, die zerbrochenen Herzens sind, und hilft denen, die ein zerschlagenes Gemüt haben!"

(Psalm 34,19)

Jedem das Seine

Gott schicke den Tyrannen lausige Läuse,
den Einsamen liebe Hunde,
den Kindern bunte Schmetterlinge,
den Frauen kostbare Nerze,
den Männern Wildschweine,
uns allen aber einen starken Adler,
der uns auf seinen Fittichen zu ihm trägt!

(Aus der Ukraine)

„Der Herr sprach: Ihr habt gesehen, wie ich euch getragen habe auf Adlerflügeln und euch zu mir gebracht!"

(2. Mose 19,4)

Frau und Mann – muss das so sein?

Er bekommt einen Traumjob, und sie bekommt die Kinder.
Er erntet viel Anerkennung in der Firma, und sie erntet einige Radieschen hinterm Haus. Er macht gut Geld für die Familie, und sie macht die Betten für alle. Er braucht Ruhe, wenn er zu Hause ist, und sie gibt Ruhe, wenn sie ausgegangen sind. Hinter jedem Mann, der es zu etwas bringt, steht eine Frau, die ihm den Rücken freihält. Hinter jeder Frau, die es zu etwas bringen will, stehen vier Männer, die ihr dabei in den Rücken fallen.

„Ihr Männer, liebt eure Frauen, wie auch Christus die Gemeinde geliebt hat und hat sich selbst für sie dahingegeben!“

(Epheser 5,25)

Bedrückt

„Die dich am empfindlichsten drücken, die liebe am zärtlichsten, denn sie nützen dir mehr, als wenn sie dir ein Königreich gäben!" Wenn dich Lasten bedrücken und Verhältnisse einengen, wenn Leid dich in sein Joch zwingt und dein Leben geopfert wird, denke daran, dass zu Füßen jeder vollen Ähre ein Grab liegt, das Sinn macht! „Ein Mensch, der in Gottes Schule ausreifen will für die ewige Herrlichkeit, muss lernen, drunten zu bleiben unter allem, was der Herr ihm auferlegt. Er muss es tragen und wird bei diesem Tragen den immer besser kennenlernen, dessen Joch sanft und dessen Last leicht ist!"

(Elias Schrenk)

„Kommt her zu mir alle, die ihr mühselig und beladen seid; ich will euch erquicken! Nehmt auf euch mein Joch und lernt von mir; denn ich bin sanftmütig und von Herzen demütig; so werdet ihr Ruhe finden für eure Seelen. Denn mein Joch ist sanft, und meine Last ist leicht!"

(Matthäus 11,28ff)

Das Buch der Bücher

Die Bibel enthält die Absichten Gottes, das Wesen des Menschen, den Weg zum Heil und die Warnung vor dem Unheil. Ihre Lehren sind gültig, ihre Vorschriften bindend und befreiend in einem. Ihre Geschichten sind wahr und lebendig, und ihre Weisungen sind liebevoll und ratsam. Lies die Bibel, um weise zu sein, und lebe danach, um lebendig zu sein. Die Bibel enthält das Licht, uns zu leiten, Nahrung, uns zu stärken, Trost, uns zu erquicken. Sie ist wie eine Landkarte für Reisende, sie ist wie ein Stab für den Wanderer, sie ist wie ein Kompass für den Seefahrer. Sie öffnet die Türen zum Paradies und schließt die Tore zur Hölle. Das Besondere an diesem Buch ist seine Mitte, Christus selbst. Seine Absicht ist unser Heil und sein letztes Ziel die Verherrlichung Gottes. Die Bibel soll unsere Gedanken leiten, unsere Herzen erfüllen, unsere Entscheidungen bestimmen und unsere Schritte lenken. Lies die Bibel langsam, lies sie voller Erwartung und unter Gebet. Sie ist die Quelle des Reichtums, aus dem der Strom der Freude quillt. Sie ist uns zum Leben gegeben, und wir wollen uns an ihrer Verachtung nicht den Tod holen. Sie ist die Liebeserklärung Gottes an liebebedürftige Menschen und möchte uns Jesus und seine Erlösung liebmachen.

„Das ist mein Trost in meinem Elend, dass dein Wort mich erquickt!“
(Psalm 119,50)

Was wirklich zählt!

Eine Reisegesellschaft ist in einem Zug unterwegs. Es geht durch eine wunderschöne Landschaft. Berg und Tal, Wiesen und Felder, Flüsse und Wälder wechseln einander ab. Aber die Reisenden nehmen es nicht wahr. Sie sind im Zug die ganze Zeit damit beschäftigt, herauszufinden, wer von ihnen der Beste sei, der Klügste und Schönste, der Reichste und Erfolgreichste, der Stärkste und Mächtigste. Sie debattieren und streiten darüber, wer von ihnen einen Ehrenplatz und andere Vorrechte bekommt. So diskutieren sie, bis die Reise vorbei ist. Aber in Wirklichkeit haben sie nichts „erfahren".

So sind die Menschen auf ihrer Lebensreise gefangen in der falschen Vorstellung, sie brauchten Zustimmung, müssten beliebt und angesehen sein, müssten Erfolg und Macht, Reichtum und Klugheit haben, und ihr Glück läge in Ansehen und Ehre, Macht und Popularität begründet.

Erst wenn wir Abschied nehmen von der Illusion, von Zustimmung und Beifall anderer abhängig zu sein, werden wir frei für die Wirklichkeit des Lebens, frei für die Liebe Gottes und seine wunderbare Welt.

Solange wir die Unerfülltheit unserer Seele mit Beliebtheit bei anderen zu stillen versuchen, bleiben wir armselige Sklaven. Nur die große Liebe Gottes vermag unsere Seele zu stillen. In ihm sind wir gestillt und gefreit.

„Es kam aber unter ihnen der Gedanke auf, wer von ihnen der Größte sei. Als aber Jesus den Gedanken ihres Herzens erkannte, nahm er ein Kind und stellte es neben sich und sprach zu ihnen: Wer der Kleinste ist unter euch allen, der ist groß!"

(Lukas 9,46ff)

Was wirklich zählt!

„In unseren Gemeinschaften verpflichten wir uns in einem vierten Gelübde dazu, den Ärmsten der Armen aus ganzem Herzen und selbstlos zu dienen.
Die Frucht unserer Arbeit, die Fähigkeit, diese Arbeit zu tun, kommt aus dem Gebet. Die Arbeit, die wir verrichten, ist eine Frucht unseres Einsseins mit Christus. Dazu wurden wir berufen: den Menschen überall auf der Welt Jesus zu schenken. Damit die Menschen aufschauen und sehen, wie seine Liebe, sein Erbarmen, seine Demut am Werk sind.
Die Menschen mögen überall auf der Erde anders aussehen, unterschiedliche Religionen, Weltanschauungen oder Einstellungen haben - sie sind alle gleich. Es sind alles Menschen, die der Liebe bedürfen. Alle hungern sie nach Liebe. Die Leute, die man auf den Straßen in Indien oder Hongkong sieht, haben leiblichen Hunger; aber auch die Leute in London oder New York haben einen Hunger, der gestillt werden muss. Jeder Mensch bedarf der Liebe.
Gott hat uns für Großes erschaffen: zu lieben und geliebt zu werden. Was zählt, ist, dass wir lieben. Wir können nicht lieben, ohne zu beten, deshalb müssen wir zusammen beten, gleich welcher Religion wir angehören."

(Mutter Teresa)

„Das ist sein Gebot, dass wir glauben an den Namen seines Sohnes Jesus Christus und lieben uns untereinander!"

(1. Johannes 3,23)

Ungewollte Helden

Eine Ölquelle geriet in Brand. Die Ölgesellschaft rief Fachleute zu Hilfe, damit sie das Feuer löschen. Aber die Hitze war so groß, dass sich die Spezialisten nicht näher als dreihundert Meter an die Förderanlage herantrauten. Das Unternehmen hatte auch die örtliche Feuerwehr um Hilfe gebeten. Da rollte auch schon der alte, klapprige Feuerwehrwagen die Straße herab und kam erst etwa 20 Meter vor den verheerenden Flammen zum Stehen. Die Männer sprangen aus dem Wagen, und während einer die anderen ständig mit Wasser besprühte, gelang es ihnen, den Brand unter Kontrolle zu bringen und schließlich zu löschen.

Die Gesellschaft veranstaltete daraufhin eine kleine Feier zur Ehrung der Feuerwehr. In dankbaren Reden wurde der Heldenmut der Feuerwehrmänner hervorgehoben und ihr Einsatz gewürdigt. Als Zeichen der Anerkennung wurde dem Chef der Feuerwehr ein Scheck mit einem ansehnlichen Betrag überreicht. Als ein Zeitungsreporter den Hauptmann fragte, was er mit dem Geld für die Feuerwehr tun wolle, antwortete dieser: „Zuerst werden davon die Bremsen am Löschfahrzeug repariert!“

„Alles, was dir vor die Hände kommt, es zu tun mit deiner Kraft, das tu!“

(Prediger 9,10)

Halb Engel und halb Mensch

„Einmal war Fynn ganz, ganz traurig, und da bin ich abends zu ihm ins Bett gekrochen. Ich wollt ihm weinen helfen. Weil er mir so oft lachen geholfen hat. Und man kann ja viel mehr zusammen machen wie nur lachen und Schulaufgaben. Auch weinen geht zusammen besser. Na gut, hat er gesagt, putzen wir unsere Augenfenster also gemeinsam. Kann ja nicht schaden. Und dabei hat er geweint und gelacht, halb und halb …

Weißt Du, Mister Gott, manchmal denk ich wirklich, Fynn ist ein Engel. Weil von ihm so viel innen ist. Und sonst ist das meiste von einen Mensch außen. In einen Engel kannst Du reinschauen und überall ist er Engel. In ein Mensch kannst Du auch reinschauen durchs Herzfenster, aber er ist nicht überall ein Mensch, weil er an manchen Stellen ein Engel ist und an manchen ein Hund oder ein Esel und ein Schmetterling und ein Frosch. Fynn ist fast überall ein Engel. Nur auch ein ganz bisschen ein Igel und ein Brummbär, und irgendwo ist er auch Mensch. Aber da ist er am nettesten, wo er halb Engel ist und halb Mensch …“

(Fynn)

„Obwohl meine leibliche Schwäche euch ein Anstoß war, habt ihr mich nicht verachtet oder vor mir ausgespuckt, sondern wie einen Engel Gottes nahmt ihr mich auf!“

(Galater 4,14)

Tipps für Lebenskünstler

Behalte einen kühlen Kopf,
Lass deine Seele in der Sonne bräunen.
Bleib Mensch und werde wesentlich
und leg dich selber auf die hohe Kante.

Sing dir das Lied vom braven Mann,
sei nobel, denn so geht die Welt zugrunde.
Schon deine Leber samt der Laus,
setz deine Flöhe nicht in fremde Ohren.

Bleib immer weit vom Schuss und hol
für andre nicht die Kohlen aus dem Feuer.
Brat dir ’nen Storch darauf und lass
die Butter dir nicht mehr vom Brötchen nehmen.

Sei recht bei Trost und hab’ im Kopf
Rosinen oder Stroh, nur keine Sorgen.
Pack deine Badehose ein und lass
dein Herz nicht in dieselbe fallen.

Geh in dich oder gehe aus
und suche Spaß, wo immer er zu kriegen.
Nimm deine Beine in die Hand
und Kopf und Kragen auf die leichte Schulter.

(Lothar Zenetti)

„Nimm das Leben nicht so ernst, denn du kommst ja am Ende doch nicht lebend davon!“, sagen die Dummen und nennen es Lebenskunst. „Nimm Gottes Liebe ganz ernst, und du kommst am Ende lebend davon!“ sagen die Klugen und nennen es Glaubensweisheit.

„Dennoch bleibe ich stets an dir; denn du hältst mich bei meiner rechten Hand, du leitest mich nach deinem Rat und nimmst mich am Ende mit Ehren an!“

(Psalm 73,23f)

Über das Liebhaben

„Ach Mister Gott!
Es gibt so viele Sachen, die ich gern schreiben würd, aber die Wörter wollen nicht, weil ich sie nicht alle kenne. Und der Bleistift will manchmal nicht und das Papier auch nicht. Über das Liebhaben ist es am schwersten zu schreiben. Fynn findet es auch schwierig. Aber versuch's doch mal, hat er gesagt.
Liebhaben ist eine komische Sache, weil man es nicht sehen kann und nicht hören und auch nicht anfassen. Woher weiß man dann, ob es so was überhaupt gibt? Ich mein, wie soll man wissen, ob einen der andre liebhat? Schön wär, wenn man nur für die zu sehen wär, die man liebhat. Dann wüsst der andre gleich Bescheid.
Nein, nein, hat Fynn gesagt. Das ist das Beste am Liebhaben, dass man nicht genau weiß, was es ist und wie es weitergeht, wenn es angefangen hat, und ob es sich wirklich lohnt. Weil es oft mehr traurig ist als zum Freuen. Lieber Mister Gott, warum hast du das Liebhaben gemacht, wenn es so schwierig ist? …"

(Fynn)

„Das ist mein Gebot, dass ihr euch untereinander liebt, wie ich euch liebe. Niemand hat größere Liebe als die, dass er sein Leben lässt für seine Freunde. Ihr seid meine Freunde, wenn ihr tut, was ich euch gebiete!"

(Johannes 15,12ff)

Kleine Tipps für große Leute

1. Kinder sind keine Schoßtiere, aber man sollte sie so oft wie möglich auf den Schoß nehmen.
2. Das Leben, das unsere Kinder leben, und das Leben, was wir für sie im Auge haben, ist ein ganz anderes.
3. Gebt Kindern nicht Geld, wenn sie Liebe brauchen, und drängt ihnen nicht eure Nähe auf, wenn sie Geld benötigen.
4. Kleine Kinder brauchen, auch wenn sie nerven, tiefe Wurzeln. Große Kinder brauchen, auch wenn sie noch so anziehend sind, weite Flügel.
5. Mit der gleichen Liebe wollen wir Kinder festhalten und loslassen. Denn sie brauchen wie wir beides: Geborgenheit und Wärme und Freiheit und Weite.
6. Seid nicht besorgt, wenn Kinder euch nicht zuhören, seid eher besorgt, wenn sie euch ständig beobachten.
7. Kinder können viel von uns lernen, wenn auch wir von ihnen viel lernen wollen.
8. Wer seinen Kindern ein Vorbild sein will, wird sich verkrampfen und sie erheitern. Wer selbst einem Größeren nachfolgt, hat immer auch Autorität.
9. Beim ‚Vorfahren' sollten wir uns daran erinnern, wie es uns beim ‚Nachfahren' erging.
10 Führen wir keine Punktlisten, weder solche mit den Fehlern unserer Kinder noch solche mit unseren Guttaten. Beide Verzeichnisse vergiften das Miteinander.

„Seid weise zum Guten, aber geschieden vom Bösen!“

(Römer 16,19)

Wozu die Zeit gut ist

„Lieber Mister Gott, …
Das Blöde an der Uhr ist die Zeit. Weil, sie ist noch viel unordentlicher als ich. Wenn ich auf Fynn warte, ist sie ganz langsam. Und wenn er dann da ist, dann läuft sie ganz schnell. Wenn ich schlaf, ist sie gar nicht da, erst wieder, wenn ich aufwach. Und dann ist sie schon so spät, dass Fynn schimpft. Warum bringen wir die Zeit nicht zum Uhrmacher, wenn sie immerzu falsch geht? Ganz einfach, hat Fynn gesagt, weil unser Uhrmacher nur ein ganz kleiner ist und immer nur das Gehäuse saubermacht, nicht die ganze Zeit in Ordnung bringt … Um die Zeit so hinzukriegen, wie es mir passt, müsste man sie zum größten Uhrmacher der Welt bringen, sagt Fynn. Und wer ist der größte Uhrmacher? Das bist Du, Mister Gott, weil Du doch in allen Berufen der Größte bist. Bei den Uhrmachern, bei den Pfarrern, den Kirchenbauern und bei den Gedichteschreibern. Aber dann hab ich gedacht, dass es eigentlich furchtbar schade ist, dass ich nicht mit Dir drüber reden kann, weil ich wirklich mal gerne gewusst hätte, was eigentlich Zeit ist. Kannst Du's mir nicht endlich erklären?, hab ich zu Fynn gesagt. Und im selben Moment hat er zu mir gesagt: Erklär Du mir mal die Zeit, Fratz. Da haben wir gelacht, auch beide auf einmal …
Da hab ich gesagt: Jetzt weiß ich, wozu die Zeit gut ist. Na, wozu? hat Fynn wissen wollen. Die Zeit ist dazu da, dass nicht alles auf einmal geschieht, sondern schön der Reihe nach, hab ich gesagt. Genau, hat Fynn geantwortet. Das ist die Erklärung. dass ich darauf nicht von allein gekommen bin!"

(Fynn)

„Ein jegliches hat seine Zeit, und alles Vorhaben unter dem Himmel hat seine Stunde. Gott hat alles schön gemacht zu seiner Zeit!"

(Prediger 3,1.11)

Gute Noten

„Lieber Mister Gott, jetzt muss ich Dich aber mal was Wichtiges fragen: Warum muss ich jeden Tag in Mrs Cook ihre Schule und nur am Sonntag in Deine? Kann man denn von Mrs Cook mehr lernen als von Dir? Ich denke, Du bist der, wo alles weiß! Oder weiß Mrs Cook was, was Du nicht weißt? …
Lieber Mister Gott, jetzt muss ich noch was fragen: Kannst Du mir morgen vielleicht beim Rechnen helfen? Wir kriegen nämlich Noten. Oder könntest Du mir in der Nacht einen Husten anwehen.
Aber einen richtigen, echten. Dann kann ich morgen im Bett bleiben.
Fynn sagt, aus Angst vor Mrs Cook ihre Noten brauchst du dir nicht in die Hose zu machen, Fratz. Die Noten, die dir Mister Gott mal gibt, sind viel wichtiger als die von der alten Schachtel.
Lieber Mister Gott, ich wüsste so gern, ob ich mal gute Noten von Dir kriege, wenn Du die Zeugnisse verteilst. Du lässt mich doch bestimmt nicht sitzen, oder?“

(Fynn)

„Ihr habt einen kindlichen Geist empfangen, durch den wir rufen: Abba, lieber Vater! Der Geist selbst gibt Zeugnis unserm Geist, dass wir Gottes Kinder sind!“

(Römer 8,15f)

Wer ist frei?

Der Obdachlose etwa, der seine Wege frei wählen und seine Tage nach Lust und Laune gestalten kann? Völlig unbeschwert lebt er, nur mit einigen Plastiktüten und dem Allernötigsten unterwegs. Er schläft im Freien, kann sich jeden Abend eine andere Bank als Nachtlager aussuchen oder unter einer Brücke Schutz suchen. Niemand wartet auf ihn, keiner stellt ihn zur Rede. Auf niemanden muss er Rücksicht nehmen, sich nach keiner Uhr und keinem Termin richten. Er zahlt keine Steuern und muss kein Haus in Ordnung halten, keinen Garten pflegen, kein Konto verwalten. Er braucht keine nörgelnden Vorgesetzten zu fürchten und keine lustlosen Untergebenen anzutreiben. Er ist frei von Heimat und Besitz, von Ballast und Bindung, Forderung und Pflicht. Er hat keine Uhr, aber sehr viel Zeit. Ist er wirklich frei? Bei aller Ungebundenheit ist er krank und heimatlos, unstet und immer auf sich allein gestellt. Seine Freiheit ist Ungeborgenheit und Einsamkeit.

So sind auch Menschen ohne Gott und ein Zuhause in seiner Liebe nicht frei, sondern krank und zerrissen, einsam und verloren.

Ein Obdachloser bat einst bei uns an der Haustür um Brot und Kaffee. Während er in Ruhe aß und trank, sprach ich mit ihm. Unser Michael, damals vier Jahre alt, stand hinter mir und beobachtete ängstlich den Mann mit seinem wilden Bart und verwegenen Aufzug. Der sah auf den Jungen, der sich am Vater festhielt und immer mal wieder hinter ihm hervorlugte. Als der Obdachlose schließlich aufstand, rollte ihm eine Träne in den Rauschebart, und er sagte: „Junge, du hast es gut, du hast einen Vater und ein Zuhause, und das hab ich nicht!“

Ohne Gott und seine Liebe sind Menschen nicht frei, sondern heimatlos und verloren.

„Wie lieb sind mir deine Wohnungen, Herr, mein Leib und Seele freuen sich in dem lebendigen Gott. Wohl denen, die in deinem Hause wohnen; die loben dich immerdar!“

(Psalm 84,2ff)

Wer ist frei?

Der Strafgefangene etwa, der sicher verwahrt und bestens aufgehoben ist? Er braucht sich um seinen Tagesablauf nicht zu sorgen. Alles ist festgelegt und für ihn bedacht. Um Kleidung und Verpflegung muss er sich keine Gedanken machen. Er ist frei von all den Ängsten, den Arbeitsplatz zu verlieren oder die Wohnung gekündigt zu bekommen. Im Krankheitsfall macht ihm die Arztwahl kein Kopfzerbrechen. Er martert sich nicht mit der schweren Frage, welches Auto er dieses Jahr und welches Urlaubsziel er nächstes Jahr wählen soll. Er hat keine Angst vor Einbrechern. Jeden Abend wird er sorgsam eingeschlossen und rund um die Uhr von ausgebildeten Sicherheitskräften bewacht. Morgens wird er pünktlich geweckt und sicher zur Arbeit geleitet. Keine Familie geht ihm auf den Keks, und keine Nachbarn reden ihm rein. Ist er deswegen frei?
Zwei Strafgefangene teilen sich die Zelle. Nach einiger Zeit fragt der eine den anderen: „Bist du eigentlich verheiratet?“ – „Nein, bin ich verrückt, ich geb doch meine Freiheit nicht auf!“
Bei aller Sicherheit und allem Gewahrsam sind Menschen im Gefängnis doch nicht frei, sondern äußerlich hinter Mauern und Gittern und innerlich in Zwang und Demütigung gefangen.
Menschen, die schuldig geworden sind, sind in den Folgen ihrer Schuld gefangen. Sie haben ein Grundrecht des Menschen verloren, das Recht auf freie Bewegung in einem freien Land. Menschen, die sich von Gott getrennt haben, sind nicht frei, sondern gefangen in den Folgen dieser Trennung. Andere Herren und Diktate, andere Vorschriften, Mauern der Einsamkeit und Gitterstäbe der Angst machen sie klein und gekränkt.

Jesus spricht: „Wer Sünde tut, der ist der Sünde Knecht. Wenn euch nun der Sohn frei macht, so seid ihr wirklich frei!“

(Johannes 8,34.36)

Wer ist frei?

Der Wüstenwanderer etwa, der einsam in der Wegelosigkeit und Endlosigkeit unterwegs ist? Sein Weg ist das Ziel, und sein Ziel ist der Weg. Er ist mit der glühenden Sonne, dem eintönigen Sand, der empfindlichen Nachtkälte allein. Es gibt keine Wege und Gesetze, weder Verordnungen noch Verantwortungen. Er kann gehen, wohin er will, machen, was er will, lassen, was er nicht will. Ungebunden und frei ist er, für niemanden und nichts verantwortlich und zuständig. Heimatlos, wegelos, vielleicht ziellos, absichtslos, bisweilen orientierungslos, beziehungslos, bindungslos, ist das die Freiheit?

Ist die Anhäufung von -losigkeiten schon die Freiheit oder nur die Armut und Ausgesetztheit? Der Wüstenwanderer, der alle Bindung und Behausung verlässt, um die Weite und Freiheit zu finden, wird an seiner falschen Freiheit zugrunde gehen.

Denn im Freien ist der Mensch gar nicht frei. Dort ist er nur besorgt und preisgegeben. Im Begrenzten bin ich frei. Im geschützten Raum, im bergenden und abgeschlossenen Gelass bin ich frei und gelassen. In der Fürsorge und Liebe Gottes eingeschlossen, in seiner guten Hand bewahrt, von seiner Treue festgehalten, von seiner Weisheit geleitet, finden Menschen die Freiheit des Lebens.

„Er ließ sein Volk ausziehen wie Schafe und führte sie wie eine Herde in der Wüste; und er leitete sie sicher, dass sie sich nicht fürchteten. Und er weidete sie mit aller Treue und leitete sie mit kluger Hand!“

(Psalm 78,52f.72)

Wer ist frei?

Der Gesetzlose etwa, der aussteigt und sich allen Normen und Übereinkünften verweigert? Auf einem Autoaufkleber las ich: „Nur der Gesetzlose ist frei!“ Und an die Häuserwände hingesprüht lesen wir: „Entrüstet euch!“ – „Macht kaputt, was euch kaputt macht!“ Auf der Lederjacke eines Motorradfahrers steht: „I’m born to be free!“ und ein Graffitispruch: „Legal, illegal, scheißegal!“
Ist das der Weg in die Freiheit, sich von allen engstirnigen und lästigen Paragrafen und Ordnungen, die Leben verwalten, zu befreien? Auflehnen und abfahren, einpacken und aussteigen, Grenzen überschreiten und Gesetze missachten, ist das die Art, der Freiheit auf die Spur zu kommen? Wird nicht gerade der Gesetzlose ein Verfolgter statt ein Befreiter, ein Gejagter statt ein Entlasteter?
Um Mitternacht erscheint auf dem 9. Polizeirevier in Hannover ein Mann und erklärt den verwunderten Beamten: „Ich bin ein Räuber und Dieb. Damit kann ich nicht leben. Immer auf der Flucht, immer die Angst im Nacken.“ Nach drei Banküberfällen und 37.000 DM Beute wurde der Mann weder frei noch glücklich, sondern nur ein Gejagter und Geplagter, bis er sich selbst stellte und den Beamten sagte: „Ich will endlich reinen Tisch machen und mein Leben aus dieser Schuld und Angst befreien!“
Wer Gottes Weisung und Gebot, Gottes Willen und Geleit verlässt, gleichgültig oder trotzig, fahrlässig oder vorsätzlich, wird ein von seiner Schuld Gejagter und von Gottes Gerechtigkeit Verhafteter sein, aber niemals die Freiheit finden. Die Freiheit liegt in dem Aufdecken und Vergeben der Schuld.

„Als ich es wollte verschweigen, verschmachteten meine Gebeine durch mein tägliches Klagen. Denn deine Hand lag Tag und Nacht schwer auf mir. Darum bekannte ich dir meine Sünde, und meine Schuld verhehlte ich nicht. Da vergabst du mir die Schuld meiner Sünde.“

(Psalm 32,3ff)

Wer ist frei?

Der Abgestürzte etwa, der im freien Fall in die Tiefe saust? In keinem Fall ist man frei, aber gnadenlos gepackt von der Angst, denn der Aufprall kommt bestimmt. Ein Mensch, der mit beiden Beinen in der Luft hängt, ist nicht frei.
Töricht fallen die einen, die übermütig den Ast absägen, auf dem sie sicher sitzen. Einen Moment lang genießen sie das Gefühl, fliegen zu können. Umso schmerzlicher landen sie im Dreck der Erde oder auf dem harten Boden der Tatsachen. Wer eine Beziehung, eine Arbeit, seine Heimat, Freunde oder seine Gemeinde verlässt, um frei zu sein, hat sich nur abgeschnitten von Lebensnetzen und ist rausgefallen.
Tragisch fallen die anderen, die sich aus Verzweiflung von einem Hochhaus oder einer Brücke in die Tiefe stürzen. Sie erleben ihre Lebenssituation als so bedrückend und ausweglos, dass sie im Tod die Freiheit und Lösung suchen. Aber die Auflösung des Lebens ist keine Lösung und die Selbsttötung keine Lebensbewältigung.
Eine Frau war nach dem plötzlichen Tod ihres geliebten Mannes so traurig, einsam und verzweifelt, dass sie in ihrem Leben keinen Sinn mehr sah und nur noch sterben wollte. Aber in die verzweifelten Gedanken an einen Selbstmord mischte sich die Einsicht, dass sie dann alle unbewältigte Trauer, allen Verlust, alle unverarbeiteten Schmerzen nur mitnehmen und nicht loswerden würde.
Niemals ist im Tod die Freiheit, sondern nur die äußerste Verhaftung und Verantwortung des Lebens. Denn der Tod führt uns nicht in die Freiheit, sondern direkt zu Gott, der uns nach dem Leben fragt.
Wer sich aus den bewahrenden Händen Gottes herausfallen lässt, findet nicht die Freiheit, sondern die Einsamkeit und Angst. Und das ist kein freier Fall, sondern ein tiefer Fall in die Abgründe des Lebens.

„Denn er hat seinen Engeln befohlen, dass sie dich behüten auf allen deinen Wegen, dass sie dich auf den Händen tragen!“

(Psalm 91,11f)

Macht Arbeit frei?

Macht Arbeit in einem freien Land, in einer freien Wirtschaft, unter menschenwürdigen Bedingungen und für gutes Geld den Menschen frei? Wer Arbeit hat und seinen Unterhalt verdient, ist in der Regel frei von der Sorge um das alltäglich Notwendige und frei für manchen Genuss im Leben.
Leistungsfähig und genussfähig sind die Zauberworte unserer Gesellschaft. Arbeit kann viel Freude machen, Würde ausdrücken und Erfüllung schenken. Aber immer wieder bedrückt und zwingt die Arbeit den Menschen, erniedrigt ihn bisweilen zum Arbeitstier und stempelt ihn zur Arbeitskraft. Im Riesengetriebe einer modernen Leistungsgesellschaft werden Menschen oft zu funktionierenden Rädchen, zu auswechselbaren Funktionen, zu Kosten- und Risikofaktoren. Die heutige Gesellschaft hat ungewollt drei Mittel, um den Menschen in einer Art Sklaverei zu halten: die Arbeit, das Geld und die Freizeit. Erfolgsdruck, Geldgier und Genusssucht sind die Mächte, die den Menschen beherrschen. Mit der Arbeit möchten Menschen möglichst viel Geld verdienen, mit dem Geld möglichst viel Vergnügen kaufen, aber sie merken dabei nicht, dass sie sich auf diese Weise als Sklaven verkaufen. Und das nennt man dann Freiheit!
Aber auch Arbeitslosigkeit und Geldmangel sind nur die Kehrseite der gleichen Unfreiheit. Gott hat dem Menschen die Arbeit als wunderbare Gabe anvertraut. Doch durch den Bruch mit Gott ist auch die göttliche Gabe zu einer menschlichen Verlegenheit geworden. Ob arbeitssüchtig oder arbeitslos, die Menschen sind nicht frei. Ob man die Arbeit vergötzt und als Lebenserfüllung überfordert oder sie verteufelt und als Lebenshinderung unterschätzt, man offenbart nur eine tiefe Verkrampfung.
Gott möchte den Menschen nicht als Arbeitskraft ansehen und gebrauchen. Er möchte uns als seine Partner lieben, die dann aus Liebe und im Sinne Gottes auch arbeiten und wirken. Gott ist immer erst

Gastgeber, Trostgeber, Ratgeber und dann auch Arbeitgeber. Nicht unsere Arbeit macht uns frei, sondern seine Liebe zu uns. Sie hilft, auch in der Arbeit frei zu sein.

„Alles Mühen des Menschen ist für seinen Mund, aber sein Verlangen bleibt ungestillt!“

(Prediger 6,7)

Wahrheit macht frei!

Zusammenhänge erkennen, Welt verstehen, den Kosmos erforschen, Geschichte betrachten, Stoffe erklären und Methoden entwickeln: all dies hat den Menschen aus vielen Grenzen befreit und seine Möglichkeiten erweitert. Moderne Medizin, Biochemie, Pharmazie, Ernährungswissenschaft und Humangenetik, aber auch Geisteswissenschaft und Psychologie und mehr noch Kybernetik und Kosmonautik haben uns äußere und innere Räume erschlossen, von denen man früher nur träumen konnte. Horizonterweiterung, Lebensverlängerung, Arbeitserleichterung, weltweite Kommunikation, Mobilität und unübersehbare Kultur- und Freizeitangebote deuten die fast unbegrenzten Lebensmöglichkeiten an.
Aber mit dem Wissen und Können, dem Erforschen und Erfahren, dem Erkennen und Durchschauen gerät der Mensch auch in eine ganz neue Abhängigkeit. Die Ergebnisse seiner Wissenschaft erweisen sich nicht nur als Würde, sondern auch als Bürde. Wenn alle wissenschaftlichen und technischen Möglichkeiten auch angewandt und eventuell einmal für ungute Zwecke eingesetzt werden, droht damit auch der Untergang. Albert Einstein hat die Last des Wissens einmal in den schlichten Satz gekleidet: „Wenn ich die Folgen geahnt hätte, wäre ich Uhrmacher geworden!“ Auch an dem fast unlösbaren Problem unserer Industriegesellschaft, die ökonomischen Interessen am Wirtschaftswachstum mit den ökologischen an der Bewahrung der Schöpfung zu vereinbaren, wird der große Druck deutlich, unter dem wir mit unserem Wissen und Können stehen.
Allein die Wahrheit über das Leben, den Menschen, die Zukunft kann auch belasten. Zur Wahrheit des Wissens muss die Liebe des Vertrauens kommen, damit die Wahrheit am Ende nicht in die Ausweglosigkeit, sondern in die Weite der Freiheit führt.
Deswegen hat Jesus die Wahrheit über den Menschen und seine Versehrtheit mit der Liebe zum Menschen und seinem Heil verbunden. Nur Wahrheit, die mit Liebe versöhnt ist, macht frei. Und nur Liebe, die mit Aufrichtigkeit verbunden ist, macht heil.

„Lasst uns aber wahrhaftig sein in der Liebe und wachsen in allen Stücken zu dem hin, der das Haupt ist, Christus!“ (Epheser 4,15)

Liebe macht frei!

Kinder sind frei, wenn sie geliebt sind. Und Liebende sind frei, wenn sie wie Kinder sind. Sie können sich frei entfalten und sind doch festgehalten. Sie erleben die Weite der Freiheit und die Wärme der Geborgenheit zugleich. In der Erfahrung der Liebe sind Menschen erlöst vom Druck und Kampf, sich rechtfertigen und beweisen zu müssen, und in der Bindung und Verantwortung ganz festgebunden. Kinder und Liebende sind losgebunden und tief gebunden zugleich, ganz festgehalten, aber nicht erdrückt, ganz losgelassen, aber nicht fallen gelassen.

Freiheit ist die Übereinkunft von Erlösung und Verbindlichkeit. Darum nennt man, wenn Liebende sich vertraglich binden, dass sie sich freien. Die Liebe setzt frei und setzt Grenzen zugleich, damit man in der Freiheit nicht verkommt und in den Grenzen nicht eingeengt wird. Wenn man im Freien nicht frei ist und in der Gefangenschaft schon gar nicht, so ereignet sich die Freiheit nur im geschützten Raum der Liebe, wo alle Entfaltung, die Leben mehrt, gefördert und alle Entartung, die Leben stört, verhindert wird.

Bindung ist nur zu ertragen, wenn sie uns befreit. Und Freiheit ist nur auszuhalten, wenn sie uns birgt. Das ist das Geheimnis der Liebe. Sie bietet das Heim, in dem Weite und Wärme, Freiheit und Geborgenheit, Lösung und Bindung, Entfaltung und Verantwortung gut miteinander auskommen.

Jesus bindet uns in seiner Liebe los von allen unguten Mächten und Zwängen. Mit der gleichen Liebe bindet er uns fest an sich und sein Heil. Jesus stillt unser Fernweh ebenso wie unser Heimweh. Mit ihm gehen wir in die äußerste Weite des Lebens und sind doch geborgen in seiner Hand.

„Seht, welch eine Liebe hat uns der Vater erwiesen, dass wir Gottes Kinder heißen sollen – und wir sind es auch!“

(1. Johannes 3,1)

Der befreiende Vertrag

„Kommt und dingt mich“, rief ich, als ich des Morgens auf der steingepflasterten Straße ging. Das Schwert in der Hand, kam der König in seinem Wagen und sagte: „Ich will dich dingen mit meiner Macht!“ Aber seine Macht war mir nichts wert, und er fuhr davon in seinem Wagen.
In der Hitze des Mittags standen die Häuser mit geschlossenen Türen da. Ich wanderte die krumme Gasse entlang. Ein alter Mann kam heraus mit seinem Sack voll Gold. Er sann nach und sagte: „Ich will dich dingen mit meinem Geld!“ Er wog seine Münzen, eine nach der anderen, aber ich wandte mich fort.
Abend war’s. Die Gartenhecke stand ganz in Blüte. Das liebliche Mädchen kam heraus und sagte: „Ich will dich dingen mit meinem Lächeln!“ Ihr Lächeln verblasste und schmolz in Tränen, und sie ging zurück allein ins Dunkel. Die Sonne glitzerte auf dem Sande, und die Meereswellen trieben ihr launisches Spiel. Ein Kind saß da, mit Muscheln spielend. Es hob seinen Kopf und schien mich zu kennen und sagte: „Ich ding dich mit nichts!“
Und dieser Vertrag, im kindlichen Spiel geschlossen, hat mich fortan zum freien Menschen gemacht.

(Rabindranath Tagore)

Gott will uns nicht dingen, sondern freien. Bei ihm werden wir nicht verdinglicht, also zur Sache und Funktion gemacht, sondern als Personen und persönliche Gegenüber, als Freunde und Geliebte wertgeschätzt. Gott möchte uns in seiner Liebe freimachen von allen anderen Diktaten, der Macht der Sünde, der List des Teufels, den Netzen des Verderbens, der Gewalt des Todes, den Schrecken der Vergänglichkeit, der Angst vor dem Weniger und der Gier nach Mehr. Gott möchte uns aus tiefer Verkrampfung und bitterer Verlorenheit auslösen und zugleich tröstend und bergend, schützend und schonend festhalten. Gott löst uns aus dem Verderben aus und bindet uns in seine Treue ein. Das ist das Geheimnis der Freiheit: kindlich abhängig von Gott und königlich frei von allen anderen Zwängen.

In dieses Geheimnis, in dieses Heim und Haus lädt Gott uns ein. Er möchte mit uns den befreienden Vertrag der Liebe schließen, und wir sollten ihn bitten: „Komm und freie mich mit deiner unbedingten Liebe!“

„Ich habe dich je und je geliebt, darum habe ich dich zu mir gezogen aus lauter Güte!“

(Jeremia 31,3)

Sehnsucht

Regen fällt
Kalter Wind
Himmel grau
Frau schlägt Kind
Keine Nerven, so allein
Das Paradies kann das nicht sein
Männer kommen müd' nach Haus
Kalte Seele fliegt hinaus
Kind muss weinen
Kind muss schrein
Schrein macht müde
Kind schläft ein

Ich hab Heimweh
Fernweh Sehnsucht

Ich weiß nicht, was es ist
Keine Sterne in der Nacht
Kleines Kind ist aufgewacht
Kind fragt, wo die Sterne sind
Ach, was weiß denn ich, mein Kind?
Ist der große Schwefelmond
… eigentlich von wem bewohnt?
Warum ist der Himmel leer?
Ist da oben keiner mehr?

Ich hab Sehnsucht

Ich will nur weg
Ganz weit weg
Ich will raus!

Warum hast du mich geborn?
Bevor ich da war
War ich schon verlorn
Land der Henker
Niemandsland
Das Paradies ist abgebrannt

Ich hab Heimweh
Fernweh
Sehnsucht

Ich weiß nicht, was es ist
Ich will weg
Ganz weit weg
Ich will raus!

(Purple Schulz)

„Gott streckte seine Hand aus von der Höhe und fasste mich und zog mich aus großen Wassern. Er führte mich hinaus ins Weite, er riss mich heraus; denn er hatte Lust zu mir!“

(Psalm 18,17.20)

Stück für Stück

Ein Mann besaß einen Acker, den er aber aus Nachlässigkeit verwildern ließ, sodass er von Disteln und Dornen übersät war. Später aber wollte er ihn wieder urbar machen und sagte zu seinem Sohn:
„Geh und reinige den Acker!" Der Sohn ging hin, um ihn zu reinigen. Als er ihn aber betrachtete, sah er die Menge des dort wachsenden Unkrauts und sprach: „Wie soll ich das alles ausrotten und fortschaffen?" Und er warf sich zur Erde und schlief.
Als sein Vater kam, um nachzusehen, was er bereits gearbeitet hatte, fand er ihn müßig. Und er fragte ihn: „Warum hast du bis jetzt nichts getan?" Der Sohn erwiderte: „Als ich gekommen war, um zu arbeiten, sah ich die Unmengen von Disteln und Dornen, und da wusste ich nicht, wo ich anfangen sollte, und vor Unmut legte ich mich auf die Erde und schlief."
Der Vater entgegnete ihm: „Mein Sohn, arbeite täglich nur so viel, als dein Körper, wenn du liegst, Raum einnimmt, und so wird deine Arbeit allmählich voranschreiten, und du wirst dabei nicht verzagt sein."
Der junge Mann handelte danach, und Stück für Stück wurde der Acker gereinigt und urbar gemacht.

(Aus den Erzählungen der Mönchsväter)

„Siehe, ich habe vor dir eine Tür aufgetan, und niemand kann sie zuschließen; denn du hast eine kleine Kraft und hast mein Wort bewahrt und hast meinen Namen nicht verleugnet!"

(Offenbarung 3,8)

Lasst Jesus bei euch wohnen

„Überall auf der Erde herrscht ein schrecklicher Hunger nach Liebe. Tragt deshalb das Gebet in eure Familien, zu euren kleinen Kindern. Lehrt sie beten. Denn ein Kind, das betet, ist ein glückliches Kind. Eine Familie, die betet, ist eine geeinte Familie. Ihr werdet euch nicht trennen, wenn ihr einander liebt, wie Gott euch liebt, und er liebt euch voller Zärtlichkeit.

Es ist ganz entscheidend, dass die Eltern ihren Kindern von Gott erzählen. Die Kinder müssen Gelegenheit bekommen, nach Gott zu fragen. Einmal schenkte ich einem Nichtglaubenden ein Gebet. Er nahm es mit heim, und die Kinder begannen zu beten. Als er mich wieder einmal traf, sagte er: ‚Mutter, Sie können sich gar nicht vorstellen, wie sehr Ihr Gebet und das Bild die ganze Familie durcheinandergebracht haben! Die Kinder wollen wissen, wer Gott ist. Sie wollen wissen, warum Sie, Mutter, solche Worte sagen.‘ Kinder sind aufmerksam, sie beobachten, was die Eltern tun, und lernen daraus, dass es nicht gleichgültig ist, wie man sein Leben gestaltet. – Wir können zu Gott sagen: Herr, ich liebe dich, mein Gott, es tut mir leid, mein Gott, ich glaube an dich, mein Gott, ich vertraue auf dich. Hilf uns, einander zu lieben, wie du uns liebst!“

(Mutter Teresa)

„Lasst das Wort Christi reichlich unter euch wohnen; lehrt und ermahnt einander in aller Weisheit; mit Psalmen, Lobgesängen und geistlichen Liedern singt Gott dankbar in euren Herzen!“

(Kolosser 3,16)

Gebraucht oder geliebt?

„Kinder verändern die Welt!“, heißt eine ganzseitige Anzeige eines Bekleidungshauses zum Schulanfang. Natürlich werden die Kinder das nur in neuen, schicken Klamotten dieser Firma tun können. Dazu gibt es als letzten Schrei noch die neue Schirmmütze mit der Aufschrift „Born to buy“ – „Geboren, um zu kaufen“. Werden Kinder als Kaufkraft und Absatzmarkt gebraucht oder werden sie als Menschen geliebt?

Kinderarmut, Kinderhandel, Kinderarbeit, Kinderprostitution, Kindesmisshandlung und Kindersterblichkeit sprechen eine deutliche Sprache.

Wenn Menschen in ihrem Wert nach Verwertbarkeit gemessen, in ihrer Würde als Arbeitskraft oder Kaufkraft gezählt und schließlich als Risikofaktor und Belastung bezeichnet werden, zerstören wir den Kindern die Zukunft und uns selbst die Lebensgrundlagen. Wenn Kinder nur benutzt und gebraucht werden, können sie die Welt nicht verändern, weil wir die Kinder und die Welt zugleich beschädigen.

Gott sieht das zur Prostitution gezwungene thailändische Mädchen, den philippinischen Jungen, der auf dem Müll vor Manila nach Resten sucht, das bettelnde Mädchen in Kalkutta, den teppichknüpfenden Jungen in Indien, die Straßenkinder in Brasilien und die verwahrlosten, behinderten Kinder in Heimen in China. Er sieht sie mit Augen voller Liebe und Leid und bittet seine Menschen, ihre Kinder nicht zur Erreichung ihrer falschen Ziele zu gebrauchen, sondern sie so zu lieben, dass sie ihr Leben finden und erfüllen können.

„Gott ist der Herr oben im Himmel und unten auf Erden und sonst keiner, und du sollst halten seine Rechte und Gebote; so wird's dir und deinen Kindern nach dir wohlgehen und dein Leben lange währen!“

(5. Mose 4,39f)

Einsam und gemeinsam

„Viele suchen die Gemeinschaft aus Furcht vor der Einsamkeit. Weil sie nicht mehr allein sein können, treibt es sie unter die Menschen. Auch Christen, die nicht allein mit sich fertig werden können, hoffen in der Gemeinschaft anderer Menschen Hilfe zu erfahren. Meist werden sie enttäuscht und machen dann der Gemeinschaft zum Vorwurf, was ihre eigenste Schuld ist. Wer auf der Flucht vor sich selbst bei der Gemeinschaft einkehrt, der missbraucht sie zum Geschwätz und zur Zerstreuung, und mag dieses Geschwätz und diese Zerstreuung noch so geistlich aussehen. In Wahrheit sucht er gar nicht die Gemeinschaft, sondern den Rausch, der die Vereinsamung für kurze Zeit vergessen lässt und gerade dadurch die tödliche Vereinsamung des Menschen schafft.
Wer nicht allein sein kann, der hüte sich vor der Gemeinschaft. Er wird sich selbst und der Gemeinschaft nur Schaden tun.
Allein standest du vor Gott, als er dich rief, allein musstest du dem Ruf folgen, allein musstest du dein Kreuz aufnehmen, musstest du kämpfen und beten, und allein wirst du sterben und Gott Rechenschaft geben. Du kannst dir selbst nicht ausweichen; denn Gott selbst hat dich ausgesondert. Willst du nicht allein sein, so verwirfst du den Ruf Christi an dich und kannst an der Gemeinschaft der Berufenen keinen Anteil haben.
Umgekehrt aber gilt der Satz: Wer nicht in der Gemeinschaft steht, der hüte sich vor dem Alleinsein.
In der Gemeinde bist du berufen, der Ruf galt nicht dir allein. In der Gemeinde der Berufenen trägst du dein Kreuz, kämpfst du und betest du. Du bist nicht allein, selbst im Sterben und am Jüngsten Tage wirst du nur ein Glied der großen Gemeinde Jesu Christi sein. Missachtest du die Gemeinschaft der Brüder, so verwirfst du den Ruf Jesu Christi, so kann dein Alleinsein dir nur zum Unheil werden.
Wir erkennen: nur in der Gemeinschaft stehend können wir allein sein, und nur wer allein ist, kann in der Gemeinschaft leben. Beides gehört zusammen. Nur in der Gemeinschaft lernen wir recht allein zu sein, und nur im Alleinsein lernen wir recht in der Gemeinschaft zu stehen.

Jedes für sich genommen hat tiefe Abgründe und Gefahren. Wer Gemeinschaft will ohne Alleinsein, der stürzt in die Leere der Worte und Gefühle, wer Alleinsein sucht ohne Gemeinschaft, der kommt im Abgrund der Eitelkeit, Selbstvernarrtheit und Verzweiflung um."

(Dietrich Bonhoeffer)

„Die Menge der Gläubigen aber war ein Herz und eine Seele; auch nicht einer sagte von seinen Gütern, dass sie sein wären, sondern es war ihnen alles gemeinsam!"

(Apostelgeschichte 4,32)

Der Streit der Berge

Als die Berge vernahmen, dass Gott auf einem von ihnen die Thora geben wolle, kamen sie alle gelaufen. Jeder wollte der Auserwählte sein. Besonders bewarben sich darum der Tabor und der Carmel.
Der Tabor sprach: „Verschwindet von hier, kehret zurück zu euren Plätzen, Gott hat euch nicht gerufen. Nur ich bin würdig, dass auf mir die Thora gegeben werde, weil ich der einzige Berg bin, der von der Sintflut nicht heimgesucht wurde.“
Der Carmel sagte: „Hebt euch hinweg von dannen. Gott hat euch nicht bestellt. Nur ich bin ein heiliger Berg, weil einmal der Prophet Elijahu in meinen Höhlen wohnen wird.“
So versuchte jeder Berg seine Vorzüge aufzuzählen. Gott hörte ihren Streit und antwortete ihnen: „Warum streitet ihr miteinander? Ich kann mich auf euren Höhen nicht offenbaren, weil auf euren Felsen Götzendienst geübt wurde und weil man auf eurem Boden Altäre für heidnischen Dienst errichtet hat. Sowohl auf dem Tabor als auch auf dem Carmel und anderen Bergen verbeugten sich Menschen vor dem Werk ihrer Hände.“
Nur ein Berg stand in der Wüste abseits. Es war der Sinai in seiner Bescheidenheit. Er wollte sich am Wettstreit der übrigen Berge nicht beteiligen. Da sprach Gott zu ihm: „Du bist der geringste unter den Bergen und drängst dich nicht vor. Du bist rein und heilig. Dich hat noch keine Menschenhand berührt, und auf dir wurde noch kein Götzenbild aufgestellt. Deshalb soll auf dir die Lehre gegeben werden, die ich dem Volke bestimmt habe, das für das geringste unter den Völkern gehalten wird. Aber einmal wirst du in aller Munde sein, so wie das Volk der Lehre einmal von allen gepriesen werden wird.“

(Ein jüdisches Märchen)

„Seid eines Sinnes untereinander. Trachtet nicht nach hohen Dingen, sondern haltet euch herunter zu den geringen. Haltet euch nicht selbst für klug!“

(Römer 12,16)

Verlieren und Gewinnen

„Nun nehme ich an, ein Mensch hätte hundert Mark und verliere davon vierzig und behalte also die sechzig. Will nun dieser Mensch allezeit an die vierzig denken, die er verloren hat, so bleibt er ohne Trost und voll Schmerz. Wie könnte sonach der jemals Trost finden und ohne Leid sein, der seinen Blick nur auf den Schaden und das Leid hinwendet und sich nun das vorstellt und darauf schaut und seine Augen mit Schmerz darauf richtet und mit seinem Schaden Unterhaltung pflegt und der Schaden wiederum mit ihm spricht und sie sich so gegenseitig besehen. Wenn er sich aber zu den sechzig Mark hinwendete, die er noch hat, und den vierzig verlorenen den Rücken kehrte und sich nun die sechzig vorstellte und mit ihnen Gegenrede pflegte, würde er sicherlich Trost finden."

(Meister Eckhart)

„Reich ist man nicht durch das, was man besitzt, sondern mehr noch durch das, was man mit Würde zu entbehren weiß. Und es könnte sein, dass die Menschheit reicher wird, indem sie ärmer wird, dass sie gewinnt, indem sie verliert."

(Kant)

„Viel haben macht nicht reich. Der ist ein reicher Mann, der alles, was er hat, ohn' Leid verlieren kann."

(Angelus Silesius)

„Ihr sollt euch nicht Schätze sammeln auf Erden ... Sammelt euch aber Schätze im Himmel ... Denn wo dein Schatz ist, da ist auch dein Herz!"

(Matthäus 6,19ff)

Vor mir ein Tisch

Der Tisch, den Gott für uns bereitet hat, ist kein Arbeitstisch.
Es geht nicht um Mühe und Anstrengung, um Leistung und Erfolg, denn Gott ist immer erst Gastgeber und dann Arbeitgeber.
Der Tisch, an dem Gott auf uns wartet, ist kein Richtertisch.
Gott will uns nicht anhören, sondern zuhören, und bei ihm sind wir nicht vorgeladen, sondern eingeladen. Gott will nicht recht haben, sondern uns lieb haben. Er ist immer erst Retter und dann einmal Richter.
Der Tisch, den Gott für uns gedeckt hat, ist kein Ladentisch.
Bei Gott kann man nichts kaufen und muss nichts bezahlen, denn Gott ist kein berechnender Geschäftsmann, sondern ein freigebiger Vater, der seine Liebe umsonst verschenkt.
Der Tisch, an den Gott uns einlädt, ist kein Verhandlungstisch.
Mit Gott kann man nicht handeln und braucht nicht um Vorteile zu kämpfen. Diplomatisches Geschick und kluges Ringen um günstige Kompromisse sind hier nicht gefragt. Denn Gott ist nicht unser Gegner, dem wir Gunst abringen, sondern unser Freund, der uns schon gewogen ist.
Gottes Tisch ist ein besonderer Tisch. Gott hat ihn mit Liebe gedeckt und ihn für uns bereitet. Er lädt uns ein zum Ausruhen und Aussprechen, zum Sattessen und Sattrinken, zum Bleiben und Wohnen. Gott setzt sich mit uns an einen Tisch, und wir dürfen aufatmen.

„Du bereitest vor mir einen Tisch im Angesicht meiner Feinde. Du salbest mein Haupt mit Öl und schenkest mir voll ein!“

(Psalm 23,5)

Gottes Tisch für mich

Während wir äußerlich still werden, spricht Gott mit uns: „Ich habe diesen Tisch für euch gedeckt und in Liebe auf euch gewartet. Mit Sehnsucht habe ich nach euch ausgeschaut und mit Schmerzen eure vergebliche Mühe gesehen, das Leben zu finden. An meinem Tisch dürft ihr euren Hunger nach Leben und euren Durst nach Liebe stillen. Ich habe alles für euch bereit. Eure Verfolger, Angst und Sorge, Schuld und Leid, Einsamkeit und Not, Gier und Neid haben hier keinen Zutritt. Sie dürfen euch in meiner Nähe nicht antasten." Unter dem Zuspruch der Liebe und Vergebung ruhen wir aus und atmen Frieden ein. Und dann dürfen wir Gott alles sagen, was uns bewegt, und er hört uns zu.

Angst, die uns überfällt, dürfen wir benennen,
Schuld, die uns bedrückt, aussprechen,
Kränkungen, die uns andere zufügen, sagen,
Verluste, die uns schmerzen, beklagen,
Sorgen, die in uns wohnen, herauslassen,
Einsamkeit, die uns lähmt, schildern,
Leid, das uns knickt, vorbringen,
Wunden, aus denen wir bluten, zeigen.

Gott hat Zeit und Geduld. Er empfängt und nimmt uns, wie wir sind. Wir brauchen unsere Probleme nicht länger hinunterzuschlucken und zu verdrängen, damit sie uns von innen her krank machen. Wir dürfen sie auf dem Tisch vor Gott ausbreiten, damit wir sie los und dadurch heil werden. Wie dem Gast die müden und staubigen Füße gewaschen wurden, so möchte Gott uns all den Erdenstaub, der sich auf unserem Lebensweg an unsere Füße geheftet hat, abwaschen und uns aufleben lassen. An Gottes Tisch dürfen wir alles aussprechen, und Gott nimmt es uns ab.

„Du bereitest vor mir einen Tisch im Angesicht meiner Feinde!"
(Psalm 23,5)

Satt werden und bleiben

Am Tisch Gottes wird aber nicht nur geruht und gesprochen, sondern auch gegessen und getrunken. Das Brot des Lebens stellt Gott auf den Tisch und teilt es mit uns. Gott teilt uns sein Leben mit. Er gibt sich selbst. Jesus wurde das Brot Gottes. In Bethlehem, im „Haus des Brotes“, wurde er geboren, und am Kreuz von Golgatha wurde sein sterbender Leib das Brot für eine hungernde Menschheit. Jesus brach das Brot mit seinen Jüngern und sagte: „Das ist mein Leib, der für euch gegeben wird.“ An diesem Tisch, in der Nähe Gottes, unter seinem Wort ereignet sich die Sättigung mit Leben. Wir nehmen Gottes Liebe, seine Vergebung und Heilung, seinen Segen und seine Fülle zu uns, ja in uns auf. Wir nehmen Jesus in uns auf, und das ist die letzte Erfüllung des Lebens. Von der langen Wanderung sind wir ausgedörrt. Die weiten Wege haben uns durstig gemacht. Gott bietet uns gegen den Durst nach Liebe sein frisches, klares Lebenswasser an. „Wen dürstet, der komme; und wer da will, der nehme das Wasser des Lebens umsonst“. (Offenbarung 22,17)
Das reine Wasser ist ein Bild für die reine, absolute Liebe Gottes. Die unbedingte Zuwendung Gottes dürfen wir in uns hineintrinken. Worte der Liebe, Beweise der Liebe, wie sie Jesus am Kreuz für uns gesagt und erbracht hat, saugen wir wie ein vertrocknetes Land auf, und unser Durst nach Liebe wird gestillt. „Ich habe dich je und je geliebt, darum habe ich dich zu mir gezogen aus lauter Güte“ (Jeremia 31,3). Am Tisch Gottes erfahren wir die unbedingte Liebe, hier werden wir vorbehaltlos angenommen. Hier dürfen wir sein, wie wir wirklich sind, und uns ganz in Gottes Liebe hineinfallen lassen.
Und dann bietet uns Gott den Wein der Freude an. Ein Weinkelch bedeutet beides: Leid, das man erfahren, und Freude, die man empfangen kann.
Jesus Christus trank für uns den bitteren Kelch des Leides. Im Garten Gethsemane kämpfte er um die Kraft, den Kelch des Todes und der Sühne für uns zu trinken, und am Kreuz von Golgatha trank er ihn bis zur Neige aus. Als Jesus rief: „Es ist vollbracht!“, da war der Kelch des Leides geleert. So bleibt uns nur der Kelch der Freude. Der Wein, den Gott an seinem Tisch gewährt, ist die Freude am Leben, die Freude an Gott und seiner Schöpfung.

So ist Gottes Tisch ein Tisch der Gemeinschaft, an dem sich Gott mit uns zusammensetzt, ein Tisch der Stärkung, an dem wir uns satt essen und trinken können. Und schließlich ein Tisch, an dem wir bleiben, ein Ort, an dem wir wohnen dürfen. Gott lädt uns zum Bleiben ein. Er möchte, dass aus Gästen und Fremden Kinder und Freunde seines Hauses werden. Am Tisch Gottes, im Gespräch mit Gott, im Zusichnehmen der Stärkung Gottes werden aus Menschenkindern, die unstet und flüchtig, abgehetzt und verwahrlost leben, Gotteskinder mit Sitz und Heimatrecht bei Gott.

„Du bereitest vor mir einen Tisch im Angesicht meiner Feinde. Du salbest mein Haupt mit Öl und schenkest mir voll ein. Gutes und Barmherzigkeit werden mir folgen mein Leben lang, und ich werde bleiben im Hause des Herrn immerdar!"

(Psalm 23,5f)

Die weiche Landung

Als am 20. Juli 1969 das Raumschiff Apollo 11 auf dem Mond landete, waren die Worte des Astronauten beim Betreten des Mondes: „Ein kleiner Schritt für mich, ein großer Schritt für die Menschheit!"
Dieser geglückten Landung gingen viele Versuche voraus, darunter sog. harte Landungen unbemannter Raumkörper. Das Schwierigste an einer Landung von Menschen auf dem Mond war die sog. weiche Landung. Schließlich, im Juli 1969, gelang sie nach etwa zehn Jahren der Vorbereitung. Millionen Menschen verfolgten am Fernsehschirm den Triumph der Raumfahrt, die weiche Landung von Menschen auf dem Mond.
Als Gott auf unserem Planeten Erde „landete", war es keine weiche Landung, sondern eine harte Sache. Hart waren der mühsame Weg nach Bethlehem, die Geburt in einem Stall, das Wohnen in der Fremde und einer Notunterkunft, die Krippe als Kinderbett, die Welt der Mächtigen. Hart waren Herodes und sein grausamer Kindermord, hart waren die Flucht nach Ägypten und das Leben im Asyl. Hart waren schließlich die Anfeindungen, Verhaftung, Verhör und Verurteilung. Hart waren das Kreuz und das Von-Menschen- und -Gott-verlassen-Sein. Hart waren das Grab und das Gericht, die Hölle und das Totenreich.
Christus kam in unsere harte Welt. Eine harte Landung und für Gott ein großer Schritt auf den Menschen zu, der nun nur noch einen kleinen Schritt auf Gott zu machen muss. Darum hat James B. Irwin, einer der Apollo-Astronauten, die auf dem Mond waren, gesagt: „Der größte Tag in der menschlichen Geschichte war nicht, als der erste Mensch den Mond betrat, sondern als Gottes Sohn auf die Erde kam!"

„Er kam in sein Eigentum; und die Seinen nahmen ihn nicht auf. Wie viele ihn aber aufnahmen, denen gab er Macht, Gottes Kinder zu werden, denen, die an seinen Namen glauben."

(Johannes 1,11f)

Glaubensakrobatik und Tugendathletik

„Christus verlangt von uns keine Glaubensakrobatik, so dass wir Dinge für wahr halten müssten, die unsere Vernunft nie würde annehmen können. Aber er tritt in unser Leben und erweist uns seine Macht.
An kleinen Dingen zuerst. Wir staunen, wenn sich Bindungen in unserem Leben lösen, wenn wir den Hass gegen unseren Feind verlieren, wenn in unser unruhiges Herz der Friede einzieht. Unsere Vernunft wird demütig und erkennt, dass es neue Möglichkeiten gibt, die sie überragen.
Christus verlangt von uns keine Tugendathletik, sodass wir edel, hilfreich und gut sein sollten. Aber er tritt in unser Leben und erweist uns seine Liebe. Da schmilzt unser Groll zusammen, und wir können vergeben, da schwindet unser Stolz, und wir können um Vergebung bitten; da erwärmt sich unser kaltes Herz, und wir können lieben.
Jetzt geht es gar nicht mehr um Tugend und Edelmut, die wir meinen zu haben oder nicht zu haben; sondern es geht darum, leer zu werden, in uns Platz zu machen, damit Christus eintreten kann. Damit seine Liebe uns ganz in ihrer Gewalt hat. Sollte das so schwierig sein?“

(Theodor Bovet)

„Wie ihr nun den Herrn Christus Jesus angenommen habt, so lebt auch in ihm und seid in ihm verwurzelt und gegründet und fest im Glauben!“

(Kolosser 2,6f)

Der Vater

Eine Gruppe von Menschen eilte in der Abenddämmerung durch kaltes und unwirtliches Gelände der Stadt zu, von der der Raddampfer abfahren sollte, um sie wieder in ihre Heimat zu bringen. Es wurde immer später, kälter und dunkler, bis sie schließlich ans Ufer des Mississippi kamen. Zu dieser Menschengruppe gehörte auch ein Junge. In der Ferne hörten sie alle das Tuten des Schiffes, das in der Stadt vom Pier abgelegt hatte. Sie waren also endgültig zu spät. Jeder überlegte voller Angst: Wie sollen wir jetzt bei zunehmender Dunkelheit überhaupt weiterkommen, wie sollen wir überleben, umringt von Gefahren, wilden Tieren, räuberischen Horden, sumpfigem Gelände? Schließlich tauchte aus dem Nebel der Raddampfer auf und zog seine Bahn in voller Fahrt. Die Gruppe der Menschen war in der Nähe eines Stegs, an dem nur kleine Boote festmachen konnten. Der Dampfer naht, ist auf gleicher Höhe, in voller Fahrt. Da hält der Junge seine Hände an den Mund und ruft und ruft. Und dann winkt er mit beiden Händen und Armen. Die anderen in ihrer Verzweiflung sagen: „Hör auf! Das ist sinnlos. Du machst uns nur noch verrückter und verzweifelter. Keiner auf dem Dampfer kann uns doch hören!“ Aber der Junge winkt und ruft weiter. Da dreht der Dampfer bei, wendet, setzt ein Boot aus und nimmt die Gruppe verängstigter und verzweifelter Menschen auf.

Sie sind gerettet und fahren zurück in die Heimat. In großer Aufregung fragen alle den Jungen: „Wie war das denn möglich, wie konnte das nur geschehen?“ Und der Junge antwortet nur mit einem Satz: „Der Kapitän des Schiffes ist mein Vater.“

(Traugott Staehlin)

„Denn er selbst, der Vater, hat euch lieb!“

(Johannes 16,27)

Alle werden gebraucht

Die Werkzeuge des Tischlers waren zu einer Besprechung zusammengekommen. Der Hammer wurde zum Leiter gewählt. Doch schon bald musste er von den anderen Werkzeugen hören, dass er sein Amt niederlegen solle, da er zu grob und lärmend sei. Mit gekränkter Miene bemerkte der Hammer: „Dann muss auch der Hobel gehen. Seine Tätigkeit ist immer so oberflächlich!“ – „Schön“, sprach der Hobel, „dann wird auch der Bohrer gehen müssen. Er ist als Persönlichkeit so uninteressant und leistet niemals aufbauende Arbeit!“ Der Bohrer meinte beleidigt: „Gut, ich gehe, aber die Schraube auch. Man muss sie immer drehen und drehen, bis man mit ihr zum Ziele kommt!“ „Wenn ihr wollt, gehe ich“, sprach die Schraube gekränkt, „aber der Zollstock ist doch viel ärgerlicher. Er will über alles urteilen, und alle müssen sich nach ihm richten!“ Der Zollstock klagte daraufhin über das Schmirgelpapier. „Solche rauen Manieren wollen wir nicht, und immer die Reibereien mit anderen Leuten gefallen uns nicht!“
Während sich die Werkzeuge beklagten und übereinander entrüsteten, trat der Tischler in die Werkstatt, band sich die Schürze um und fing an, mit all den Werkzeugen zu arbeiten. Er schuf eine wunderbare Kanzel, von der aus den Menschen das Evangelium gepredigt werden sollte.

(Eine Geschichte aus England)

„Ertragt einer den andern in Liebe und seid darauf bedacht, zu wahren die Einigkeit im Geist durch das Band des Friedens!“

(Epheser 4,2f)

Die kleine Schraube

Es gab einmal in einem riesigen Schiff eine ganz kleine Schraube, die mit vielen anderen ebenso kleinen Schrauben zwei große Stahlplatten miteinander verband. Diese kleine Schraube fing an, bei der Fahrt mitten im Indischen Ozean, etwas lockerer zu werden und drohte herauszufallen. Da sagten die nächsten Schrauben zu ihr: „Wenn du herausfällst, dann gehen wir auch." Und die Nägel unten am Schiffskörper sagten: „Uns wird es auch zu eng, wir lockern uns auch ein wenig." Als die großen eisernen Rippen das hörten, da riefen sie: „Um Gottes willen bleibt; denn wenn ihr nicht mehr haltet, dann ist es um uns geschehen!" Und das Gerücht von dem Vorhaben der kleinen Schraube verbreitete sich blitzschnell durch den ganzen riesigen Körper des Schiffes. Er ächzte und erbebte in allen Fugen. Da beschlossen sämtliche Rippen und Platten und Schrauben und auch die kleinsten Nägel, eine gemeinsame Botschaft an die kleine Schraube zu senden, sie möchte doch bleiben; denn sonst würde das ganze Schiff bersten und keine von ihnen die Heimat erreichen. Das schmeichelte dem Stolz der kleinen Schraube, dass ihr solch ungeheure Bedeutung beigemessen wurde, und sie ließ sagen, sie wolle sitzen bleiben.

(Rudyard Kipling)

„Dient einander, ein jeder mit der Gabe, die er empfangen hat, als die guten Haushalter der mancherlei Gnade Gottes!"

(1. Petrus 4,10)

In deinen Händen …

Gottes Hände
halten die heile Welt.
Gottes Hände
tragen das Sternenzelt.
Gottes Hände
führen das kleinste Kind.
Gottes Hände
über dem Schicksal sind.

Gottes Hände
sind meine Zuversicht.
Durch das Dunkel
führen sie doch zum Licht.
Im Frieden geborgen,
vom Kampf umtost,
in deinen Händen, Herr,
bin ich getrost!

(Aus einem alten Volkskalender)

„Meine Schafe hören meine Stimme, und ich kenne sie, und sie folgen mir; und ich gebe ihnen das ewige Leben, und sie werden nimmermehr umkommen, und niemand wird sie aus meiner Hand reißen!“
(Johannes 10,27f)

Treu bleiben

Der Schweizer Pfarrer und Dichter Jeremias Gotthelf schrieb einst über seine Anfechtungen im Pfarramt: „Es ist wahr, meine Gemeinde verwöhnt mich nicht. Und wenn ich am Samstag an meiner Predigt sitze, kommen zwei zu mir. Der eine sagt: Warum plagst du dich so um der zwanzig oder dreißig Leute willen, die in deiner Kirche sitzen? Mache es dir doch leichter! Aber dann kommt der zweite und sagt: Siehe, ich habe nur zwölf gehabt, die auf mich gehört haben, und unter den Zwölfen waren ein Verräter und ein Verleugner. Willst du es besser haben als ich?
Dann sage ich zum ersten: Hebe dich weg von mir, Satan, denn du bist mir ein Ärgernis! Und zu dem zweiten sage ich: Habe Dank, lieber Herr Jesus, und hilf mir, dass ich dein Jünger bleibe!"

„Gedenkt an das Wort, das ich euch gesagt habe: Der Knecht ist nicht größer als sein Herr. Haben sie mich verfolgt, so werden sie euch auch verfolgen; haben sie mein Wort gehalten, so werden sie eures auch halten!"

(Johannes 15,20)

Die fromme Kuh

Einmal hatte ein frommer Mann eine Kuh, die ihm beim Pflügen half. Aber er verarmte und sah sich gezwungen, sie einem Heiden zu verkaufen. Der Heide pflügte mit ihr sechs Wochentage. Als er sie aber am Schabbath aufs Feld führte, um mit ihr zu pflügen, legte sie sich auf die Erde nieder und wollte keine Arbeit verrichten. Da ging er hin und schlug sie. Aber sie rührte sich nicht von der Stelle.
Als der Heide dies sah, ging er zu jenem Frommen und sagte ihm: „Komm und nimm deine Kuh. Sechs Tage habe ich mit ihr gearbeitet. Am Schabbath führte ich sie hinaus; und sie legte sich zur Erde. Sie weigert sich, irgendeine Arbeit zu verrichten. Sosehr ich sie auch schlug, sie rührte sich nicht von ihrer Stelle."
Als der Heide so sprach, verstand der Jude, warum die Kuh keine Arbeit verrichten wollte: weil sie gewöhnt war, am Schabbath zu ruhen. Da sagte der Fromme zum Heiden: „Komm, ich werde sie aufrichten, und sie wird pflügen." Als sie zu ihr ankamen, flüsterte er ihr ins Ohr: „O Kuh, o Kuh! Solange du in meinem Besitz warst, konntest du am Schabbath ruhen. Aber jetzt haben es meine Sünden verursacht, dass ich dich diesem Nichtjuden verkaufen musste. Ich bitte dich daher, stehe auf und verrichte den Willen deines Herrn."
Sofort erhob sich die Kuh und war bereit zu arbeiten.
Da sagte der Heide zum Juden: „Ich werde dir keine Ruhe lassen, bis du mir sagst, was du ihr getan und was du ihr ins Ohr geflüstert hast. Vielleicht hast du sie verhext?"
Da erzählte ihm der Fromme: „Das und das habe ich gesagt."
Als der Heide das hörte, erschrak er und ließ es sich durch den Sinn gehen. „Wenn dieses Geschöpf, das kein Sprech- und Wissensvermögen hat, seinen Schöpfer kennt, muss denn nicht auch ich, den Gott zu seinem Ebenbild geschaffen hat und ihm Sinn und Verstand gegeben hat, meinen Schöpfer anerkennen?"
Sofort ging er hin, wurde Proselyt, lernte eifrig die Thora und bekam den Namen: „Rabbi Jochanan Kuhsohn." (Ein jüdisches Märchen)

„Ein Ochse kennt seinen Herrn und ein Esel die Krippe seines Herrn; aber Israel kennt's nicht, und mein Volk versteht's nicht!"

(Jesaja 1,3)

Mutter Erde

„Wir sind ein Teil der Erde, und sie ist ein Teil von uns.
Die duftenden Blumen sind unsere Schwestern, die Rehe, das Pferd, der große Adler – sind unsere Brüder. Die felsigen Höhen, die saftigen Wiesen, die Körperwärme der Ponys – und des Menschen –, sie alle gehören zur gleichen Familie.
Wir wissen, dass der weiße Mann unsere Art nicht versteht. Ein Teil des Landes ist ihm gleich jedem anderen, denn er ist ein Fremder, der kommt in der Nacht und nimmt von der Erde, was immer er braucht. Die Erde ist sein Bruder nicht, sondern sein Feind, und wenn er sie erobert hat, schreitet er weiter. … Er behandelt seine Mutter, die Erde, und seinen Bruder, den Himmel, wie Dinge zum Kaufen und Plündern, zum Verkaufen wie Schafe oder glänzende Perlen. Sein Hunger wird die Erde verschlingen und nichts zurücklassen als eine Wüste …
Der Indianer mag das sanfte Geräusch des Windes, der über die Teichfläche streicht – und den Geruch des Windes, gereinigt vom Mittagsregen oder schwer vom Duft der Kiefern. Die Luft ist kostbar für den roten Mann – denn alle Dinge teilen denselben Atem – das Tier, der Baum, der Mensch – sie alle teilen denselben Atem.
Der weiße Mann scheint die Luft, die er atmet, nicht zu bemerken; wie ein Mann, der seit vielen Tagen stirbt, ist er abgestumpft gegen den Gestank. Lehrt Eure Kinder, was wir unsere Kinder lehren:
Die Erde ist unsere Mutter. Was die Erde befällt, befällt auch die Kinder der Erde. Wenn Menschen auf die Erde spucken, bespeien sie sich selbst. Denn das wissen wir, die Erde gehört nicht zu den Menschen, der Mensch gehört zur Erde – das wissen wir. Alles ist miteinander verbunden, wie das Blut, das eine Familie vereint. Alles ist verbunden. Was die Erde befällt, befällt auch die Kinder der Erde.
Der Mensch schuf nicht das Gewebe des Lebens, er ist darin nur eine Faser. Was immer Ihr dem Gewebe antut, das tut Ihr Euch selber an."
(Indianerhäuptling Seattle – 1855 an den Präsidenten der USA)

„Da machte Gott der Herr den Menschen aus Erde vom Acker und blies ihm den Odem des Lebens in seine Nase. Und so ward der Mensch ein lebendiges Wesen!"

(1. Mose 2,7)

„Die Erde ist des Herrn und was darinnen ist, der Erdkreis und die darauf wohnen!“

(Psalm 24,1)

Der törichte Mensch

In einem Dorf am Fluss gab es viele gute Schwimmer. Eines Tages drohte ein gewaltiges Hochwasser das ganze Dorf zu überfluten. Mehrere Männer nahmen ein Boot und versuchten, das andere Ufer zu erreichen. Jedoch in der Mitte des Flusses kenterte es. Mit kräftigen Zügen bemühten sie sich, schwimmend das rettende Ufer zu erreichen. Sie kamen trotz der starken Strömung gut vorwärts, nur einer blieb zurück. Die Männer wunderten sich und riefen: „Du bist doch der beste Schwimmer unter uns. Warum bleibst du zurück?“ – „Ich trage tausend Münzen, mein ganzes Erspartes, bei mir!“, antwortete der Mann. „Wirf das Geld weg!“, riefen die anderen. Der Mann schüttelte den Kopf, obwohl er sich kaum noch über Wasser halten konnte. Als die anderen Männer das rettende Ufer erreicht hatten, riefen sie noch einmal zu ihrem Freund hinüber: „Wirf die Geldstücke weg! Was nützen sie dir, wenn du ertrinkst?“
Doch der Mann schüttelte noch einmal den Kopf. Kurz darauf zog ihn die schwere Last nach unten.
Wer sein Leben an Gut und Geld hängt, wird es verlieren.

(Nach einer alten chinesischen Fabel)

„Geldgier ist eine Wurzel allen Übels; danach hat einige gelüstet, und sie sind vom Glauben abgeirrt und machen sich selbst viel Schmerzen!“

(1. Timotheus 6,10)

Du bist doch nicht irgendwer …

Du bist doch nicht irgendwer, der von irgendwo nach nirgendwo geht. Du bist eine Person, eine einmalige, unverwechselbare, originale und wertvolle Persönlichkeit. Du bist doch keine Nummer, keine Funktion, kein Rädchen in einem Riesengetriebe, keine Ware auf dem Markt der Möglichkeiten, kein Spielball der anderen, kein Ding, sondern ein geliebter Mensch. Dein Wert ist mehr als die Verwertbarkeit, deine Würde mehr als der Marktwert. In den Augen Gottes bist du mehr als die Summe deiner Leistungen und mehr als die Summe deiner Fehler. Gott lässt dir sagen: „Ich habe dich bei deinem Namen gerufen; du bist mein! Und weil du in meinen Augen kostbar bist und wertvoll für mich, habe ich dich lieb!“ (Jesaja 43,1.4)
Du bist doch nicht irgendwer, und du glaubst doch wohl nicht irgendwas!

„Glaube an den Herrn Jesus, so wirst du und dein Haus selig!“
(Apostelgeschichte 16,31)

Das Böse überwinden

Wir sind von unguten Mächten und Dingen umgeben und angefochten. Es geht dabei nicht nur um menschliche Bosheiten und Fehler, sondern um die Kräfte und Machenschaften des Teufels. Wir können gegen sie ankämpfen und sie doch nicht überwinden. „Denn je mehr man mit einem Schornsteinfeger ringt, desto schwärzer wird man." Darum hat Martin Luther in seiner unnachahmlich derben Art einmal folgenden Rat gegeben:

„Aber der allerbeste über allen Rat ist, wenn Ihr überhaupt nicht mit ihnen kämpfen möchtet, sondern könntet sie verachten und tun, als fühlet Ihr sie nicht, und gedächtet immer etwas anderes und sprächt also zu ihm: ‚Wohlan, Teufel, Lass mich ungeschoren, ich kann jetzt nicht deiner Gedanken warten! Ich muss reiten, fahren, essen, trinken, das oder das tun; ich muss jetzt fröhlich sein, komm morgen wieder!' et cetera. Und was Ihr sonst könnet vornehmen, spielen und dergleichen, damit Ihr solche Gedanken nur frei und wohl verachtet und von Euch weiset, auch mit groben, unhöflichen Worten, als: ‚Lieber Teufel, kannst du mir nicht näher, so lecke mich et cetera, ich kann dein jetzt nicht warten!'"

„Simon, Simon, siehe, der Satan hat begehrt, euch zu sieben wie den Weizen. Ich aber habe für dich gebeten, dass dein Glaube nicht aufhöre!"

(Lukas 22,31f)

Anders festlich

„Wer seines Lebens Widersinne
versöhnt und dankbar in ein Sinnbild fasst,
der drängt die Lärmenden aus dem Palast,
wird anders festlich,
und du bist der Gast,
den er an sanften Abenden empfängt.“

(Rainer Maria Rilke)

Des Lebens Widersinne mögen schweres Leid, unbegreifliche Führungen, unerfüllte Wünsche, tiefe Verletzungen, unglückliche Beziehungen, angeschlagene Gesundheit, Erfolglosigkeit im Beruf oder Einsamkeit im Alter sein. In welchem Sinnbild könnte man das dankbar und versöhnt unterbringen? Die einzige Lebenswirklichkeit, die das alles umschließt, ist die Liebe, das Leiden, Sterben und Auferstehen Jesu. Wenn unsere Widersprüchlichkeit darin zur Ruhe kommt, werden die Lärmenden aus unserem Leben herausgedrängt. Bitterkeit und Trotz, Ängste und Sorgen, Neid und Eifersucht, Unmut und Enttäuschung müssen weichen. Das Laute und Aufgeregte, Gemeine und Böse, das Abgehetzte und Schreiende verwandelt sich in das sanfte Fest der Einswerdung mit Gott. Wir sind sein Gast, seine Liebe macht das Leben anders festlich und den Lebensabend sanft.

„Bleibe bei uns; denn es will Abend werden, und der Tag hat sich geneigt. Und Jesus ging hinein, bei ihnen zu bleiben. Als er mit ihnen zu Tisch saß, nahm er das Brot, dankte, brach's und gab's ihnen!“

(Lukas 24,29f)

Die ganze Wahrheit

Ein indischer Fürst rief einmal alle Blindgeborenen des Landes zusammen, um ihnen einen Elefanten zu zeigen.
Da versammelten sich nun die Menschen, die noch nie in ihrem Leben etwas hatten sehen können, und betasteten das große Tier, ein jeder gerade dort, wo er stand. Dann ging der Fürst zu den Blinden hin und fragte sie: „Habt ihr erkannt, was ein Elefant ist?“ – „Ja“, erwiderten alle. Und als er weiter fragte: „Wie ist denn der Elefant?“, da sagte einer, der das große Ohr betastet hatte: „Der Elefant ist wie eine Schaufel.“ – „Nein, der Elefant ist wie eine Schlange“, meinte ein anderer, der den Rüssel in der Hand hielt. „Wie ein Baum ist der Elefant!“, sagte der Nächste, der mit beiden Händen ein Bein des Tieres umfasste. „Wie ein Besen ist er“, sagte der, der das Schwanzende zwischen den Fingern hatte.
Und sie gerieten in einen heftigen Streit über den Elefanten. Jeder wollte recht haben, und jeder traute nur seinen eigenen Erfahrungen. Aber sie vermochten nicht, das Ganze zusammenzubringen und zu erkennen, wie ein Elefant in Wahrheit von Gestalt und Aussehen ist.

„Unter den Übermütigen ist immer Streit; aber Weisheit ist bei denen, die sich raten lassen!“

(Sprüche 13,10)

Im Verborgenen

Die schwersten Werke sind die, die niemand sieht und keiner bewundert. Die schmerzlichsten Leiden sind die, um die niemand weiß und um die uns keiner bemitleidet. Die echtesten Gebete sind die, die ganz im Verborgenen und nur um Gottes willen dargebracht werden ohne Mitbeter und Mitwisser. Die besten Opfer sind die, die kein anderer erfährt und von niemandem gewürdigt werden.
Die Werke, Leiden, Opfer und Gebete, die ein ganzes Erdenleben unbekannt und verborgen bleiben, sind die schwersten. Fallen Bewunderung und Würdigung, Mitleid und Teilnahme von Menschen aus, so fehlen die Hauptmotive für gute Werke, große Opfer, tapferes Leidtragen und innige Gebete. Ohne Anerkennung und Mitwisser sind wir im Tun und Leiden, Opfern und Beten so ganz auf Jesus angewiesen. Er sieht uns und weiß um alles. Ihm können wir unsere verborgenen Werke weihen, ihm können wir unsere einsamen Gebete anvertrauen, ihm können wir unsere heimlichen Leiden klagen und unsere unbekannten Opfer bringen. So werden wir bei allem Unerkanntbleiben in unserem Tun und Sein ganz auf Gott und sein Reich ausgerichtet. Was wir tun und leiden, beten und opfern, wird einzig für Gott und sein Reich wichtig und für uns zum Segen sein.

„Trachtet nach dem, was droben ist, nicht nach dem, was auf Erden ist. Denn ihr seid gestorben, und euer Leben ist verborgen mit Christus in Gott. Wenn aber Christus, euer Leben, sich offenbaren wird, dann werdet ihr auch offenbar werden mit ihm in Herrlichkeit!"

(Kolosser 3,2ff)

Ein scharfer, stechender Schmerz

Ein junger Mann kommt zum Arzt und klagt: „Herr Doktor, ich habe starke Kopfschmerzen, die ich einfach nicht loswerde, können Sie mir helfen?“ Der Arzt schaut den strengen, jungen Mann freundlich an und fragt ihn, ob er regelmäßig Sport treibe. „Nein, das ist doch Zeitverschwendung, ich treibe nur wesentliche Dinge!“ Der Arzt fragt ihn weiter, ob er öfter mit anderen jungen Leuten was unternehme und dabei Spaß habe. „Nein, mit solchen zweifelhaften Vergnügungen habe ich nichts im Sinn!“ – „Lachen Sie hin und wieder herzhaft und machen Sie auch mal was Schönes wie Essengehen oder Theaterbesuch?“ – „Nein“, antwortet der junge Mann, „ich bin ein ernsthafter Mensch!“ – „Sagen Sie, ist dieses Kopfweh, über das Sie klagen, ein scharfer, stechender Schmerz?“
„Ja, ein scharfer, stechender Schmerz um den ganzen Kopf herum!“ – „Ganz einfach, mein Lieber, Ihr Leiden ist, dass Ihr Heiligenschein zu stramm sitzt. Sie brauchen ihn nur etwas zu lockern, und es geht Ihnen viel besser!“

„So geh hin und iss dein Brot mit Freuden, trink deinen Wein mit gutem Mut; denn dies dein Tun hat Gott schon längst gefallen. Lass deine Kleider immer weiß sein und lass deinem Haupte Salbe nicht mangeln!“

(Prediger 9,7f)

Von Glück und Seligkeit des Lebens

„Wohl denen, die im Gesetz des Herrn wandeln!“

(Psalm 119,1)

„‚Wohl denen‘; von Glück und Seligkeit des Lebens im Gesetz Gottes wird hier geredet. Es ist Gottes Wille, dass es denen, die in seinen Geboten wandeln, wohl gehe. Es ist kein Zeichen eines starken und reifen Glaubens, wenn uns dieser Satz Verlegenheit bereitet, wenn wir sagen, Gott hat größere Dinge mit uns vor, als für unser Wohlergehen zu sorgen. Es gibt Christen, die geistlicher sein wollen als Gott selbst. Sie reden gern von Kampf, Entsagung, Leiden und Kreuz, aber es ist ihnen fast peinlich, dass die Heilige Schrift eben nicht nur davon, sondern gar nicht oft genug von dem Glück der Frommen, von dem Wohlergehen der Gerechten sprechen kann. Sie sagen dann wohl, das sei alttestamentlich und überholt. Der erste Grund ihrer Verlegenheit aber liegt darin, dass ihr Herz zu eng ist, um die ganze Freundlichkeit Gottes zu fassen, zu eng, um Gott auch in der Fülle der irdischen Gaben zu ehren, die er denen zuteil werden lässt, die in seinem Gesetz leben. Sie wollen Schulmeister der Heiligen Schrift sein und bringen sich damit um die volle Freude ihres Christenstandes und versagen Gott den schuldigen Dank für seine große Freundlichkeit.
Sollte aber Gott einem der Seinen wirklich den Kelch des Leidens um Christi willen bis zum bitteren Ende in Kreuz und Tod zu trinken geben – wessen er doch zu allen Zeiten immer nur wenige gewürdigt hat –, so hat er gewiss ihr Herz vorher so bereitet, dass gerade sie es sind, die es mit starkem Glauben in ganz neuer und vollmächtiger Weise bezeugen: ‚Wohl denen, die im Gesetz des Herrn wandeln.‘“

(Dietrich Bonhoeffer)

Wenn wir das persönliche Glücklichwerden ablehnen, nehmen wir damit auch dem Glücklichmachen seinen Sinn!

„Wohl denen, die sich an seine Mahnungen halten, die ihn von ganzem Herzen suchen, die auf seinen Wegen wandeln und kein Unrecht tun!“ (Psalm 119,2f)

Der Habicht und die Schildkröte

Der Habicht und die Schildkröte waren schon seit längerer Zeit befreundet. Eines Tages sagte der Habicht: „Es ist wirklich schlimm, dass du so klein und langsam bist. Wenn zum Beispiel meine Mutter plötzlich sterben würde, könntest du unmöglich rechtzeitig zum Leichenschmaus da sein!“ Die Schildkröte antwortete: „In diesem Leben ist der Verstand sehr viel wichtiger als die Kraft und die Größe. Sage mir Bescheid, wenn deine Mutter zu ihren Vorfahren heimkehren wird, und ich werde sogleich bei dir sein.“

Der Habicht lächelte, sagte aber nichts. Als kurz darauf seine Mutter starb, schickte er den Geier zur Schildkröte, um sie von dem Trauerfall zu unterrichten. Die Schildkröte dankte für die Botschaft und antwortete: „Fliege zum Habicht und sage ihm, ich käme bald. Komm dann noch einmal her, ich will inzwischen einige Geschenke für ihn zusammenpacken. Solltest du mich dann nicht antreffen, nimm diese Tasche mit, da wird alles drin sein.“

Der Geier flog zum Habicht und berichtete ihm, was die Schildkröte gesagt hatte. Der Habicht ließ den Kopf hängen und sagte: „Ach, die Arme kommt bestimmt nicht rechtzeitig. Wenn sie auch sagt, dass im Leben der Verstand wichtiger sei als Kraft und Größe, so weiß ich doch, dass es nur leere Worte sind. Nun möchte ich wenigstens ihre Geschenke sehen. Bringe mir also die Tasche, von der sie zu dir gesprochen hat.“

Der Geier flog wieder zur Schildkröte, fand in ihrer Höhle die Tasche und brachte sie dem Habicht. „Siehst du“, sagte der Habicht mit traurigem Lächeln, „die Schildkröte ist noch nicht da. Ich wusste, dass sie nicht rechtzeitig kommen würde.“

Er hatte noch nicht ganz ausgeredet, als die Schildkröte ihren Kopf aus der Tasche reckte und sagte: „Bist du nun überzeugt, dass der Verstand wichtiger ist als alles andere im Leben?“

(Afrikanisches Märchen)

„Es gibt Gold und viel Perlen; aber ein Mund, der Vernünftiges redet, ist ein edles Kleinod!“

(Sprüche 20,15)

Auf zum Leben

Leben ist Aufsehen auf Größeres, Höheres und Besseres. „Lasst uns aufsehen zu Jesus, dem Anfänger und Vollender des Glaubens!“

(Hebräer 12,2)

Leben ist Aufmerken die Stimme des Lebendigen, Aufmerken die Worte des guten Hirten. „Meine Schafe hören meine Stimme, und ich kenne sie, und sie folgen mir!“

(Johannes 10,27)

Leben ist Aufgehen in einer großen Berufung und Aufgabe, wie der Same zu einer Frucht. „Und einiges fiel auf gutes Land, ging auf und wuchs und brachte Frucht!“

(Markus 4,8)

Leben ist Aufstehen für die Wahrheit und gegen das Böse, das den Tod bringt. „Und Jesus sprach zu ihm: Folge mir nach! Und er stand auf und folgte ihm nach.“

(Markus 2,14)

Leben ist Aufrichten, sich und die anderen in Mutlosigkeit und Müdigkeit aufrichten. „Darum richtet wieder auf die lässigen Hände und die müden Knie!“ (vgl. Hebräer 12,12)

Leben ist Aufbauen. Jeder Mensch baut sein Leben wie ein Haus. Gut gegründet, solide aufgebaut. Aber auch Gott möchte mit uns sein Haus bauen. Jeder Mensch ist ein Stein, der trägt und getragen wird. „So hatte nun die Gemeinde Frieden und baute sich auf.“

(Apostelgeschichte 9,31)

Leben ist Aufatmen nach Hast und Gier, ohne Druck und Angst, bei Wärme und Liebe. „Die Elenden sehen es und freuen sich, und die Gott suchen, denen wird das Herz aufleben!“ (Psalm 69,33)

Auf zum Leben!

Er wartet in Liebe

Vor langer Zeit konnte man im Berliner Tiergarten an der sogenannten Luiseninsel einen Mann beobachten, der jeden Tag von 14 bis 15 Uhr dort saß und wartete. Ob im Sommer die Sonne brannte oder es Bindfäden regnete, ob es im Winter bitterkalt oder ungemütlich stürmisch war, der Mann saß über Jahrzehnte täglich um die gleiche Zeit dort und wartete.
Der Mann hatte eine Braut, die er über alles liebte. Als seine Braut die Verlobung löste und ihn verließ, schrieb er ihr einen Brief, in dem er sie bat, doch am nächsten Tag zwischen 14 und 15 Uhr an die Luiseninsel im Tiergarten zu kommen, damit sie miteinander sprechen und ihre Beziehung wieder erneuern könnten. Sie kam jedoch nicht. Vergeblich wartete der Mann und kam nun jeden Tag wieder in der Hoffnung, die Frau würde sich besinnen und eines Tages doch noch zu ihm zurückkehren.
Über dreißig Jahre Tag für Tag an derselben Stelle auf einen Menschen zu warten, der doch nicht kommen will, mag eine Torheit sein. Aber wartet nicht Jesus in seiner Liebe zu uns noch viel länger, bis wir endlich doch umkehren und seine Brautgemeinde werden? Mit unendlicher Liebe wartet Jesus auf Menschen, um sie mit seiner Liebe glücklich zu machen, auch wenn sie nicht wollen. Sind wir schon über dreißig Jahre alt, und Jesus wartet noch immer auf uns?

„Denn wie ein Mann eine Frau freit, so wird dich dein Erbauer freien, und wie sich ein Bräutigam freut über die Braut, so wird sich dein Gott über dich freuen!“

(Jesaja 62,5)

Warten und Handeln

Das halbe Leben ist Warten. Wartezimmer beim Arzt, Wartesaal auf dem Bahnhof, Warteräume in den Behörden, Warten an der Kasse, Warten vor der Ampel, Warten auf Besserung und Beförderung. Das halbe Leben ist Warten. Und in der Tat lässt sich vieles nicht erzwingen, man kann es nur erwartend empfangen. Leben, Zeit, Liebe, Versöhnung und Hoffnung kann man nicht machen, kaufen, erzwingen oder fordern, nur bescheiden erbitten, erwarten und empfangen. Rainer Maria Rilke hat diese Erwartung des Lebens so beschrieben: „Und du wartest, erwartest das Eine, das dein Leben unendlich vermehrt; das Mächtige, Ungemeine, das Erwachen der Steine, Tiefen, dir zugekehrt."
Und was ist die andere Hälfte des Lebens? Tun und Handeln, Wirken und Beginnen sind die andere Seite. Sie gehören zusammen, auch im Glauben und Warten auf Gottes Fügungen und Führungen. So spricht es der jüdische Humor aus: Grün, ein frommer Jude, bittet Gott täglich: „Herr, ach Herr, gib mir doch einmal einen Hauptgewinn in der Lotterie!" Wochen und Monate bittet er so und wartet. Schließlich antwortet ihm Gott: „Grün, ach Grün, gib mir eine Chance und kauf dir endlich ein Los!"
So ist es mit dem Leben. Wir warten, weil wir das Glück nicht zwingen und Gottes Erfüllung nicht herbeiführen können. Aber wir warten auch, indem wir handeln und die besten Voraussetzungen für Lebenserfüllung schaffen. So gebrauchen wir das Wort Warten auch im Sinn der Pflege und Bereithaltung. Fahrzeuge und Flugzeuge werden gewartet. Menschen gehen zur Vorsorgeuntersuchung und warten ihren Körper. So ist unser Leben ein doppeltes Warten, ein demütiges Von-Gott-Erwarten und ein aktives und verantwortliches Handeln für Gott. Wir warten auf Gott und eilen ihm auch entgegen.

„Es wird aber des Herrn Tag kommen. Wie müsst ihr dann dastehen in heiligem Wandel und frommem Wesen, die ihr das Kommen des Tages Gottes erwartet und erstrebt!"

(2. Petrus 3,10ff)

Viele Teile sind ein Ganzes

Sechs Freunde gingen aufs Feld, um zu jagen. Der eine hieß Nase, der andere Ohr, der dritte Auge. Und da waren noch die Freunde Hand, Fuß und Magen. Diese sechs gingen zur Jagd; denn sie waren sehr hungrig.
Plötzlich rief der Freund Ohr: „Halt, ich habe etwas gehört, es kommt aus der Richtung des großen Baumes.“ Die Freunde hielten inne, aber Freund Auge sagte: „Ich kann nichts sehen, es ist noch zu dunkel.“ Leise gingen die sechs Freunde weiter. Da rief Freund Nase: „Es muss aus dieser Richtung kommen. Ich kann es riechen.“ Und vorsichtig trug Freund Fuß die Gruppe in die bezeichnete Richtung. „Still“, flüsterte das Auge, „ich kann etwas sehen“, und gleich blieb Freund Fuß stehen, und Freund Hand umfasste fest den Speer und wartete auf genauere Anweisungen. Diese gab Freund Auge, und schnell reagierte Freund Hand mit einem geschickten Wurf. Er hatte Erfolg. Nun konnten die Freunde sich sättigen.
Aber ganz plötzlich entstand ein großer Streit zwischen den Freunden. Wer hatte denn nun das Besitzrecht über diese Beute? Wer konnte nun bestimmen, wer und was die Einzelnen von der Mahlzeit abbekommen sollten?
„Ich war der Erste“, sagte Freund Ohr und forderte dieses Recht für sich. „Nein“, ich habe das Recht, sagte die Nase, „denn du hast nicht die Feinorientierung gehabt wie ich, ohne meine feine Witterung hätte das Auge nichts wahrgenommen.“ Und so ging der Streit weiter; denn auch Freund Fuß und Freund Auge und nicht zuletzt Freund Hand forderten jeder für sich das Erstrecht auf Bestimmung.
Schließlich fielen sie alle erschöpft zu Boden; denn sie konnten sich nicht einigen, und ihre Kräfte hatten sie verlassen.
Da sagte Freund Magen: „Ich mache euch einen Vorschlag: Gebt mir die Beute, ich will sie essen, und ich verspreche euch, es soll euch bald wieder besser gehen.“ Die Freunde waren so schwach, dass sie diesem Vorschlag nicht widersprechen konnten, und so verzehrte der Magen die ganze schöne Beute. Aber seine Freunde spürten bald, wie mit jedem Happen, den der Magen verzehrte, die Kräfte in sie zurückkehrten.

(Eine Geschichte aus dem Zaire)

„Denn wie der Leib einer ist und doch viele Glieder hat, alle Glieder des Leibes aber, obwohl sie viele sind, doch ein Leib sind: so auch Christus! Und wenn ein Glied leidet, so leiden alle Glieder mit, und wenn ein Glied geehrt wird, so freuen sich alle Glieder mit!"

(1. Korinther 12,12.26)

Die flüchtige Zeit

Ich dachte manchmal schon: du liebe Zeit,
wohin bist du so unbemerkt entschwunden?
Gefiel's dir nicht bei uns, warst du es leid
und drehst nun anderswo schon deine Runden?

Wir brauchen dich, glaub' mir und sei gescheit.
Du siehst doch, wie wir hasten und uns eilen,
wie jeder klagt: ich habe keine Zeit.
Und keiner kann noch irgendwo verweilen.

Das seh' ich, sagst du, ich wär' schon bereit
und bliebe gern, doch hör' ich immer sagen:
verkürzen wir sie uns, die lange Zeit,
die Langeweile lässt sich schwer ertragen!

Ich geh, ich will nicht lästig sein. Ihr seid
sehr schnell geneigt, mich zu vertreiben,
mich totzuschlagen gar bereit. – Verzeiht,
am Leben möcht' man schließlich bleiben!

(Lothar Zenetti)

Du liebe Zeit, sagen wir. Aber wir verkürzen sie uns, dann vertreiben wir sie wie eine lästige Fliege, und schließlich schlagen wir sie tot wie eine Feindin. Und am Ende trauern wir ihr nach, wenn sie vergangen ist.

„So seht nun sorgfältig darauf, wie ihr euer Leben führt, nicht als Unweise, sondern als Weise, und kauft die Zeit aus; denn es ist böse Zeit!“

(Epheser 5,15f)

Behütet werden ist besser, als seine Schätze hüten

Der König Artabon schickte einst dem Rabbi Jehuda ein Geschenk einen kostbaren Edelstein –, und er bat ihn, er möge sich dafür revanchieren und ihm auch ein Geschenk senden, das der Rabbi für teuer hält.

Da schickte ihm der Rabbi eine Mesusa. Das ist eine auf Pergament geschriebene heilige Inschrift, die in einem Behälter gerollt auf dem Türpfosten befestigt wird.

Der König wunderte sich darüber sehr und fragte ihn: „Wie ist das möglich? Ich habe dir doch einen teuren Edelstein geschickt, desgleichen man nirgends finden kann. Du aber hast mir etwas geschickt, das nichts wert ist."

Da antwortete ihm der Rabbi: „Mein Geschenk und dein Geschenk lassen sich nicht vergleichen. Du hast mir ein Geschenk geschickt, das ich gut behüten muss, dagegen habe ich dir ein Geschenk geschickt, das dich behüten wird."

(Ein jüdisches Märchen)

„Der Herr segne dich und behüte dich; der Herr lasse sein Angesicht leuchten über dir und sei dir gnädig; der Herr hebe sein Angesicht über dich und gebe dir Frieden!"

(4. Mose 6,24ff)

Gott ist uns näher, als wir denken

Ein alter, frommer Mann wohnte in einem Haus nahe am Flussufer. Nach tagelangen Regenfällen trat der Fluss gefährlich über seine Ufer. Ein Rettungsfahrzeug des Technischen Hilfswerkes kam vorbei, um die Bewohner zu retten. „Kommen Sie“, riefen die Helfer dem Mann zu. „Ich brauche eure Hilfe nicht“, antwortete der Mann, „Gott wird mich schon retten, ich vertraue auf ihn allein!“ Das Fahrzeug fuhr weg, und die Wasser stiegen. Schließlich saß der Mann im ersten Stock seines Hauses, und das Erdgeschoß war schon voll Wasser gelaufen. Da kam ein Motorboot vorbei, um den Mann zu bergen. „Ich brauche eure neumodischen Boote nicht!“, rief der Mann den Helfern zu, „ich verlasse mich ganz und gar auf Gott, der wird mir helfen!“ Das Boot fuhr davon, und das Wasser stieg weiter. So kroch der Mann auf das Dach und saß auf dem First. Da kam ein Hubschrauber und ließ einen Helfer mit einem Rettungsgurt herab. „Schnell, hängen Sie sich ein, wir bringen Sie in Sicherheit!“ Doch der Mann wollte von dem Teufelszeug von Hubschrauber nichts wissen. Der Hubschrauber flog davon, und das Haus stürzte ein. Der Mann ertrank in den reißenden Fluten. Und als er vor Gottes Thron stand, sagte er zu Gott: „Du hast meinen Glauben schlecht belohnt. Ich habe mich ganz auf dich verlassen, aber ich habe vergeblich auf deine Rettung gewartet!“ Da antwortete ihm der Herr: „Du Narr, erst habe ich dir das Technische Hilfswerk geschickt, dann ein Motorboot und schließlich noch einen Hubschrauber, um dich aus deiner misslichen Lage zu befreien. Aber du Ungehorsamer wolltest dich ja nicht retten lassen!“

„Einen jeglichen dünken seine Wege rein; aber der Herr prüft die Geister!“

(Sprüche 16,2)

Auf die Goldwaage legen

Unrat und Schmutz, Erdendreck und Menschenabfall legt man nicht auf die Goldwaage. Nur feines, leuchtendes Gold gehört dorthin. Grobes Wesen und brutale Gewalt kann man nicht mit der Goldwaage wiegen. Nur Worte der Liebe und das Gold der Wahrheit werden damit gewogen.
Die Liebe Jesu, seine Worte voller Barmherzigkeit, sein Gold der Wahrheit sind die beste Goldwaage, wonach alles abzuwiegen ist. An seiner Liebe zu uns misst sich das Leben und seine Erfüllung, die Menschen und ihre Würde, die Arbeit und ihre Frucht, die Leiden und ihre Reifungen, das Sterben und seine Vollendung, das Gericht und unsere Freisprechung.

„Du sprichst: Ich bin reich und habe genug und brauche nichts! und weißt nicht, dass du elend und jämmerlich bist, arm, blind und bloß. Ich rate dir, dass du Gold von mir kaufst, das im Feuer geläutert ist, damit du reich werdest!“

(Offenbarung 3,17f)

Mein Ansehen

Mein Ansehen ist, dass Gott mich in Liebe ansieht!
„Herr, dein Sehen ist Lieben. Und wie dein Blick so aufmerksam zu mir hinsieht, dass er sich niemals von mir wendet, so auch deine Liebe. Und weil deine Liebe immer mit mir ist, so bist du selbst immer mit mir und verlässt mich nicht, auch nicht in der größten Gefahr.
Von allen Seiten her beschützt du mich, weil du größte Sorgfalt für mich trägst. Dein Sein verlässt das meine nicht. Ich bin ja nur, soweit du bei mir bist. Und weil dein Sehen dein Sein ist, bin ich also, weil du mich ansiehst. Wendetest du dein Antlitz von mir ab, wie könnte ich weiter bestehen?
Du wirst mich niemals verlassen können, solange ich für dich empfänglich bin. Also ist es meine Sache, wie sehr ich nur vermag, immer empfänglicher für dich zu werden.
Du hast mir das Sein gegeben, Herr, und zwar ein solches, das sich durch deine Gnade für deine Gnade und Güte immer empfänglicher machen kann.“

(Nikolaus von Kues)

„Und nun spricht der Herr, der dich geschaffen hat ...: Weil du in meinen Augen so wertgeachtet und auch herrlich bist, habe ich dich lieb!“

(Jesaja 43,1.4)

Ein Haus voller aufgeblasener Ballons

„Meine Frau weiß, wann etwas mit mir nicht stimmt. Manchmal nimmt sie mich nach einer Predigt beiseite und sagt: ‚Heute warst du ziemlich laut, und du hast zu viel geredet. Lass uns darüber beten!‘ Manchmal kann ich Gott dafür danken, und ich werde innerlich geheilt. Ein anderes Mal ärgert es mich, und ich sage mir: Bin ich nicht der Herr im Haus? Dann blase ich mich auf, bis ich nichts bin als ein Ballon voller Luft, je größer, desto besser, und jeder müsste mir die Füße küssen. Ich nörgle an den Kindern herum, und die blasen sich auf zu Ballons, bis das ganze Haus mit aufgeblasenen Ballons angefüllt ist. Wenn ich dann am Abend in diesem Zustand meine Bibel zur Hand nehme und die Familie zur Hausandacht zusammenrufe, sind meine Kinder widerborstig und meine Frau, die Ärmste, mittlerweile auch ein Ballon. Ich bin natürlich der Meinung, ein bisschen Pieksen mit dem Schwert des Wortes Gottes würde bei ihr die Luft schon zum Entweichen bringen. Der Heilige Geist weiß es jedoch besser und beginnt bei mir. Wenn da erst einmal die Luft raus ist und ich um Vergebung bitte, folgt die übrige Familie bald nach, und wir können wieder normal miteinander umgehen.“

(Festo Kivengere)

„Tut nichts aus Eigennutz oder um eitler Ehre willen, sondern in Demut achte einer den andern höher als sich selbst, und ein jeder sehe nicht auf das Seine, sondern auch auf das, was dem andern dient!“

(Philipper 2,3f)

In der Liebe ist jeder ein Geheimnis

Ich lege meine Hand auf deine.
Deine Augen ruhen
einen erträglichen Moment
in meinen aus.
Meine Sätze fügen sich
nahtlos an deine,
und deine ergänzen,
was ich vergessen habe.

Wir gehen gemeinsam
in die Stille ein,
die wir unserer Liebe erlauben.
Wir stehen auf
und auferstehen in der Begeisterung
für die Entschiedenheit,
die wir versuchen zu leben.

Wir ehren die Grenze,
die den Freiraum umrandet,
den wir unseren Seelen schulden.
Ich übe es, auszuhalten,
dass du ein Geheimnis bist
und dass ich in deiner Gegenwart
manchmal ebenso eines werde.

(Ulrich Schaffer)

„Lege mich wie ein Siegel auf dein Herz, wie ein Siegel auf deinen Arm. Denn Liebe ist stark wie der Tod und Leidenschaft unwiderstehlich wie das Totenreich. Ihre Glut ist feurig und eine Flamme des Herrn!“

(Hoheslied 8,6)

Die an dich glauben

Wir sind in so viel Ängsten
und siehe – wir leben

Die an dich glauben
die gehen durch Wüsten
finden das Manna das Wasser im Felsen

Die an dich glauben
die gehen durch Wasser
trockenen Fußes durch reißende Flüsse

Die an dich glauben
die gehn durch die Mauern
gehn wie im Traum durch verschlossene Türen

Die an dich glauben
die gehen durch Flammen
lebende Fackeln die doch nicht verbrennen

Die an dich glauben
die gehen durch das Dunkel
scheinen zu sterben und siehe sie leben

Wir sind in so viel Ängsten
Und siehe – leben

(Lothar Zenetti)

„Kommt her und sehet an die Werke Gottes, der so wunderbar ist in seinem Tun an den Menschenkindern. Er verwandelte das Meer in trockenes Land, sie konnten zu Fuß durch den Strom gehen. Darum freuen wir uns seiner. Denn, Gott, du hast uns geprüft und geläutert, wir sind in Feuer und Wasser geraten. Aber du hast uns herausgeführt und uns erquickt!“

(Psalm 66.5f.10.12)

Unerwartetes Wunder

Auf einer Inspektionsreise durch den Schulsprengel verbrachten Festo und Lilian das Wochenende im Dorf Nyakageme. Festo hielt den Gottesdienst für etwa 25 Gemeindemitglieder. Ein allen bekannter, vierzigjähriger behinderter Mann kam hereingekrochen und begann während Festos Predigt zu weinen: „Ich möchte den Herrn annehmen." – „Nun", sagte einer der Kirchenältesten, „dann steh auf und nimm ihn an!" Der Behinderte stand auf und war geheilt. Alle waren überrascht, am meisten derjenige, der das Aufstehen befohlen hatte. Festo und Lilian nahmen den Geheilten ein Stück im Auto mit und sahen ihm nach, wie er im Busch verschwand. „Es war ein Wunder wie im Neuen Testament", sagte Festo. „Wir freuten uns, nicht nur über seine geheilten Beine, denn eines Tages würde er dennoch sterben müssen, sondern über das Wunder seines neuen Lebens, das größte Wunder überhaupt."

(Anne Coomes in der Biografie von Festo Kivengere)

„Jesus spricht zu ihm: Steh auf, nimm dein Bett und geh hin! Und sogleich wurde der Mensch gesund und nahm sein Bett und ging hin."

(Johannes 5,8f)

Vergiß die Freude nicht!

„Ich freue mich des Lebens, ich suche keine Dornen, hasche die kleineren Freuden. Sind die Türen niedrig, so bücke ich mich. Kann ich den Stein aus dem Weg räumen, so tue ich es. Ist er zu schwer, so gehe ich um ihn herum. Und so finde ich alle Tage etwas, das mich freut. Und der Schlussstein, der Glaube an Gott, der macht mein Herz froh und mein Angesicht fröhlich!“

(Catharina Elisabeth Goethe)

„Ich habe den Herrn allezeit vor Augen; steht er mir zur Rechten, so werde ich festbleiben. Darum freut sich mein Herz, und meine Seele ist fröhlich; auch mein Leib wird sicher liegen.“

(Psalm16,8f)

Heute

Ein Hindu hatte schon lange die Predigt des Evangeliums gehört und erklärte öfter, es sei alles wahr. Aber er konnte sich nicht dazu entschließen, Christ zu werden. „Ich muss es mir ordentlich überlegen", sagte er, „es eilt ja nicht."
Da wurde er krank. Nun ließ er sofort den Missionar zu sich bitten, der sich auch auf die ärztliche Kunst verstand.
Der Missionar kam, betete für ihn und ließ ihm dann eine Flasche Medizin bringen. Darauf stand: „Ein Esslöffel voll heute übers Jahr einzunehmen."
Der kranke Hindu war erstaunt, und sofort schickte er einen Boten zum Missionar mit dem Bescheid, er müsse eine Medizin haben, die er sogleich einnehmen könne. Nun kam eine Flasche mit der Aufschrift: „Heute in einem Monat einzunehmen."
Der Kranke wurde ärgerlich. „Ich kann doch nicht einen ganzen Monat warten!" schimpfte er. „Wer weiß, ob ich nicht vorher sterbe. Geh noch einmal zum Missionar", befahl er dem Boten, „und sage ihm, er möge noch einmal zu mir kommen."
Der Diener kehrte zurück mit der Nachricht: „Morgen will der Missionar dich noch einmal untersuchen."
„Nein", rief da der Hindu, „was hilft es mir, wenn er morgen kommt, ich aber heute sterbe!"
Noch während er so sprach, trat der Missionar in das Krankenzimmer, flößte dem verärgerten und verängstigten Kranken die heilsame Medizin ein und sagte mild: „Mein Freund Rao, warum konntest du nicht warten, als es um dein irdisches Leben ging? Da war keine Zeit mehr, nicht ein Jahr, nicht ein Monat, nicht einmal ein Tag, sondern da musste es heute sein. Aber wenn es sich um das Heil deiner kranken Seele handelt, dann willst du warten und immer wieder warten?"

„Heute, wenn ihr seine Stimme hören werdet, so verstockt eure Herzen nicht!"

(Hebräer 4,7)

Vertrauen

Erscheinen meines Gottes Wege
mir seltsam, rätselhaft und schwer,
und gehn die Wünsche, die ich hege,
still unter in dem Sorgenheer:
will trüb und schwer der Tag verrinnen,
der mir nur Qual und Schmerz gebracht,
dann will ich mich auf eins besinnen,
dass Gott nie einen Fehler macht!

Wenn über ungelösten Fragen
mein Herz verzweiflungsvoll erbebt,
an Gottes Liebe will verzagen,
weil sich der Unverstand erhebt,
dann darf ich all mein müdes Sehnen
in Gottes Rechte legen sacht
und alsdann sprechen unter Tränen,
dass Gott nie einen Fehler macht!

Drum still, mein Herz, und lass vergehen,
was irdisch und vergänglich heißt!
Im Lichte droben wirst du sehen,
dass gut die Wege, die er weist.
Und müsstest du dein Liebstes missen,
ja ging's durch kalte, finstre Nacht,
halt fest an diesem starken Wissen,
dass Gott nie einen Fehler macht!

(Von einem in Stalingrad gefallenen Soldaten)

„Er heilt, die zerbrochenen Herzens sind, und verbindet ihre Wunden. Er zählt die Sterne und nennt sie alle mit Namen. Unser Herr ist groß und von großer Kraft, und unbegreiflich ist, wie er regiert!“
(Psalm 147,3ff)

Täuschung und Enttäuschung

Menschen suchen Lust und finden Frust. Sie sind auf Erfüllung aus und kommen in Enttäuschung um. Enttäuschung ist die Enttarnung einer Täuschung. Wenn wir falsche Bilder vom Leben, von Gott und der Welt, von uns und anderen, von der Ehe und der Arbeit haben, werden wir immer in die Enttäuschung geraten. Aber darin liegt die Möglichkeit, nach der Wirklichkeit zu fragen. Wer ist Gott wirklich, wer sind die anderen, und wer bin ich selbst?
Worin liegt der Sinn der Ehe und die Bedeutung der Arbeit?
Wenn ich z. B. weiß, dass kein anderer Mensch die Erfüllung meines Lebens geben, keine Arbeit der Welt mich letztlich rechtfertigen kann, dass kein Umstand, keine äußere Situation den inneren Frieden bewirken kann, vermag ich Täuschungen zu durchschauen, Enttäuschungen zu vermeiden und mich zur Wirklichkeit hindurchzutasten. Oft zeigen uns erst Enttäuschungen das wahre Gesicht Gottes, der Menschen und Dinge, der Beziehungen und Anstrengungen. Warum war Jesus nie enttäuscht, auch nicht über seine Jünger, die ihn missverstanden, verraten und verleugnet haben? Er hat sich über sie nicht getäuscht! Denn Jesus wusste um den wirklichen Menschen und seine Begrenztheit im geschöpflichen und durch die Sünde beschädigten Leben.

„Aber Jesus vertraute sich ihnen nicht an, denn er kannte sie alle und bedurfte nicht, dass ihm jemand Zeugnis gab vom Menschen; denn er wusste, was im Menschen war!“

(Johannes 2,24f)

Und ist gefunden worden

„Die Suche nach uns selbst und nach dem Ort, wo wir zu Hause sind, gestaltet sich deshalb so schwierig, weil wir letztlich nicht auf das Finden aus sind – sondern auf das Gefunden-Werden.
Zutiefst ahnen wir, dass wir uns selbst nur finden können, wenn wir von einem Gegenüber gefunden werden.
Entsprechend erkennen wir uns, wenn wir zum Glauben finden, wie selbstverständlich als jemanden, der von Gott gesucht und gefunden wurde!“

(Hans-Joachim Eckstein)

„Dieser mein Sohn war tot und ist wieder lebendig geworden; er war verloren und ist gefunden worden. Und sie fingen an, fröhlich zu sein!“

(Lukas 15,24)

Anfangen zu leben

Der Maler Domenico Feti (1589–1623) hatte in seinem Atelier in Düsseldorf ein fast fertiges Altarbild mit der Kreuzigung Jesu stehen, als er eine junge Zigeunerin mit ihren schwarzen Haaren, der braunen Haut und einem roten Kleid als Tänzerin malte. Dreimal die Woche kam Pepita und stand dem Maler Modell. Da sah sie das Kreuzigungsbild, und betroffen fragte sie den Meister, wer da so gequält leiden müsste. Domenico Feti erzählte dem Mädchen mehr widerwillig die ganze Geschichte von der Liebe Jesu zu den Menschen, mit der der Gekreuzigte die Schuld und Verlorenheit der Welt trug.
Als der Maler das Bild mit der spanischen Tänzerin vollendet hatte, bezahlte er das Zigeunermädchen. Pepita schaute noch einmal auf das Kreuzigungsbild, dann auf den Künstler und sagte: „Meister, Ihr liebt ihn doch sehr, weil er das alles für Euch getan hat?“ Domenico Feti schämte sich. Daran hatte er noch nie gedacht. Aber nun wurde er die Frage nicht mehr los. „Ihr liebt ihn doch sehr?“ Er kam nicht mehr zur Ruhe, konnte kaum noch arbeiten und suchte nach einer Antwort. Schließlich ging er in eine christliche Versammlung, lieh sich ein Neues Testament und kam zum lebendigen Glauben an Jesus. Nun malte er noch einmal ein Kreuzigungsbild aus Liebe zu Jesus. Das Bild sollte die unendliche Liebe Jesu verkündigen und den Betrachter zu einer Antwort herausfordern. Darum schrieb er unter das Bild die Worte: „Das tat ich für dich – was tust du für mich?“ Er wollte das Bild nicht verkaufen und schenkte es der Stadt Düsseldorf. Dort in der Galerie hat es unzähligen Menschen die Liebe Jesu vor Augen gemalt.
Etwa hundert Jahre später fuhr ein junger Graf nach Paris, und während seine Kutschpferde gefüttert wurden, besuchte der fröhliche und bildungshungrige Graf die Galerie. Lange stand er schließlich vor dem Kreuzigungsbild von Domenico Feti und wurde die Frage nicht mehr los: „Das tat ich für dich – was tust du für mich?“ Die Liebe Christi ergriff ihn so nachhaltig, dass er von dort an sein Leben, seinen Adel, sein Vermögen und sein Wissen Christus weihte, der das Leben für ihn am Kreuz gab. Es war Nikolaus Ludwig Graf von Zinzendorf.

Das Bild von Domenico Feti hängt heute in der alten Pinakothek in München, und noch immer fragt uns der leidende Christus: „Das tat ich für dich – was tust du für mich?“

„Ich will mich aufmachen und zu meinem Vater gehen und zu ihm sagen: Vater, ich habe gesündigt gegen den Himmel und vor dir. Ich bin hinfort nicht mehr wert, dass ich dein Sohn heiße. Und er machte sich auf und kam zu seinem Vater. Als er aber noch weit entfernt war, sah ihn sein Vater, und es jammerte ihn; er lief und fiel ihm um den Hals und küsste ihn.“

(Lukas 15,18ff)

Lassen und Gelassen

Ein Chinese ('s sind nun schon an zweihundert Jahr)
In Frankreich auf einem Hofball war.
Und die einen fragen ihn: ob er das kenne?
Und die andern fragen ihn: wie man es nenne?
„Wir nennen es tanzen“, sprach er mit Lachen,
„Aber wir lassen es andere machen.“

Und dieses Wort, seit langer Frist,
Mir immer in Erinnerung ist.
Ich seh das Rennen, ich seh das Jagen,
Und wenn mich die Menschen umdrängen und fragen:
„Was tust du nicht mit? Warum stehst du beiseit?“
So sag ich: „Alles hat seine Zeit.
Auch die Jagd nach dem Glück. All derlei Sachen,
Ich lasse sie längst durch andere machen.“

(Theodor Fontane)

„Ich sah an alles Tun, das unter der Sonne geschieht, und siehe, es war alles eitel und Haschen nach Wind.“

(Prediger 1,14)

Bei Gott ist alles gut!

Rabbi Akiba pflegte stets zu sagen: „Alles, was der Allbarmherzige tut, tut er zum Guten."
So befand sich Rabbi Akiba einst auf einer Reise, und als er in eine Stadt kam und um Beherbergung bat, gewährte man sie ihm nicht. Da sprach er: „Alles, was der Barmherzige tut, tut er zum Guten." Hierauf ging er und übernachtete auf dem Felde. Er hatte bei sich eine Kerze, einen Hahn und einen Esel. Da kam ein Wind und löschte die Kerze aus. Dann kam eine Katze und fraß den Hahn, und endlich kam ein Löwe und fraß den Esel. Da sprach er wiederum: „Alles, was der Allbarmherzige tut, tut er zum Guten."
In derselben Nacht kam eine Truppe Räuber, plünderte und nahm die Leute der Stadt gefangen. Den Rabbi Akiba konnten sie aber nicht sehen, weil er sich im Finstern befand, der Hahn nicht krähte und der Esel nicht schrie. Da sprach Rabbi Akiba: „Habe ich nicht gesagt, dass alles, was der Heilige, gepriesen sei er, tut, zum Guten sei?!"

(Ein jüdisches Märchen)

„Gutes und Barmherzigkeit werden mir folgen mein Leben lang, und ich werde bleiben im Hause des Herrn immerdar!"

(Psalm 23,6)

Schlechte Freunde

An einem heißen Augusttag hatte der Fuchs großen Durst. Da kam er zu einem Ziehbrunnen, sprang in einen Wassereimer und verschwand unten im Brunnen. Er trank und trank, dann aber sagte er sich plötzlich: „Oh, ich Narr, wenn jetzt der Bauer kommt, verprügelt er mich nach Noten."
Er dachte nach und dachte nach, er war nämlich ein großer Schlaumeier und Schelm. „Den ersten Esel, der hier vorbeikommt, den überred ich, in den anderen Eimer zu springen. So kommt er hinunter, und ich geh hinauf."
Bald darauf kam der Wolf vorbei. Da rief der Fuchs von unten: „He Freund, ich bin in den Brunnen gestiegen, um zu trinken, jetzt bin ich hier ganz allein. Komm doch auch runter, dann leisten wir uns Gesellschaft. Hier unten ist es schön kühl. Es ist einem richtig wohl!"
„Aber wie komm ich denn runter?", fragte der Wolf.
„Schau, dort ist ein Eimer, spring hinein und komm zu mir runter."
Der arme Wolf – er war schon immer naiv gewesen – sprang in den Eimer, und während er in den Brunnen hinunterfuhr, fuhr der Fuchs hinauf. Als der Wolf allein unten saß, fragte er: „Was soll ich jetzt hier?"
Der Fuchs antwortete: „Schau selbst, wie du zurechtkommst. Ich bin frei. Mir ist jetzt kühl genug, bleib du jetzt dort!"
Der arme Wolf hat begriffen, dass man sich auf schlechte Freunde nie verlassen soll.

(Tessiner Märchen)

„Ein Freund täuscht den andern, sie reden kein wahres Wort; sie haben sich daran gewöhnt, dass einer den andern betrügt."

(Jeremia 9,4)

„Niemand hat größere Liebe als die, dass er sein Leben lässt für seine Freunde. Ihr seid meine Freunde, wenn ihr tut, was ich euch gebiete!"

(Johannes 15,13f)

Eine Kette von Gold

„Das Gebet ist eine Kette von Gold, welche die Welt umschlingt und am Fuße Gottes endet!“

(Alfred Tennyson)

„Das Gebet ist die Wurzel tausendfacher Segnungen. Die Macht des Gebetes hat Feuer aufgehalten, Löwenrachen verstopft, Kriege beendigt, Elemente beschwichtigt, Dämonen ausgetrieben, Todesketten gesprengt, die Tür des Himmels geöffnet, Krankheiten geheilt, Städte vor der Zerstörung bewahrt … Das Gebet ist eine unerschöpfliche Schatzkammer, ein bodenloses Bergwerk, ein reiner und wolkenloser Himmel. Es ist die Wurzel, die Quelle, der Hintergrund Tausender und abertausender Segnungen!“

(Chrysostomus)

„Durch Gebet weicht der Staub von der Seele und die Last vom Gewissen und die Angst aus dem Herzen, der Mensch wird frei, die Fesseln fallen zu seinen Füßen nieder. Gebet ist der persönliche Zusammenschluss mit dem Erlöser!“

(Hermann Bezzel)

„Hätte ich früher erkannt, wie ich das jetzt weiß, dass der winzige Palast meiner Seele einen so großen König beherbergt, dann hätte ich ihn nicht so häufig darin allein gelassen!“

(Teresa von Avila)

„Betet allezeit mit Bitten und Flehen im Geist und wacht dazu mit aller Beharrlichkeit im Gebet für alle Heiligen!“

(Epheser 6,18)

Wie soll man das Unsagbare sagen?

Die Juden in einer kleinen Stadt in Russland warteten sehnsüchtig auf die Ankunft ihres Rabbi. Sie hatten so viele Fragen, die sie dem gelehrten Mann stellen wollten. Als er schließlich bei ihnen eintraf und sie im Lehrhaus der Stadt zusammen waren, konnte der Rabbi die Spannung spüren, in der die Leute auf seine Antworten warteten. Zuerst sagte er nichts, er schaute den fragenden Menschen in die Augen, summte eine schwermütige Melodie. Langsam fielen alle Menschen ein und summten mit. Dann begann der Rabbi zu singen, und alle sangen mit ihm. Dann wiegte er seinen Körper, und schließlich tanzte er mit feierlichen Schritten. Die Gemeinde folgte seinem Beispiel. Bald waren sie so vom Singen und gottesdienstlichen Tanz gefangen, dass sie auf nichts mehr achteten. Die Spannung wich einer wunderbaren Erlösung. Die Menschen wurden innen angerührt und von ihrer Zerrissenheit geheilt. Die vielen Fragen kamen zur Ruhe. Gut eine Stunde war vergangen, als das Singen und Tanzen langsam aufhörte. Die Menschen tauchten in einen schweigenden Frieden ein, der den ganzen Raum und ihre Herzen erfüllte. Dann sagte der Rabbi die einzigen Worte an dem Abend: „Ich hoffe, dass eure vielen Fragen beantwortet sind!“

(Eine chassidische Geschichte)

„Gott aber sei Dank für seine unaussprechliche Gabe!“

(2. Korinther 9,15)

Segen sei mit dir …

… der Segen strahlenden Lichtes, Licht um dich her und innen in deinem Herzen. Sonnenschein leuchte dir und erwärme dein Herz, bis es zu glühen beginnt wie ein großes Torffeuer – und der Fremde tritt näher, um sich daran zu wärmen.
Aus deinen Augen strahle gesegnetes Licht, wie zwei Kerzen in den Fenstern eines Hauses, die den Wanderer locken, Schutz zu suchen dort drinnen vor der stürmischen Nacht.
Wen du auch triffst, wenn du über die Straße gehst – ein freundlicher Blick von dir möge ihn treffen.
Und der gesegnete Regen, der köstliche, sanfte Regen ströme auf dich herab. Die kleinen Blumen mögen zu blühen beginnen und ihren köstlichen Duft ausbreiten, wo immer du gehst.
Der Segen der Erde, der guten, der reichen Erde sei für dich da.
Weich sei die Erde dir, wenn du auf ihr ruhst, müde am Ende des Tages, und leicht ruhe die Erde auf dir am Ende des Lebens, dass du sie schnell abschütteln kannst – und auf und davon auf deinem Wege zu Gott.

(Alter irischer Segenswunsch)

„Das Land gibt sein Gewächs; es segne uns Gott, unser Gott! Es segne uns Gott, und alle Welt fürchte ihn!“

(Psalm 67,7f)

Wie man auf den Hund kommen kann

Zwei Straßenhunde haben einem geistig behinderten Jungen das Leben gerettet. Der zehnjährige Josh Carlisle hatte sich in den Wäldern seines Wohnortes Cassville im US-Staat Missouri verlaufen. Drei Tage lang fehlte von ihm jede Spur. Wegen der grimmigen Kälte von minus 16 Grad machten sich die Eltern große Sorgen. Hunderte von Freiwilligen beteiligten sich an der Suche nach dem Jungen. Schließlich fand ein Reiter den Jungen in einem Bachbett, nachdem er durch Hundegebell auf den Ort aufmerksam geworden war. Die beiden Hunde hatten Josh dort im Bachbett mit ihrer Körperwärme vor der eisigen Kälte geschützt und dann die Helfer durch ihr Gebell auf den Jungen aufmerksam gemacht. Einer der Hunde rannte noch eine Weile hinter dem Krankenwagen her, in dem der Junge abgeholt wurde. Seitdem sind die beiden Tiere nicht mehr gesehen worden. Für die Eltern steht fest, dass die Hunde ihrem Jungen das Leben gerettet haben. „Und wir danken Gott, dass er unsere Gebete erhört hat!“, sagte Joshs Mutter. –
Beim Ausführen des Hundes kam die Japanerin Frau Ishikawa immer an einer Kirche vorbei. Eines Tages begann der Hund direkt vor der Kirche wild an der Leine zu zerren. Bei jeder Runde hatte Frau Ishikawa ihren Kampf mit dem guten Tier, das eindeutig in die Kirche hineinwollte. Eines Tages stand die Tür offen, und der große, starke Hund war nicht mehr unter Kontrolle zu halten. Er zog Frau Ishikawa hinter sich her in die Kirche hinein, wo sie der Frau des Pastors begegnete. Sicher eine peinliche Situation, aber es entstand ein gutes Gespräch, und Frau Ishikawa ließ sich einladen, besuchte die Veranstaltungen und wurde Christin. Heute ist sie Mitglied der Gemeinde. Das Merkwürdige an dieser Geschichte ist: seit genau jenem Tag lief ihr Hund auf seiner Runde an der Kirche vorbei wie eh und je.

„Es ist dem Herrn nicht schwer, durch viel oder wenig zu helfen!“
(1. Samuel 14,6)

Die Alten mit den Jungen

Nach einer alten Geschichte aus Mazedonien war es dort üblich, dass die Kinder die Alten, wenn sie krank und gebrechlich waren, in die Berge hinauftrugen und dort aussetzten. So trug ein junger Bauer seinen alten Vater eines Tages ins Gebirge. Als er ihn dort oben absetzen wollte, bat ihn der Vater, ihn noch ein Stück weiter hinaufzutragen. Auf die Frage des Sohnes, warum ihm der Ort hier nicht gefalle, meinte der Vater: „An diese Stelle habe ich einst meinen Vater gebracht, und ich möchte gerne an einem anderen Ort sterben.“ Da fiel dem jungen Bauern plötzlich ein, dass seine Kinder ihn in etwa dreißig Jahren genauso in die Berge bringen würden. Also kehrte er mit dem Vater um und verbarg ihn in seinem Hause.
Nun glückte auf dem Hof und in der Landwirtschaft alles besser, und die Nachbarn fragten sich, wer da noch als kluger und weiser Ratgeber für den jungen Bauern wäre, dass ihm alles so gelang. Als sie die Wahrheit erfuhren, dass der Sohn seinen alten Vater als Ratgeber zu Hause hatte, machten alle es ihm nach, und ihre Lage verbesserte sich deutlich.

„Die Alten sollst du ehren und sollst dich fürchten vor deinem Gott; ich bin der Herr!“

(3. Mose 19,32)

Heute richtig leben

„Wir irren in den Zeiten herum, die uns gar nicht gehören. Und die einzige, die uns wirklich eigen ist, leben wir nicht, den heutigen Tag!“, hat Blaise Pascal einmal gesagt. Und so träumen die jungen Menschen von der Zukunft und können nicht abwarten, bis die Zeit vergeht. Und so erinnern sich die alten Menschen an die Vergangenheit und würden die Zeit gern noch ein wenig festhalten. Das Beste wäre, den heutigen Tag richtig zu leben. So wird er immer in guter Erinnerung bleiben und uns die Zukunft eröffnen. Das Schönste an der Zukunft ist doch, dass immer nur ein Tag auf einmal kommt. Der will gelebt und bestanden, erfüllt und gestaltet sein. So brauchen wir für unser Leben eine große Vision, die bis in die Ewigkeit und zum Thron Gottes reicht. Und den Mut zu kleinen Schritten an einzelnen Tagen unseres Lebens.
„Ich bitte dich, Herr, um die große Kraft, diesen kleinen Tag zu bestehen, um auf dem großen Weg zu dir einen kleinen Schritt weiterzugehen.“

(Ernst Ginsberg)

„Trachtet zuerst nach dem Reich Gottes und nach seiner Gerechtigkeit, so wird euch das alles zufallen. Darum sorgt nicht für morgen, denn der morgige Tag wird für das Seine sorgen. Es ist genug, dass jeder Tag seine eigene Plage hat!“

(Matthäus 6,33f)

Stehet fest!

Das war eine wirklich ausweglose Situation für die Israeliten. Hinter sich das riesige Heer der Ägypter, das ihnen nachgejagt war und sie nun eingeholt hatte. Vor sich das wütende Meer mit seinen tod bringenden Fluten. Man kann die aufgeregte Verzagtheit und das aufgebrachte Murren der Israeliten verstehen. – Immer wieder stehen Menschen, gerade Menschen, die auf Gottes Befehl unterwegs sind, in solch ausweglosen Schwierigkeiten. Es gibt kein Zurück und kein Voran, keine Lösungen zur Rechten und zur Linken. Was bleibt zu tun? Mose sagt dem Volk: „Fürchtet euch nicht, stehet fest und seht auf das, was Gott für euch tut, wenn ihr still haltet!" Das ist ein schwerer und guter Rat. Andere Stimmen melden sich zu Wort. Die Verzweiflung flüstert uns zu: „Lege dich hin, gib alles auf und stirb!" Die Hektik und Eile rufen: „Tue etwas, raff dich auf, bleib nicht stehen, weiterkämpfen, weitereilen!" Vermessenheit und Hochmut verlocken: „Geh einfach in das Meer hinein, das Wasser wird dich tragen, denn Gott tut für dich ein Wunder!"
Aber der Glaube hört nicht auf Verzweiflung und Hektik, auf Dünkel und Anmaßung. Er vertraut der Weisung Gottes: „Stehet fest, stehet still, wartet!" Aufrecht und fest, aber wartend und still stehen wir in den allergrößten Schwierigkeiten, um Gottes Handeln und seine Lösung zu erkennen. Und dann heißt es bald: „Zieht weiter, und ich will meine Herrlichkeit erweisen!"

„Fürchtet euch nicht, stehet fest und sehet zu, was für ein Heil der Herr heute an euch tun wird. Der Herr wird für euch streiten, und ihr werdet stille sein!"

(2. Mose 14,13f)

Alles zu seiner Zeit

Ein weiser alter Mann traf auf seinem Weg ein junges Mädchen. Er freute sich an der anmutigen Erscheinung und an ihrer Schönheit. Weil er voll Ehrfurcht war vor dem Leben, auch vor der Jugend, verbeugte er sich tief vor dem Mädchen. Er sagte: „Du bist ein hübsches Mädchen. Sage mir doch, wie alt du bist!“ Wie es fernöstliche Art ist, verbeugte sich auch das Mädchen vor dem Alten. Errötend vor Freude sagte es: „Ihr seid in einem ehrwürdigen Alter, aber ich bin erst sechzehn Jahre alt!“ Und der alte Mann sagte: „Du bist wirklich sehr schön. Vor dir liegen noch viele Jahre voll Freude und Lebensreichtum. Sei nur nicht traurig, wenn die Jahre der Jugend schnell vergehen und mit ihr deine jetzige Schönheit. Wenn du gütig bist, wird deine Schönheit nie weichen. Sie wird sich wandeln zur Reife und Würde des Alters!”

Das Mädchen verstand. Noch tiefer als zuvor verbeugte es sich vor der Weisheit des alten Mannes, bevor sie sich trennten.

Auf seinem Weg begegnete dem Alten eine junge Frau, die ein Kind an der Hand führte. Er schaute sie freundlich an. Auch vor ihr verbeugte er sich tief. Er sagte: „Du bist eine glückliche Frau, so schön wie der heutige Tag. Die Sonne scheint auf dein freundliches Gesicht. Ja, du stehst im Licht der Blüte deiner Jahre. Sei nicht traurig, wenn die Zeit schnell vergeht und die Jahre deines Lebens sich neigen.

Du wirst an das Ziel deines Weges kommen. Jeden Tag musst du dankbar annehmen. Wenn du wirklich lebendig lebst, wirst du zur Weisheit des Alters gelangen. Deine Kinder und Enkelkinder werden dir mit Ehrfurcht begegnen und von deiner Weisheit lernen!“

Die junge Frau hatte ihm dankbar zugehört. Beide verbeugten sich und gingen ihrer Wege. Der weise Alte traf auf eine andere Frau mit weißem Haar. Vom Alter gebeugt, saß sie auf einer Bank am Weg. Die untergehende Sonne ließ die vielen Falten ihres Gesichtes scharf hervortreten. Der weise alte Mann trat zu ihr und verbeugte sich diesmal besonders tief vor der Greisin. „Ihr seid ein glücklicher Mensch“, sagte er, „weil Ihr am Ziel des Lebens seid. Was Ihr in achtzig Jahren gelebt und erfahren habt, tragt Ihr in euch. Von Reife und Würde, von Güte und Geduld, von Ruhe und Gelassenheit spricht Euer Antlitz zu mir. Ihr habt viel erlebt und gemeistert. Wie Zeichen des Himmels

sind darum die kleinen Taten, die Ihr noch tun könnt, und in den wenigen Worten, die Ihr noch sagt, schwingt himmlische Weisheit!"
Lächelnd sah die Alte den Alten an. Sie deutete auf den Platz neben sich, und der Alte setzte sich zu ihr. Beide waren am Ziel ihres Weges. Gemeinsam schauten sie in die sinkende Sonne, die den Himmel in rotgoldenes Licht tauchte.

(Eine chinesische Legende)

„Gott hat alles schön gemacht zu seiner Zeit. Da merkte ich, dass es nichts Besseres gibt als fröhlich sein und sich gütlich tun in seinem Leben!"

(Prediger 3,11f)

Lebensklug

Gegen Aufgeregtheit und Ärger über kleine Widrigkeiten des Lebens, gegen Sorgen und Grübeleien über nichtige Dinge des Alltags gibt es ein gutes und einfaches Rezept: daran denken, dass man sterben muss. In Schwierigkeiten oder Bedrohtheiten, wenn ich mich über Menschen oder Störungen aufgeregt, mich an bedrückenden Verhältnissen wundgerieben habe, hat dieses Rezept gewirkt.
Wie anders sieht alles aus, wenn man es im Lichte des Sterbens sieht! Das Unwichtige und Kleine, das Nichtige und Törichte in Empfindung und Reaktion, im Planen und Tun fällt ab. Es geht angesichts des Sterbens um das Wesentliche und Wichtige, das Bleibende und Lebendige. Wie viele Sorgen und Ängste, wie viel scheinbar Schwerwiegendes wiegt dann gar nichts, und das wirklich Wichtige wird groß und steht im Vordergrund. Wie viele Verwicklungen lösen sich, wie viel Groll verflüchtigt sich, wie viele bange Sorgen werden unbegründet, wie viel Bedrohliches verliert seine Macht, wie viel Verkehrtes wird durchschaut und berichtigt, wenn man das beherzigt, was in Psalm 90,12 steht: „Lehre uns bedenken, dass wir sterben müssen, auf dass wir klug werden!"

„Herr, lehre mich doch, dass es ein Ende mit mir haben muss und mein Leben ein Ziel hat und ich davonmuss. Siehe, meine Tage sind eine Handbreit bei dir, und mein Leben ist wie nichts vor dir. Wie gar nichts sind alle Menschen, die doch so sicher leben! Sie gehen daher und machen sich viel vergebliche Unruhe."

(Psalm 39,5ff)

In Wahrheit aufdecken – in Liebe zudecken

Sibille kam vom Spielplatz zurück. Müde schlenkerte sie ihr Sandeimerchen hin und her. Sie kam an einem kleinen Obstgeschäft vorbei. Draußen vor dem Laden lagen zwei hohe Berge mit Apfelsinen. Die waren gut gegen ihren Durst. Sibille vergaß weiterzugehen. Sie starrte auf die lockenden Früchte. Ganz ohne Netz lagen sie in einer offenen Kiste vor ihr. Niemand würde bemerken, wenn eine fehlte. Der Laden war leer. Sie guckte nach rechts und nach links. Auch auf der Straße sah sie niemanden. Sie überlegte; sie zögerte, sie griff: Eine Apfelsine fiel in das Sandeimerchen. Als sie rasch davonlaufen wollte, stand hinter ihr der Kaufmann. „Guten Tag, mein Fräulein!“, sagte er. Dabei schaute er Sibille in die Augen. Sie konnte nicht weitergehen; sie konnte nicht reden. Auch der Kaufmann sagte nichts. Sie fasste in das Sandeimerchen und reichte dem Kaufmann die Apfelsine. Er nahm sie und suchte in der Tasche nach einem Messer. Dann hockte er sich neben Sibille. Ganz langsam schnitt er mit dem Messer die Schale auf. Keiner sagte ein Wort. Als der Kaufmann damit fertig war, drückte er ihr die geschälte Apfelsine in die Hand. Sie wollte sie nicht nehmen, sie schämte sich. Aber er stand auf, nickte Sibille zu und ging wieder in seinen Laden.

(Hans Peter Richter)

„Vor allen Dingen habt untereinander beständige Liebe, denn die Liebe deckt auch der Sünden Menge!“

(1. Petrus 4,8)

Hier sind wir, Herr!

Hier sind wir, Herr, versammelt vor dir,
getauft und geheiligt, so stehen wir hier.
Du hast uns gerufen, du hast uns erwählt,
zu deiner Gemeinde hast du uns gezählt.
Herr, erbarme dich unser …

Du weißt, wir sind Menschen aus Fleisch und Blut,
mit Fehlern und Schwächen, halb böse, halb gut.
Nicht vollkommen sind wir, nicht arm noch reich,
Gerechte und Sünder und beides zugleich.
Christus, erbarme dich unser …

Wir heißen Christen und sind's doch nicht ganz,
es fehlt uns die Glut und der göttliche Glanz.
Der Glaube ist schwach, unser Mut ist klein,
und eigentlich sollten wir Liebende sein.
Herr, erbarme dich unser …

Du kennst uns und weißt: wir haben versagt.
Doch du hast den Schwachen dein Heil zugesagt.
So richte uns auf, du Gott, der befreit,
denn dein ist die Kraft und die Herrlichkeit.

(Lothar Zenetti)

„Wenn wir sagen, wir haben keine Sünde, so betrügen wir uns selbst, und die Wahrheit ist nicht in uns. Wenn wir aber unsre Sünden bekennen, so ist er treu und gerecht, dass er uns die Sünden vergibt und reinigt uns von aller Ungerechtigkeit!"

(1. Johannes 1,8f)

Wie geht es?

„Wie geht es?“, fragte der Blinde den Lahmen.
„Wie Sie sehen!“, antwortete der Lahme dem Blinden.

Zwar fragen uns Bekannte stets,
wenn sie uns treffen: „Na, wie geht's?“
Doch warten sie so lange nie,
bis wir es sagen könnten, wie.
Wir stellen drum statt langer Klage
sofort die kurze Gegenfrage.
Dann ziehen höflich wir den Hut
und sagen beide: „Danke, gut!“
Wir scheiden, ohne uns zu grollen,
weil wir's ja gar nicht wissen wollen!

(Eugen Roth)

„Freundliche Reden sind Honigseim, trösten die Seele und erfrischen die Gebeine!“

(Sprüche 16,24)

Wann werden wir klug?

Einige Jäger charterten ein Flugzeug, das sie zur Büffeljagd bringen sollte. Nach einiger Zeit kam der Pilot wieder, um die Jäger abzuholen. Als er die erlegten Tiere sah, meinte er, seine Maschine könne mit den Jägern nicht mehr als einen Büffel mitnehmen, und riet, die anderen Tiere zurückzulassen. „Aber im letzten Jahr erlaubte uns der Pilot, zwei Büffel in der Maschine mitzunehmen!", wandten die Jäger ein. Der Pilot war skeptisch, willigte aber schließlich ein. So startete die kleine Maschine mit den Jägern und den zwei riesigen erlegten Tieren. Der Pilot hatte recht, das Flugzeug konnte keine Höhe gewinnen und prallte gegen einen nahe liegenden Hügel. Die Männer kletterten heraus und sahen sich um. Ein Jäger sagte zu den anderen: „Was meint ihr, wo wir uns befinden?" Die anderen sahen sich suchend um, und einer meinte: „Ich glaube, wir sind ungefähr zwei Meilen westlich von der Stelle, an der wir im letzten Jahr abgestürzt sind!"

„Wie ein Hund wieder frisst, was er gespien hat, so ist der Tor, der seine Torheit immer wieder treibt!"

(Sprüche 26,11)

Langsam und blitzschnell

Langsam und bedächtig bewegt sich die Schnecke. Alles Aufgeregte, Schnelle und Hektische ist ihr fremd. Ruhig und gemessen, fast plump und schwerfällig sind ihre Bewegungen. Sie ist das Symbol der Langsamkeit. Auffälliger Kontrast dazu sind die zarten Fühler der Schnecke. Sie bewegen sich blitzschnell, reagieren äußerst sensibel auf jede Gefahr und jedes Hindernis. Weil die Taster und Fühler der Schnecke so zart und sensibel, so rasch und blitzschnell reagieren, kann sie im Ganzen so beruhigt und gelassen ihre Bahn ziehen.
Vielleicht brauchen auch wir Menschen diese wunderbare Mischung aus zarten, wachsamen, empfindsamen Fühlern und einer gelassenen und gemessenen, bedachten und ruhigen Art des Lebens. Wenn unsere Herzensfühler so sensibel und wach alles Gefährliche und Widrige wahrnehmen könnten, müssten wir auch nicht so hektisch und aufgeregt herumrennen. Wir würden die Wirklichkeiten des Lebens rasch und empfindsam wahrnehmen, flink und blitzschnell Gefahren durchschauen und ruhig und bedacht unseren Weg gehen.
Betend und glaubend sind wir auf der Hut, haben unsere zarten Fühler ausgestreckt und gehen mit Liebe und Bedacht, mit Ruhe und Gelassenheit an die Arbeit und in den Tag.

„Ein jeder Mensch sei schnell zum Hören, langsam zum Reden, langsam zum Zorn!“

(Jakobus 1,19)

Horchen und Gehorchen

Samuel Keller erzählt in seinen Erinnerungen: „Neulich hatte ich am Samstag eine Predigt ausgearbeitet. Als ich am Sonntag mit der Straßenbahn zur Kirche fahre, spüre ich eine ganz starke innere Nötigung, die vorbereitete Predigt in der Tasche zu lassen und statt dessen über Psalm 39,2 zu predigen. Ich spreche also über das Wort: Ich will mich hüten, dass ich nicht sündige mit meiner Zunge, und will meinem Mund einen Zaum anlegen! Am Montag kommt ein Mann zu mir und bedankt sich ausdrücklich für die Predigt, die ihn vor einem großen Fehler bewahrt hat. Er hatte sich mit einem Geschäftsfreund gestritten und nun einen zornigen Brief geschrieben, der das Ende einer langjährigen Beziehung bedeutet hätte. Als der Brief fertig war, spürte der Mann eine starke innere Nötigung, den Brief noch nicht abzuschicken, sondern zuerst noch in den Gottesdienst zu gehen und die Predigt von Pfarrer Keller zu hören. Nach der Predigt schickte er den Brief nicht ab. Am Montag kam dann ein Brief von dem Geschäftsfreund, in dem der um Verzeihung bat und alle Unrichtigkeit in Ordnung brachte.“ Das sensible Horchen auf Gottes Stimme und das mutige Gehorchen zweier Menschen verhinderte auf wunderbare Weise eine unnötige Verwicklung.

„Alle Morgen weckt er mir das Ohr, dass ich höre, wie Jünger hören. Gott der Herr hat mir das Ohr geöffnet. Und ich bin nicht ungehorsam und weiche nicht zurück!“

(Jesaja 50,4f)

Der kluge Esel

Ein Landmann besaß einst drei Haustiere: ein Pferd, eine Eselin und ein Schwein. Pferd und Eselin wurden zur Arbeit angehalten, wofür ihnen das nötige Futter verabreicht wurde. Um vieles günstiger schien das Los des Schweines, welches nicht arbeitete, gleichwohl jedoch in weit reicherem Maße zu fressen bekam.
Eines Tages sprach nun das Pferd zur Eselin: „Wie töricht und zugleich undankbar ist wohl unser Herr. Sieh doch, wir müssen mit größter Anstrengung arbeiten und erhalten dafür doch nur genau zugemessenes Futter, während das Schwein, das nichts leistet, stets in Hülle und Fülle sein Futter erhält."
„Warte nur", erwiderte die Eselin, „bis der geeignete Zeitpunkt kommt. Du wirst dann das traurige Ende des Schweines sehen und dich überzeugen, dass es nicht umsonst so reichlich gefüttert wird, da der Genuss ohne Arbeit noch niemandem zum Heile gereicht ist."
Wirklich dauerte es nicht lange, und das wohlgenährte Schwein wurde abgestochen.
Die Eselin hatte zu jener Zeit ein Junges, das die Prophezeiung seiner Mutter mit angehört hatte. Als ihm später eine etwas größere Portion Gerste vorgelegt wurde, wollte es nicht essen, da es fürchtete, das traurige Los des so sorgfältig gefütterten Schweines teilen zu müssen. Doch die Mutter beruhigte es mit den Worten: „Du kannst, mein Kind, ohne Furcht essen, denn nicht der Genuss bringt den Tod, sondern der Müßiggang!"

(Ein jüdisches Märchen)

„Das ist des Klugen Weisheit, dass er achtgibt auf seinen Weg; aber der Toren Torheit ist lauter Trug!"

(Sprüche 14,8)

In die Tiefe sehen

Ich stehe auf einer Brücke und sehe hinab auf den Fluss. Ruhig strömt das Wasser dahin. Lautlos gleitet es unter der Brücke hindurch. Die Wassermassen sind ein Bild sanfter Gewalt. Unaufhaltsam bewegt sich die stille Masse des Stromes fort.

Da kommt ein Wind auf, wird heftiger und wirft auf dem Fluss kleine Wellen auf, die entgegen der Stromrichtung laufen. Aber das bedeutet nichts, denn der Wind vermag trotz kleiner Wellen an der Oberfläche das Wasser in seiner fließenden Gewalt nicht aufzuhalten. Die mächtige Wasserfülle gleitet auch gegen den Wind und findet ihren Weg.

So sind auch Menschen oft an der Oberfläche des Alltags bewegt von Stimmungen und Stürmen. Aber in der Tiefe und im Ganzen geht der Strom ihres Lebens in eine ganz andere Richtung. Wie oft gibt es an der Oberfläche Ärger oder Aufregung, Missmut oder Ungeduld, bange Sorge oder leise Zweifel. Die Stürme des Lebens, die Winde von Widrigkeit und Anfechtung treiben uns an der Oberfläche in die entgegengesetzte Richtung. Aber das bedeutet nichts. Wenn unsere Tiefe, unser ganzes Innenleben auf Christus ausgerichtet ist, wird auch die krause Oberfläche bald in die richtige Richtung mitgenommen.

Darum sollten wir uns und andere nie an ihrer Oberfläche, sondern nach ihrer Tiefe und der Ganzheit ihres Lebens beurteilen. Wer sich nach den kleinen Wellen an der Oberfläche des Alltags beurteilt, wer sich wegen ein bisschen Ärger oder Zorn, Heftigkeit oder Unachtsamkeit gleich das Christsein abspricht, tut sich unrecht. Haben wir uns oder anderen so unrecht getan, die kleinen Winde völlig überschätzt und die Macht Christi und den tiefen Strom seiner Liebe gering geschätzt?

„Richtet nicht vor der Zeit, bis der Herr kommt, der auch ans Licht bringen wird, was im Finstern verborgen ist, und wird das Trachten der Herzen offenbar machen. Dann wird einem jeden von Gott sein Lob zuteil werden."

(1. Korinther 4,5)

Menschen, Menschen …

Wir Menschen sind so beglückend verschieden. Jeder ist anders, einmalig, original. Gesicht und Charakter, Geschichte und Prägung, Geschlecht und Alter, Gaben und Grenzen sind immer wieder anders. Jeder ist eine einmalige, unverwechselbare, unvergleichliche und wertvolle Persönlichkeit.

Aber die Originalität kann auch bedrücken, wenn Menschen sich miteinander vergleichen, übereinander urteilen und einander verachten oder beneiden. An der Andersartigkeit anderer kann man sich ja nicht nur freuen, sondern auch reiben. Fremdheit kann nicht nur bereichern, sondern auch ängstigen. Da ist es gut, neben dem Glück der Originalität noch das Glück der Solidarität zu sehen. So verschieden die Menschen gebaut und geartet sind, so gleich sind sie von Gott geliebt und gewollt. Die Unterschiede dürfen uns bereichern, aber nicht trennen. Denn vor Gott sind wir alle gleich, einmal im Sinne der Schuld vor Gott und dann im Sinne der Liebe von Gott.

Gott hat uns verschieden begabt und geführt, aber alle gleich begnadigt und geliebt. Wenn wir gleich geliebt sind, können wir auch verschieden geprägt sein. Vergleichen, Beneiden, Verachten, Verurteilen und Schlechtmachen müssen nicht mehr sein.

Für uns Christen in verschiedenen Berufungen und Aufgaben, Kirchen und Konfessionen gilt ein wichtiger Grundsatz: Nie dürfen die Unterschiede, Trennungen oder Grenzen zwischen uns wichtiger werden als die Sonne über uns! Wir leben alle von der gleichen Liebe und Güte Gottes. In dieser Angewiesenheit auf Gottes Zuwendung sind wir alle gleich, so verschieden wir auch sein mögen. So haben wir im Miteinander ein doppeltes Glück, das der Originalität und das der Solidarität.

„Ertragt einer den andern in Liebe und seid darauf bedacht, zu wahren die Einigkeit im Geist durch das Band des Friedens: ein Leib und ein Geist, wie ihr auch berufen seid zu einer Hoffnung eurer Berufung; ein Herr, ein Glaube, eine Taufe; ein Gott und Vater aller, der da ist über allen und durch alle und in allen!"

(Epheser 4,2ff)

Nach Blumenart leben

„Warum wachsen die Blumen eigentlich nach oben?", fragt ein kleines Mädchen im berühmten Fragealter. Die anwesenden Erwachsenen sind ratlos und suchen nach einer Antwort. Da kommt das Kind ihnen zuvor und gibt sich selbst die Antwort: „Weil sie gern von der staubigen Erde fort wollen!"

„Schaut die Lilien auf dem Feld, wie sie wachsen: sie arbeiten nicht, auch spinnen sie nicht. Ich sage euch, dass auch Salomo in aller seiner Herrlichkeit nicht gekleidet gewesen ist wie eine von ihnen. Wenn nun Gott das Gras auf dem Feld so kleidet, sollte er das nicht viel mehr für euch tun, ihr Kleingläubigen? Darum sollt ihr nicht sorgen und sagen: Was werden wir essen? Was werden wir trinken? Womit werden wir uns kleiden? Nach dem allen trachten die Heiden. Denn euer himmlischer Vater weiß, dass ihr all dessen bedürft. Trachtet zuerst nach dem Reich Gottes und nach seiner Gerechtigkeit, so wird euch das alles zufallen!"

(Matthäus 6,28ff)

Dem Leben auf der Spur

Mein Leben ist eine Gleichung mit zwei Unbekannten. Die eine unbekannte Größe ist das Herz Gottes. Wer kann es erforschen und begreifen, verstehen und berechnen? „O welch eine Tiefe des Reichtums, beides, der Weisheit und der Erkenntnis Gottes! Wie gar unbegreiflich sind seine Gerichte und unerforschlich seine Wege!“ (Römer 11,33). Nur eines kann ich vom Herzen Gottes wissen, dass es gut und voller Güte ist.
Die zweite Unbekannte ist mein Herz. Es ist ein „trotzig und verzagt Ding“.
Und nur eins kann ich von ihm sagen, dass es nicht gut ist.
Einmal rutscht es mir vor Angst in die Hose oder bleibt vor Schreck stehen, dann klopft es vor Freude bis zum Hals.
Einmal nehme ich mein Herz in beide Hände, fasse mir ein Herz und wage etwas, dann wieder habe ich nicht das Herz und bringe es nicht übers Herz, etwas Wichtiges zu tun. Manchmal habe ich das Herz auf dem rechten Fleck, bisweilen habe ich es auf der Zunge, dann gebe ich meinem Herzen einen Stoß und nehme mir etwas zu Herzen. Manchmal ist mir das Herz schwer, oft blutet mir das Herz, es dreht sich mir im Leibe herum, dann schütte ich mein Herz aus und rede mir alles vom Herzen, mache meinem Herzen Luft. Da wird es mir leicht ums Herz, warm ums Herz, ein Stein fällt mir vom Herzen.
Ich verliere mein Herz an Gott und entdecke, dass ich ihm schon immer am Herzen liege. Er schließt mich in sein Herz, und ich wachse ihm immer mehr ans Herz. Da lacht mir das Herz im Leibe, das Herz geht mir auf. Herz, was willst du mehr? An Gott hänge ich mein Herz und werde ein Herz und eine Seele mit ihm. Da brauche ich aus meinem Herzen keine Mördergrube mehr zu machen, von ganzem Herzen kann ich ihn als besten Freund und Helfer bekennen. Er gibt sein Herzblut für mich, und ich bekomme von ihm ein ganz neues Herz!

„Und ich will ihnen ein anderes Herz geben und einen neuen Geist in sie geben und will das steinerne Herz wegnehmen aus ihrem Leibe und ihnen ein fleischernes Herz geben!“

(Hesekiel 11,19)

Lässig oder gelassen?

Auf einem Kalenderblatt fällt mir ein Spruch ins Auge: „Nichts, das mich verdross. Nichts, das mich freute. Vergeht ein schmerzloses Heute!“
Wie armselig muss ein Leben sein, in dem es nichts zu kämpfen und ringen, zu leiden und freuen, zu lachen und trauern gibt. Wenn man nichts mehr fürchtet und nicht mehr begehrt, wenn einen nichts mehr aufregt und anregt, ist das Gelassenheit? Ist eine solche Art stoischen Gleichmuts nicht eher jene Lässigkeit, der alles egal und gleich-gültig ist?
Im Glauben geht es wohl mehr um Lieben, Leiden, Ringen, Kämpfen, auch Sorgen und Schmerzen gehören dazu. Sie sind die Echtheitszeichen des Lebens. Im Glauben gelassen, in der Liebe engagiert, in der Hoffnung betroffen, in der Gewissheit fröhlich, das wären die Weisen eines erfüllten Lebens. Wir sind heiß geliebt, warum sollten wir cool bleiben?
Wir sind unter Schmerzen geboren, warum sollten wir ein schmerzloses Heute haben? Wir sind mit Blut und Tränen erlöst, warum sollten wir die Last der Liebe nicht mutig auf uns nehmen? Wir sind zur Freude berufen, warum sollten wir sie nicht jeden Tag ausleben? Gott hat uns nicht fallen gelassen, warum sollten wir das Leben lässig ableben?
Wir wollen uns in Gottes Hände fallen lassen und aus seiner Liebe den Schmerz und die Freude, die Mühe und den Lohn empfangen.

„Ihr werdet euch freuen, die ihr jetzt eine kleine Zeit, wenn es sein soll, traurig seid in mancherlei Anfechtungen, damit euer Glaube als echt und viel kostbarer befunden werde als das vergängliche Gold, das durchs Feuer geläutert wird, wenn offenbart wird Jesus Christus. Nun glaubt ihr an Jesus, obwohl ihr ihn nicht seht; ihr werdet euch aber freuen mit unaussprechlicher und herrlicher Freude, wenn ihr das Ziel eures Glaubens erlangt, nämlich der Seelen Seligkeit!“

(1. Petrus 1,6ff)

Gut zugedeckt

Der Vater war im Krieg gefallen. Und nun stand die junge Mutter mit ihren beiden kleinen Jungen allein da. Die Kinder fragten immer wieder nach dem Vater. Und die Mutter versuchte, ihren Kindern das Schreckliche so gut wie möglich zu erklären: „Euer Vater kommt nicht mehr zu uns zurück. Er ist gestorben und ist jetzt im Himmel beim lieben Gott."
Abends steht der kleinere der Jungen am Fenster und schaut lange Zeit unbeweglich in den Nachthimmel hinauf. Schließlich wendet er sich fragend an die Mutter: „Ich kann aber den Vati gar nicht sehen!"
Da antwortet sein Bruder: „Gott hat den Vati wohl so gut mit dem Himmel zugedeckt, dass wir ihn nicht sehen können!"
So können es nur Kinder sagen: „Mit dem Himmel zugedeckt!" In all der Erdennot sehnen wir uns danach: Mit dem Himmel zugedeckt! Bei allem Erdenleid wäre das der beste Trost: Mit himmlischer Liebe zugedeckt! Auf dem staubigen Erdenweg schauen wir auf Gott: Mit dem Himmel zugedeckt! In mancher Erdenlust erbitten wir als Bewahrung: Mit dem Himmel zugedeckt! Mitten in der Arbeit und Mühe auf Erden freuen wir uns auf den Feiertag: Mit dem Himmel zugedeckt! Im Sterben und wenn wir wieder zu Erde werden, soll das unsere Hoffnung sein: Mit dem Himmel zugedeckt!

„Gott deckt mich in seiner Hütte zur bösen Zeit, er birgt mich im Schutz seines Zeltes und erhöht mich auf einen Felsen!"

(Psalm 27,5)

Wovon wir leben!

Jesus lebte davon, dass er Gottes Willen tat. Das „Dein Wille geschehe!“ ging nur einmal lebendig über die Erde. Und wir nennen es Jesus. Darin liegt sein Reichtum und seine Begrenzung, seine Herrlichkeit und Niedrigkeit, seine Schönheit und Herbheit, seine Einfalt und Vollkommenheit. Für Jesus war es das Wichtigste, Gottes Willen zu erkennen und ihn bedingungslos zu tun. Das war die Erfüllung seines Lebens und seiner Wünsche.

Unsere Frömmigkeit besteht oft nur in der Innigkeit, mit der wir Gott bitten, unseren Willen zu tun und unsere Wünsche zu erfüllen. Das ist der große Unterschied. Wir schreiben zwar unsere Wünsche nicht mehr wie Kinder vor Weihnachten auf einen Zettel, aber wir haben auch als Kinder Gottes unsere frommen Wünsche, die wir Gott bringen.

Leben wir davon, dass er unseren Willen tut, unsere Träume vom Leben wahr macht und uns die Hände und Herzen damit füllt, was wir begehren? Und wie kommen wir dahin, dass Gottes Willen zu tun die Nahrung unseres Lebens wird? Der beste Weg dahin wäre, sich auf den größten Wunsch und den erklärten Willen Gottes zu besinnen, dass wir ihm ganz gehören. Gott möchte uns ganz haben, wir sollen ganz sein eigen sein. Diesen Wunsch sollten wir auch ganz erfüllen und darin den Sinn des Lebens finden, Gott zu gehören. Gott in allen Einzelheiten des Lebens vollkommen zu gehorchen, wird eine Anstrengung sein, die wir niemals leisten können. Gott ganz zu gehören, wird eine wunderbare Erlösung sein, aus dem Krampf, immer sich selbst und anderen folgen und gehören zu müssen. Aus dem Gott-ganz-Gehören wird dann als Frucht auch langsam und sicher das Gott-Gehorchen wachsen.

„Jesus spricht zu ihnen: Meine Speise ist die, dass ich tue den Willen dessen, der mich gesandt hat, und vollende sein Werk.“

(Johannes 4,34)

Die Sonne und der Wind

Eine kleine Geschichte von Johann Gottfried Herder erinnert uns daran, dass die Wärme der Liebe im Letzten stärker ist als das heftige und gewaltsame Einflussnehmen auf Menschen.
Einmal stritten sich die Sonne und der Wind, wer von ihnen der Stärkere sei. Sie kamen überein, dass derjenige der Mächtigere wäre, der einen Mann dazu bringen würde, seinen Mantel auszuziehen. Und schon kam ein Wanderer die Straße entlang. Sofort begann der Wind zu stürmen, und Regen und Hagelschauer unterstützten ihn. Der arme Mann jammerte und klagte, denn ihm war sehr kalt. Er wickelte seinen Mantel fester und fester um sich und setzte seinen Weg fort, so gut er konnte.
Jetzt war die Sonne an der Reihe. Mit milder und sanfter Glut ließ sie ihre Strahlen herabfallen. Die Luft wurde warm, und der Wanderer fing an zu schwitzen. Er konnte den Mantel nicht länger anbehalten. So nahm er ihn ab, legte sich in den Schatten eines Baumes und hielt ein kleines Schläfchen. Wie hat sich die Sonne da gefreut!

„Die Gott lieb haben, sollen sein, wie die Sonne aufgeht in ihrer Pracht!“

(Richter 5,31)

Hören lernen

„Ihr müsst lauter sprechen, ich habe die Krankheit des Nichthörenwollens!“, lässt Shakespeare in einem seiner Stücke jemanden sagen. Viele Menschen leiden an dieser Krankheit. Was wird alles geredet und gesagt, aber wer will noch zuhören? Kinder sind Mutter-taub, Jugendliche sind Lehrer-taub, Gemeinden sind Prediger-taub, Bürger sind Politiker-taub, und Menschen sind Gott-taub.
Ob sich diese Krankheit heilen lässt, indem wir immer lauter reden? Wird dadurch, dass wir schneller, mehr, lauter und heftiger aufeinander einreden, das Ohr nicht noch mehr abgestumpft und betäubt?
Es ist eine gute pädagogische Einsicht, dass die Mutter, der Lehrer oder Redner immer leiser werden sollte, je lauter die Zuhörer sind. Nur so wird man die Menschen zum Stillwerden und Zuhören bewegen können. Manchmal denke ich, wir müssten wieder leise sprechen, wenig reden, bedachter predigen und sparsamer verkündigen.
In einer Zeit der Inflation der Worte, der unzähligen Stimmen, der lauten Parolen und großen Reden sollten wir still werden, wenig reden und leise sprechen. Nur so werden wir wieder Hunger nach Worten, Sehnsucht nach Ansprache und Freude am Zuspruch finden. Nicht lauter sprechen, leiser werden, damit Worte wieder Gewicht erhalten, Predigt wieder Heilsgeschehen wird und wir von der Krankheit des Nichthörenwollens geheilt werden.

„Mein Knecht wird nicht schreien noch rufen, und seine Stimme wird man nicht hören auf den Gassen. Das geknickte Rohr wird er nicht zerbrechen, und den glimmenden Docht wird er nicht auslöschen. In Treue trägt er das Recht hinaus!“

(Jesaja 42,2f)

Wie man die Menschen lieben soll

„Wie man die Menschen lieben soll, habe ich von einem Bauern gelernt. Der saß mit anderen Bauern in einer Schenke und trank. Lange schwieg er wie die anderen alle. Als aber sein Herz vom Wein bewegt war, sprach er seinen Nachbarn an: ‚Sag du, liebst du mich oder liebst du mich nicht?‘ Jener antwortete: ‚Ich liebe dich sehr!‘ Er aber sprach wieder: ‚Du sagst, ich liebe dich, und weißt doch nicht, was mir fehlt. Liebtest du mich in Wahrheit, du würdest es wissen.‘ Der andere vermochte kein Wort zu erwidern, und auch der Bauer, der gefragt hatte, schwieg wieder wie vorher. Ich aber verstand: Das ist die Liebe zu den Menschen, ihr Bedürfen zu spüren und ihr Leid zu tragen!“

(Rabbi Mosche Löb)

„Die brüderliche Liebe untereinander sei herzlich. Einer komme dem andern mit Ehrerbietung zuvor. Freut euch mit den Fröhlichen und weint mit den Weinenden. Seid eines Sinnes untereinander!“

(Römer 12,10.15f)

Baustelle Leben

Auf einer Großbaustelle sieht es oft chaotisch aus: Riesenkräne, hundert Leute, Berge von Material, ungezählte Maschinen, Halden voller Abfall, Gerüste, Container, riesige Erdlöcher, halbfertige Mauern, unbeschreiblicher Lärm, Fahrzeuge, die anfahren und abfahren, Staubwolken bei Trockenheit, Schlammwege nach Regenfällen, Geschrei und Geschimpfe in verschiedenen Sprachen, Pleiten und Pannen, bisweilen ein verunglückter Arbeiter und viele neugierige Zaungäste. Dem Betrachter bietet sich ein Bild der scheinbar sinnlosen Unordnung und des verworrenen Durcheinanders.
Aber im Büro der Bauleitung liegen die Pläne für das Bauvorhaben auf dem Tisch. Sie sind klar und präzise, ordentlich und sauber, durchschaubar und richtig, sinnvoll und völlig eindeutig. Nach ihnen wird gebaut. Und was so verwirrend und unordentlich scheint, sind planmäßige und gezielte, sinnvolle und richtige Ausführungen. Wenn manche Tage einer solchen Baustelle gleichen, will ich daran denken. Auch Gott hat seine Pläne für die Welt und ihre Geschichte und für mein Leben und mein Geschick. Und wenn manches ungeordnet und chaotisch scheint, will ich an die Baustelle Leben denken. Gott ist planmäßig und zielbewusst am Werk. Ganz in Ruhe ordnet er an und lässt seinen Willen ausführen. Und so nimmt das Leben Gestalt an. Das Durcheinander von Ereignissen und Erlebnissen, verwirrende Eindrücke und Gefühle täuschen. In Gottes Baubüro ist alles klar und ordentlich, sinnvoll und richtig. Warten wir es ab und vertrauen ihm.

„Abraham ist durch den Glauben ein Fremdling gewesen in dem verheißenen Lande wie in einem fremden und wohnte in Zelten. Denn er wartete auf die Stadt, die einen festen Grund hat, deren Baumeister und Schöpfer Gott ist!“

(Hebräer 11,9f)

Die bessere Vollkommenheit

Michelangelo, einer der größten Künstler aller Zeiten, sagte einmal vor einem besonderen Kunstwerk: „Die Vollkommenheit besteht in den Kleinigkeiten!" Wie soll ein Leben richtig werden, wenn nicht jeder einzelne kleine Tag richtig gelebt wird! Wie soll ein Werk ganz, rund, fertig und gut werden, wenn nicht jede Kleinigkeit bedacht und sorgsam gemacht wird! Wir haben große Visionen im Sinn und große Dinge im Kopf, aber Gestalt werden sie nur, indem wir kleine Schritte machen, und viele kleine Dinge ganz zielstrebig erledigen. Das große Leben besteht aus unendlich vielen kleinen Dingen: mühsame Handreichungen, sorgsame Arbeiten, behutsame Behandlungen, duldsames Ausharren, liebevolles Dranbleiben und treues Ausführen. Und doch brauchen die vielen Kleinigkeiten einen großen Zusammenhang.

Die vielen kleinen Perlen brauchen eine Schnur, die sie zusammenhält und zu einem wertvollen Schmuckstück macht. Dieses Band ist die Liebe, in der alle die kleinen Dinge getan werden, oder die Treue, in der viele kleine Mühen und Arbeiten erledigt werden. Alle Menschen möchten große Dinge tun, wir wollen in der Liebe und Treue viele kleine Dinge ganz großartig tun. Das ist die bessere Vollkommenheit.

„Über alles aber zieht an die Liebe, die da ist das Band der Vollkommenheit!"

(Kolosser 3,14)

Das wirkliche Wunder

Alle Menschen erwarten vom Leben das Wunderbare: die große Liebe, bleibenden Erfolg, höchste Qualität und die tiefste Erfüllung. Darüber hinaus ersehnen viele noch übernatürliche Erfahrungen, übersinnliche Erscheinungen und besondere Offenbarungen. Menschen suchen nach dem Mysterium, dem Geheimnis des Lebens.

In Wahrheit sind wir selbst in unserem von Gott gestifteten Leben das wirkliche Wunder. Wir Menschen sind in unserem Lebendigsein und Bewusstsein das einzigartige Mysterium. Der menschliche Organismus und das menschliche Bewusstsein sind die Summe der Erfahrung, Weisheit und schöpferischen Intelligenz Gottes.

Gott gab uns fünf Sinne, um das Leben wahrzunehmen; Lebensraum, Lebenszeit, Lebensgefährten, Lebensfreude, Lebenskraft, Lebenssinn und Lebensziel. Gott schuf zwei Geschlechter und schenkte in der Zuordnung von Frau und Mann das Mysterium der Liebe. Und Gott gab dem Menschen ein Gehirn, das wunderbarste und vielfältigste Stück Leben im ganzen Kosmos. Hundert Milliarden Nervenzellen in unserem Gehirn können viele Male mehr Verbindungen knüpfen, als es jeder Mensch auf dieser Erde mit jedem anderen auf der Erde könnte. Die mögliche Zahl der Schaltungen in unserem Gehirn soll die Zahl der Atome des gesamten Universums übersteigen.

Was die Weisen aller Zeiten schon wussten, bestätigt nun auch die Wissenschaft: Der Mensch ist ein wunderbarer Mikrokosmos in einem unfassbar großen Makrokosmos. Wir sind das Wunder Gottes, das Wunder des Lebens in einer wunderbaren Welt Gottes.

„Ich danke dir dafür, dass ich wunderbar gemacht bin; wunderbar sind deine Werke; das erkennt meine Seele!“

(Psalm 139,14)

Das Ganze sehen

Eine alte Bauernregel lautet: „Wer eine halbe Arbeit tadelt, ist ein Narr!“ Ein halbfertiges Kunstwerk sieht oft komisch oder elend aus. Man muss mit dem Urteil warten, bis es vollendet ist. Ein Auto am Montageband wirkt eher wie ein Monster als ein glänzendes Schmuckstück. Aber wenn es dann fertig ist, wird es bewundert und gebraucht. Ein ärztlicher Eingriff verursacht zunächst einmal mehr Schmerzen und Unannehmlichkeiten, bringt oft Blut und Tränen mit sich, aber wenn er dann abgeschlossen ist, bedeutet er die Heilung. Viele Dinge, Werke oder Arbeiten wirken halbfertig eher abstoßend und chaotisch. Sie in diesem Zustand zu beurteilen, wäre dumm. Nach der Vollendung der Dinge, Werke und Arbeiten wird unser Urteil ganz anders ausfallen. Sollte das auch für unser Erdenleben gelten, das uns oft so verworren und schwierig, so elend und abartig erscheint? Das Leben in der Zeit und auf Erden ist doch nur ein kleiner Teil des Ganzen, das Gott für uns geschaffen hat. Er hat das Leben als zeitliches und ewiges Leben gemacht. Er wird sein Werk mit dieser Welt und unserem Leben noch vollenden. Wer Gottes halbe Arbeit tadelt, ist ein Narr. Gott wird sein Schöpfungswerk im Sinne der Weltgeschichte und sein Erlösungswerk im Sinne der Heilsgeschichte noch vollenden. Gott hat gerade angefangen, und es wäre unrecht, jetzt schon urteilen zu wollen. Warten wir auf seine Vollendung und murren wir nicht vor der Zeit. Aber lassen wir uns auch für unser Lebenswerk noch die Zeit und Möglichkeit der Vollendung. Richten wir auch uns selbst und einander nicht auf halber Strecke.

„Meine Lieben, wir sind schon Gottes Kinder; es ist aber noch nicht offenbar geworden, was wir sein werden. Wir wissen aber: wenn es offenbar wird, werden wir ihm gleich sein; denn wir werden ihn sehen, wie er ist!“

(1. Johannes 3,2)

Feuer der Liebe

„Brenne an in unsern Herzen als heiliges Feuer die Liebe, die langmütig ist und freundlich, nicht missgünstig ist, nicht Mutwillen treibt, nicht aufbläht. Die Liebe, die sich nicht ungebärdig stellt, nicht das Ihre sucht, sich nicht verbittern lässt, nicht nach Schaden trachtet. Die Liebe, die sich nicht freut an der Ungerechtigkeit, sondern an der Wahrheit. Die Liebe, die alles erträgt, alles glaubt, alles hofft, alles duldet.

Diese Liebe gib uns, o Vater, als Begleiterin auf unserer Lebensbahn, sie verkläre unser Herz und unser Leben, von hier aus flamme ihre Verklärung über unser Haus und unsere Gemeinde. Sie heilige all unser Tun, mildere unsern Eifer, sei unsere Trösterin bei den Urteilen der Welt und unseres Gewissens Gericht. Sie sei unsere Sonne, wenn es dunkel wird für uns auf Erden, und wenn der Leib zerfällt, so sei sie unsere Brücke, auf welcher der entbundene Geist in deine Arme eilt, o Vater, der du die Liebe bleibst von Ewigkeit zu Ewigkeit."

(Sören Kierkegaard)

„Gott ist die Liebe; und wer in der Liebe bleibt, der bleibt in Gott und Gott in ihm. lasst uns lieben, denn er hat uns zuerst geliebt!"

(1. Johannes 4,16.19)

Zum Glück

„Zum Glück muss ich nicht alles, was jemals falsch lief, wiedergutmachen, jede Suppe auslöffeln, die ich mir selbst eingebrockt habe, zum Glück!
Zum Glück muss ich nicht in jedem Regen stehen bleiben, bis mir tropfnass und zitternd vor Angst jedes Lachen vergeht, zum Glück!
Zum Glück muss ich nicht immer nur versprechen, dass ich morgen alles viel besser machen will und ganz bestimmt die alten Fehler vermeiden und nicht wiederholen werde, zum Glück!
Zum Glück gibt es einen, der vergibt. Zum Glück gibt es einen, der beschützt. Zum Glück gibt es einen, der vertraut. Zum Glück gibt es Jesus!"

(Hermann Traub)

„Petrus sprach: Herr, ich bin bereit, mit dir ins Gefängnis und in den Tod zu gehen. Jesus aber sprach zu ihm: Petrus, ich sage dir: Der Hahn wird heute nicht krähen, ehe du dreimal geleugnet hast, dass du mich kennst! Betet, damit ihr nicht in Anfechtung fallt!"

(Lukas 22,33f.40)

Was auf uns zukommt

Was dir auch immer begegnet
Mitten im Abgrund der Welt:
Es ist die Hand, die dich segnet,
Es ist der Arm, der dich hält.

Es ist kein Grauen so mächtig,
Es ist kein Fürchten so bang,
Kein Trachten so niederträchtig:
Lebt Einer, der es bezwang.

Ob sich dein Liebstes verflüchtigt,
Dein Festestes splittert und stiebt:
Gedulde dem, der dich züchtigt,
Der heimsucht, weil er dich liebt.

Mitten im Höllentoben,
Da keiner keinem frommt:
Es ist der Vater droben,
Es ist Sein Reich, das kommt.

(Rudolf Alexander Schröder)

„Fürchte dich nicht, denn ich habe dich erlöst; ich habe dich bei deinem Namen gerufen, du bist mein! Wenn du durch Wasser gehst, will ich bei dir sein, dass dich die Ströme nicht ersäufen sollen; und wenn du ins Feuer gehst, sollst du nicht brennen, und die Flamme soll dich nicht versengen. Denn ich bin der Herr, dein Gott, der Heilige Israels, dein Heiland. So fürchte dich nun nicht, denn ich bin bei dir!“

(Jesaja 43,1ff)

Wer andern eine Grube gräbt …

Ein Möbelgeschäft schickte einem Kunden, der seine neuen Möbel zwar längst erhalten, aber noch nicht bezahlt hatte, einen Brief: „Lieber Herr Müller, was würden Ihre Nachbarn wohl denken, wenn wir demnächst einen Möbelwagen zu Ihrem Haus schickten, um die Möbel, die Sie noch immer nicht bezahlt haben, wieder abzuholen? Mit freundlichen Grüßen, Ihr Möbelgeschäft N.N.“
Nach einigen Tagen bekam die Firma Antwort von Herrn Müller: „Sehr geehrte Herren, ich habe die Angelegenheit mit meinen Nachbarn besprochen, um von ihnen zu erfahren, was sie darüber denken würden. Alle meine Nachbarn hielten es für einen ganz gemeinen Trick einer schäbigen Firma! Mit freundlichen Grüßen, Ihr Herr Müller.“

„Wer eine Grube gräbt, der kann selbst hineinfallen, und wer eine Mauer einreißt, den kann eine Schlange beißen!“

(Prediger 10,8)

Der Mann mit den zwei Schirmen

„Ich bin gebürtiger Filipino und war vor einigen Jahren in den Vereinigten Staaten, um an einer Universität Rechtswissenschaft zu studieren. Am ersten Abend besuchte mich ein Student und sagte: ‚Ich möchte Sie herzlich willkommen heißen auf dieser Universität, und wenn ich dazu beitragen kann, dass Ihr Aufenthalt hier angenehmer wird, lassen Sie es mich bitte wissen.‘
Er fragte mich auch, wo ich zur Kirche gehe, und ich sagte es ihm. Daraufhin meinte er: ‚Ich weiß zwar, wo diese Kirche ist, aber sie ist nicht leicht zu finden. Sie ist ein gutes Stück entfernt von hier. Ich zeichne Ihnen eine Skizze, damit Sie sie finden.‘ Die Freundlichkeit und Liebe dieses Studenten bewegten mich sehr.
Als ich am Sonntagmorgen aufwachte, regnete es in Strömen. Ich dachte: Heute gehe ich mal nicht zur Kirche. Es ist mein erster Sonntag hier, es regnet in Strömen, und die Kirche ist schwer zu finden. Ich drehte mich auf die andere Seite, um weiterzuschlafen.
Da klopfte es an der Tür. Als ich öffnete, stand mein neuer Freund draußen. Sein Regenmantel tropfte, und er hatte zwei Schirme unter dem Arm. Er sagte: ‚Ich dachte, vielleicht ist es zu schwierig für dich, deine Kirche zu finden, besonders im Regen. Ich kann dich begleiten und dir zeigen, wo sie ist.‘
Als wir im Regen unter den beiden Schirmen dahingingen, sagte ich mir: Wenn dieser Mann sich so herzlich um mich kümmert, möchte ich doch wissen, was seine Religion ist. Ich fragte ihn: ‚Wo gehst du zur Kirche?‘
‚Meine Kirche ist hier ganz in der Nähe.‘
‚Gehen wir doch heute zu deiner Kirche und nächsten Sonntag zu meiner Kirche‘, meinte ich.
Ich ging mit in seine Gemeinde und habe dort Christus als meinen Erretter gefunden. Nach vier Jahren wusste ich, dass ich nicht Rechtswissenschaftler, sondern Pastor werden sollte. Ich konnte eine Ausbildung absolvieren, wurde ordiniert und zu einer Gemeinde auf den Philippinen gesandt.“

„Wer ist weise und klug unter euch? Der zeige mit seinem guten Wandel seine Werke in Sanftmut und Weisheit!“ (Jakobus 3,13)

Das Dorf ohne Kirche

Das Dorf in den Bergen ist sehr arm. Die Bauern haben nur kleine Felder. Und die liegen alle an steilen Hängen. Alles muss von Hand gemacht werden. Das gibt viel Arbeit und wenig Geld. Einmal stand im Dorf eine kleine Kirche aus Holz. Eine Kerze, die nicht gelöscht wurde, steckte sie in Brand. Seither ist dort, wo die Kirche stand, ein leerer Platz, und die Leute halten im kleinen Schulzimmer Gottesdienst. Das Dorf ist so klein, dass alle darin Platz haben.
Natürlich hätten die Leute gern wieder eine Kirche, aber zuerst müssen sie sparen. Eine Kirche kostet Geld. Eine alte Frau stirbt. Alles ersparte Geld schenkt sie dem Dorf für eine neue Kirche.
Da hören die Leute gerade vom großen Erdbeben in Italien. Sie sehen schreckliche Bilder, lauter eingefallene Häuser. Sie sehen, es sind armselige Dörfer, wie ihr eigenes. „Wir wollen eine Kirche bauen, und dort ist solche Not?“, sagen sie. Und rasch entschlossen schicken sie das ganze Geld ins Erdbebengebiet. Die eigene Kirche haben die Leute im Dorf aber nicht vergessen. Sie sparen weiter, und langsam ist genug Geld zusammengekommen, um mit dem Bau beginnen zu können.
„Große Not der Flüchtlinge“, steht in der Zeitung. „Niemand will die Boot-Flüchtlinge aus Asien aufnehmen.“ – „Können wir eine Kirche bauen, wenn Flüchtlinge keine Heimat haben?“ Und ohne Zögern nehmen sie das ganze Geld, setzen drei alte Häuser instand, um in ihnen Flüchtlinge aufzunehmen. Und wieder beginnen sie mit dem Sparen.
Aber jedes Mal, wenn sie Geld haben, hören sie bestimmt wieder von einer Not, und die Bauern im Dorf helfen jedes Mal mit ihrem ganzen Geld.
„Wir haben keine Kirche“, sagen sie, „aber es gefällt uns doch in unserem Dorf. Wir sind wie eine große Familie.“ Auf dem Platz, wo einmal die Kirche stehen soll, spielen die kleinen Kinder.

„Gott, der die Welt gemacht hat und alles, was darin ist, er, der Herr des Himmels und der Erde, wohnt nicht in Tempeln, die mit Händen gemacht sind. Fürwahr, er ist nicht ferne von einem jeden unter uns!“
(Apostelgeschichte 17,24.27)

Vertraut den neuen Wegen

Vertraut den neuen Wegen, auf die der Herr uns weist,
weil Leben heißt: sich regen, weil Leben wandern heißt.
Seit leuchtend Gottes Bogen am hohen Himmel stand,
sind Menschen ausgezogen in das gelobte Land.
Vertraut den neuen Wegen und wandert in die Zeit!
Gott will, dass ihr ein Segen für seine Erde seid.
Der uns in frühen Zeiten das Leben eingehaucht,
der wird uns dahin leiten, wo er uns will und braucht.
Vertraut den neuen Wegen, auf die uns Gott gesandt!
Er selbst kommt uns entgegen. Die Zukunft ist sein Land.
Wer aufbricht, der kann hoffen in Zeit und Ewigkeit.
Die Tore stehen offen. Das Land ist hell und weit.

(Klaus Peter Hertzsch)

„Und der Herr sprach zu Abram: Geh aus deinem Vaterland und von deiner Verwandtschaft und aus deines Vaters Hause in ein Land, das ich dir zeigen will. Und ich will dich segnen, und du sollst ein Segen sein!“

(1. Mose 12,1f)

Gott ist drinnen und draußen

Eine gläubige und gute Frau liebte Gott über alles. Jeden Morgen ging sie in die Kirche, um die Andacht zu erleben. Unterwegs riefen ihr die Kinder zu, die Bettler sprachen sie an, die Nachbarin suchte den Kontakt mit ihr, aber sie war so in sich versunken, dass sie nichts wahrnahm.
Eines Tages kam sie gerade noch rechtzeitig zum Gotteshaus. Sie wollte die Tür öffnen, doch war die Tür irgendwie verklemmt und ließ sich nicht bewegen. Der Gedanke, dass sie zum ersten Mal in all den Jahren die Andacht versäumen würde, bedrückte die Frau. Ratlos blickte sie auf die Tür und sah einen Zettel, auf dem sie las: „Ich bin hier draußen!“

„In Christus Jesus gilt der Glaube, der durch die Liebe tätig ist!“
(Galater 5,6)

Niemals allein

Einer ist dir nahe, wo du immer bist,
dessen Aug dich leitet, der dich nie vergisst.

Einer kennt dein Sehnen, alle deine Pein,
weiß um deine Tränen und dein Einsamsein.

Einer hilft dir tragen alle deine Last,
hält an allen Tagen dich in Lieb umfasst.

Ihm kannst du vertrauen in der größten Not,
der für uns besiegte Finsternis und Tod.

Nie trägst du vergebens zu ihm all dein Leid,
Segen hat dein Heiland stets für dich bereit.

(Käthe Walter)

„Und ob ich schon wanderte im finstern Tal, fürchte ich kein Unglück; denn du bist bei mir, dein Stecken und Stab trösten mich!“

(Psalm 23,4)

Brücken bauen statt Gräben graben

An einem Fluss wohnten zwei Bauern, der eine am rechten, der andere am linken Ufer.
Die Bauern waren neidisch aufeinander. Wenn sie morgens pflügten, schimpfte der eine, weil sein Feld im Schatten lag, das des Nachbarn aber in der Sonne. Und wenn sie abends Holz hackten, schimpfte der andere, weil sein Haus jetzt im Schatten, das des Nachbarn aber in der Sonne lag. Auch die Frauen der Bauern waren unzufrieden, und eines Morgens, als die eine Wäsche aufhing, schrie sie ein böses Wort ans linke Ufer hinüber, und als sie abends Wäsche abnahm, gab die andere das böse Wort ans rechte Ufer zurück.
Nur mittags, wenn die Sonne hoch am Himmel stand, herrschten Ruhe und Frieden, weil die Bauern mit ihren Frauen unter den Apfelbäumen lagen und schnarchten.
Die beiden Kinder der Bauern aber saßen in der Mittagszeit am Wasser und langweilten sich. Doch eines schönen Tages war der Wasserspiegel gesunken, und aus dem Wasser ragten so viele große Steine, dass die Kinder hinüberhüpfen konnten. Sie trafen in der Mitte zusammen. Sie setzten sich auf einen großen Stein und fingen an, sich Geschichten zu erzählen, und sie hüpften nun jeden Mittag über die Steine, um sich in der Mitte zu treffen.
Die Eltern aber wunderten sich, woher ihre Kinder plötzlich Dinge wussten, von denen sie selbst noch nie gehört hatten. Doch eines Tages, nach einem langen Regen, hörten die Kinder auf, Geschichten zu erzählen, zu lachen, zu singen. Das Wasser im Fluss war wieder angestiegen und die Kinderbrücke verschwunden. Da erfuhren die Eltern endlich das Mittagsgeheimnis ihrer Kinder, und sie fingen an nachzudenken.
Und als sie lange genug nachgedacht hatten, beschlossen sie, zusammen mit ihren Kindern aus den übrig gebliebenen Steinen eine Brücke zu bauen.

(Ein tschechisches Märchen)

„Ertragt einer den andern in der Liebe und seid darauf bedacht, zu wahren die Einigkeit im Geist durch das Band des Friedens!“

(Epheser 4,2f)

Lass Gott wettern

Ein Mann hatte Kraut gesät. Da bat er Gott um Regen, denn er meinte, das wäre gut, damit der Same aufginge. Dann bat er Gott um Sonne, und er bekam sie auch. Als es zu trocken wurde, bat er wieder um Regen. Und so schenkte Gott ihm das Wetter, wie er es wünschte. Aber es wuchs nichts.

Bald darauf kam er zu einem Freund und sah, dass der wunderbares Kraut im Garten hatte. „Lieber Freund, wie stellst du es an, dass du so wunderbares Kraut hast? Ich habe Gott um Regen und Sonne gebeten, wie ich wollte. Und Gott hat es mir auch so gegeben. Aber bei mir ist nichts gewachsen." Da sagte der Freund zu ihm: „Weil du klüger sein wolltest als Gott und ihn das richtige Wetter lehren wolltest, ist bei dir nichts gewachsen. Aber ich habe Gott wettern lassen, wie er es wollte, und habe so schönes Kraut bekommen."

„Du feuchtest die Berge von oben her, du machst das Land voll Früchte. Du lässest Gras wachsen für das Vieh und Saat zu Nutz den Menschen, dass du Brot aus der Erde hervorbringst."

(Psalm 104,13f)

Angst und nochmals Angst!

„Ich bin ein Mädchen von dreizehn Jahren und könnte eigentlich mit meiner Umwelt zufrieden sein. Aber etwas bedrückt mich ständig. Und dieses ‚Etwas' heißt Angst. Ich habe Angst vor dem Tod, Angst vor dem Leben, Angst vor der Wahrheit, Angst vor den Noten, Angst vor dem Sporttag, Angst vor der Liebe, Angst vor der Nacht, Angst vor dem Weltuntergang, Angst vor dem Krieg, Angst vor einem Traum, Angst vor Spott, Angst vor Spritzen, Angst vor dem Ausgelachtwerden, Angst vor der Angst …
Angst und nochmals Angst. Es ist zum Verrücktwerden. Aber das Schlimmste ist, ich weiß gar nicht, woher sie kommt und warum gerade ich diese Angst zu ertragen habe. Können Sie oder andere mir einen Rat geben? Vielleicht solche, die auch unter diesem schrecklichen Angstzustand leiden?
Ich grüße Sie mit den allerherzlichsten Grüßen, die es gibt."
Alle Menschen haben Angst. Sie hat tausend verschiedene Gesichter, aber immer eine Ursache, den Verlust. Jede Angst ist letztlich Verlustangst. Wir Menschen haben die Geborgenheit und Vertrautheit mit Gott verloren, sind fremd und ungeborgen, unterwegs und auf der Suche. Diese Verlustangst hat eine doppelte Chance. Sie treibt Gott in seiner Liebe zu uns, er kommt uns in Jesus bis in die Tiefe der Angst nah. Und sie bringt uns auf die Beine, das Verlorene, die Liebe Gottes wiederzufinden. Wir brauchen eine starke Liebe gegen die große Angst. Jesus möchte uns seine ganze, diesen Verlust ausgleichende Liebe schenken.

„In der Welt habt ihr Angst; aber seid getrost, ich habe die Welt überwunden!"

(Johannes 16,33)

Glückliche Tage

In einem so benannten Stück schildert Samuel Beckett eindrücklich die Nichtigkeit und Sinnlosigkeit des Lebens. Die Wirklichkeit ist abgeräumt, die Welt ist reduziert auf ein Stückchen versengte Wüste. Dort verbringt Winnie, in den Wüstensand eingegraben, ihre eintönigen Tage. Sie redet unentwegt vor sich hin, unwesentliches und unnötiges Geschwätz.

Ihr Mann Willie, der hinter einem Hügel ebenfalls im Wüstensand eingegraben ist, und ein Sack voller armseliger Dinge sind ihre Tröstungen, die kleinen Tröstungen, die ihr in der Wüste des Lebens bleiben.

„Früher dachte ich, dass ich lernen würde, allein zu sprechen, zu mir selbst, die Wüste … Aber nein, nein, nein! Ergo bist du da. Zweifellos bist du tot, gestorben oder weggegangen, hast mich verlassen, wie die anderen. Macht nichts, du bist da. Auch der Sack ist da. Könnte ich seinen Inhalt aufzählen? Nein. In den Tiefen vor allem, wer weiß, was für Schätze. Was für Tröstungen. Ja, es gibt den Sack!“ –

So versichert sich Winnie jeden Abend, es sei ein glücklicher Tag gewesen: „Oh, dies ist ein glücklicher Tag, dies wird wieder ein glücklicher Tag gewesen sein! Trotz allem!“

Während des Stückes wird Winnie immer mehr im Wüstensand verschwinden. Und zum Schluss sieht man nur noch ihren Kopf. Bald wird sie begraben sein. Aber solange sie lebt, wird ihr Geschwätz, ihr banales, groteskes und folterndes Reden von den glücklichen Tagen weitergehen.

Glückliche Tage in einer versengten Wüste und in tödlicher Isolation. Der Mensch versinkt ohne Sinn und Wert im Nichts wie im Sand und nennt es „Glückliche Tage“ und die paar Habseligkeiten „Was für Tröstungen“! Worin liegt für uns das Glück unserer Tage und die Tröstung des Lebens?

„Gesegnet aber ist der Mann, der sich auf den Herrn verlässt und dessen Zuversicht der Herr ist. Der ist wie ein Baum, am Wasser gepflanzt, der seine Wurzeln zum Bach hin streckt. Denn obgleich die Hitze kommt, fürchtet er sich doch nicht, sondern seine Blätter bleiben grün; und er sorgt sich nicht, wenn ein dürres Jahr kommt, sondern bringt ohne Aufhören Früchte!"

(Jeremia 17,7f)

Das Gebet im Trommelfeuer

„Während das Bombardement den Schützengraben in Fossalta in Stücke fetzte, lag er sehr flach und schwitzte und betete: ‚Ach, lieber Herr Jesus, hilf mir hier raus. Lieber Herr Jesus, bitte, hilf mir raus. Christus, bitte, bitte, bitte, Christus! Wenn du mich vor dem Tode bewahrst, werde ich alles tun, was du verlangst. Ich glaube an dich, und ich werde allen Leuten in der ganzen Welt sagen, dass du das Einzige bist, worauf es ankommt. Bitte, bitte, lieber Herr Jesus!'
Das Granatfeuer zog weiter hinauf. Wir begannen, in unserem Graben zu arbeiten, und am Morgen ging die Sonne auf, und der Tag war heiß und schwül und erfreulich ruhig. Am nächsten Abend hinten in Mestre erzählte er dem Mädchen, mit dem er in die Villa Rossa hinaufging, nichts von Jesus. Und er erzählte überhaupt keinem davon."

(Ernest Hemingway)

„Opfere Gott Dank und erfülle dem Höchsten deine Gelübde und rufe mich an in der Not, so will ich dich erretten, und du sollst mich preisen!"

(Psalm 50,141)

Welkende Blätter

Hiob hatte drei Freunde, die einander sehr liebten und besonders Hiob in ihr Herz eingeschlossen hatten. Jeder Einzelne von ihnen hatte in seinem Garten drei Bäume gepflanzt und auf ihnen die Namen seiner Freunde eingraviert.
Jeder von ihnen behütete die drei Bäume und bewässerte die Stelle mit Liebe und Sorgfalt. Diese frischen und blühenden Bäume erweckten die Aufmerksamkeit jedes Beschauers. Sie waren ein göttlicher Anblick für jeden, der sie sah. Alle Besucher ergötzten sich an ihnen.
Eines Tages kamen die drei Freunde in ihre Gärten und sahen zu ihrem Schrecken, dass die Bäume, auf denen der Name Hiobs eingraviert war, vertrocknet und ihre Blätter welk waren. Da wunderten sie sich sehr. Jeder dachte in seinem Herzen: „Dem Hiob ist sicher ein großes Unglück geschehen. Ich will doch zu ihm gehen und ihm in der Not helfen."
Hierauf beeilten sich die drei Freunde Hiobs, verließen ihre Wohnstätten und ihr Land und gingen zu Hiob. Als sie bis vor das Tor der Stadt kamen, erkannten sie sich gegenseitig, und einer sprach zum anderen: „Warum hast du dein Land verlassen und bist hergekommen?"
Und der andere antwortete: „Plötzlich vertrocknete der Baum, auf dem der Name Hiobs eingraviert war, und ich kam, um mich nach seinem Befinden zu erkundigen."
Da sagten die übrigen zwei Freunde Hiobs: „Das, was deinem Baum passiert ist, geschah auch unserem Baume, und auch wir kamen, um ihm in der Not beizustehen!"
Während sie so sprachen, kamen alle drei in die Stadt und kamen zu Hiob. Sie sahen ihn von einem bösen Aussatz vom Scheitel bis zur Sohle befallen, und sein Schmerz war sehr groß. Da erhoben sie ihre Stimmen und weinten. Sie zerrissen ihre Kleider und setzten sich zur Erde.

„Als aber die drei Freunde Hiobs all das Unglück hörten, das über ihn gekommen war, kamen sie, ein jeder aus seinem Ort. Denn sie waren eins geworden hinzugehen, um ihn zu beklagen und zu trösten."
(Hiob 2,11)

Dein bin ich

Dein bin ich, du hast mich geschaffen,
dein, du hast mich erlöst,
dein, du hast mich ertragen,
dein, du hast mich berufen,
dein, du hast mich erhalten,
dein, du hast mich nicht verloren gehen lassen –
was verlangst du zu tun mit mir?

Gib mir den Tod, gib mir das Leben:
gib Gesundheit oder Krankheit,
Ehre oder Schande gib mir,
gib mir Krieg oder Frieden,
Schwachheit oder volle Kraft,
zu allem sag' ich ja vor dir!
Was verlangst du zu tun mit mir?

Gib mir Reichtum oder Armut,
gib Trost oder Trübsal,
gib mir Frohsinn oder Traurigkeit,
gib mir Hölle oder gib mir Himmel.
Süßes Leben, Sonne ohne Schleier,
ganz verlor ich mich in dir –
was verlangst du zu tun mit mir?

Ob du mein Schweigen willst, mein Reden,
ob du mich leer willst oder reich an Frucht,
mag mich das Gesetz beschweren,
die Frohe Botschaft mich heben,
soll ich mich freuen oder beben –
wenn du nur lebst in mir!
Was verlangst du zu tun mit mir?

Dein bin ich, für dich geboren,
was verlangst du zu tun mit mir?

(Teresa von Avila)

„Wenn ich nur dich habe, so frage ich nichts nach Himmel und Erde. Wenn mir gleich Leib und Seele verschmachtet, so bist du doch, Gott, allezeit meines Herzens Trost und mein Teil."

(Psalm 73,25f)

Gar nicht so dumm

„Mutti, kannst du mir eine Mark für einen alten Mann geben?“ Die Mutter ist ganz bewegt. „Gern, mein Junge. Das ist aber lieb von dir. Wo ist der alte Mann denn?“ Fritzchen strahlt: „Er steht am Marktplatz und verkauft leckeres Eis!“ – „Siehst du“, meint die Bauersfrau zu ihrer kleinen Tochter beim Mittagstisch, „heute Nacht hat der Fuchs unsere beiden Gänse gefressen, weil sie nicht brav waren!“ – „Und wenn sie brav gewesen wären, hätten wir sie zu Weihnachten gefressen!“, meint die Tochter locker, und alle Erziehungskünste sind im Eimer!

„Es gibt Gold und viel Perlen; aber ein Mund, der Vernünftiges redet, ist ein edles Kleinod!“

(Sprüche 20,15)

Herbsttag

Herr, es ist Zeit. Der Sommer war sehr groß.
Leg deinen Schatten auf die Sonnenuhren,
und auf den Fluren lass die Winde los.
Befiehl den letzten Früchten, voll zu sein;
gib ihnen noch zwei südlichere Tage,
dränge sie zur Vollendung hin und jage
die letzte Süße in den schweren Wein.
Wer jetzt kein Haus hat, baut sich keines mehr.
Wer jetzt allein ist, wird es lange bleiben,
wird wachen, lesen, lange Briefe schreiben
und wird in den Alleen hin und her
unruhig wandern, wenn die Blätter treiben.

(Rainer Maria Rilke)

„Wie köstlich ist deine Güte, Gott, dass Menschenkinder unter dem Schatten deiner Flügel Zuflucht haben! Sie werden satt von den reichen Gütern deines Hauses, und du tränkst sie mit Wonne wie mit einem Strom!“

(Psalm 36,8f)

Ich denke an Rilkes Herbsttag-Gedicht

Mein Sommer war nicht groß
wenn ich ehrlich bin
er war nie da
blieb fern
wie vieler Menschen Sommer
fernbleibt.
Sein Schatten
lag verfrüht
auf Sonnenuhren
und arge Winde
warn vorzeiten los.

Vollendung
ohne Sonne
ohne Süße
überhaupt
wie sollte das geschehn?
Zu keltern
eine derart kümmerliche Traube
verlohnt sich nicht.

Ein Haus
das hab ich nicht
und werd ich niemals haben.
Allein
werd ich wohl weiter bleiben
und wachen nachts
mich ängstigen und sehnen.

Das Lesen
ist mir schwer geworden
und lange Briefe schreiben
wer
würde sie denn haben wollen?

Was bleibt
von Rilkes Herbsttag mir?

Das unruhig Wandern
zwischen Jetzt und Niemalsmehr
und manchmal noch
ein Laufen durch Alleen
im November

und irgendwo
ein klitzekleines
unbestimmtes
Fetzchen Hoffnung.
Herr es wird Zeit.

(Ute Zydek)

„Erhöre mich, Herr, denn deine Güte ist tröstlich; wende dich zu mir nach deiner großen Barmherzigkeit und verbirg dein Angesicht nicht vor deinem Knechte, denn mir ist angst; erhöre mich eilends. Nahe dich zu meiner Seele und erlöse sie!“

(Psalm 69,17ff)

Das Herz verlieren, aber einen klaren Kopf behalten

Viele Gläubige kamen in die Wüste, um auf die Worte des Propheten zu hören. Ein Mann hörte besonders aufmerksam zu, betete mit Inbrunst und gab sich im Glauben vollkommen hin. Am Abend verließ er den Propheten, kam aber sogleich aufgeregt zurückgerannt und rief: „Großer Prophet, heute Morgen kam ich auf meinem Kamel zu dir, um dich, den Mann Gottes, zu hören. Jetzt ist mein Kamel weg. Ich war dir gehorsam, achtete auf jedes Wort deiner Belehrung und vertraute ganz auf Gottes Allmacht. Nun ist mein Kamel fort. Ist das die Gerechtigkeit Gottes? Ist das die Belohnung meines Glaubens? Ist das der Dank für meine innigen Gebete?“ Der Prophet hörte den aufgeregten Mann ganz ruhig an und antwortete ihm gütig lächelnd: „Binde dich im Glauben fest an Gott, aber binde auch mit Vernunft dein Kamel an den Pflock!“

(Arabische Legende)

„Wer geduldig ist, der ist weise; wer aber ungeduldig ist, offenbart seine Torheit!“

(Sprüche 14,29)

Du hast ein Recht zu diesen Freuden

Wie groß ist des Allmächtgen Güte –
ist der ein Mensch, den sie nicht rührt?
Der mit verhärtetem Gemüte
den Dank erstickt, der ihr gebührt?
Nein, seine Liebe zu ermessen,
sei ewig meine größte Pflicht.
Der Herr hat mein noch nie vergessen;
vergiss, mein Herz, auch seiner nicht.

Wer hat mich wunderbar bereitet?
Der Gott, der meiner nicht bedarf.
Wer hat mit Langmut mich geleitet?
Er, dessen Rat ich oft verwarf.
Wer stärkt den Frieden im Gewissen,
wer gibt dem Geiste neue Kraft,
wer lässt mich so viel Glück genießen?
Ist's nicht sein Arm, der alles schafft?

Schau, o mein Geist, in jenes Leben,
zu welchem du erschaffen bist,
wo du, mit Herrlichkeit umgeben,
Gott ewig sehn wirst, wie er ist.
Du hast ein Recht zu diesen Freuden,
durch Gottes Güte sind sie dein;
sieh, darum musste Christus leiden,
damit du könntest selig sein.

Und diesen Gott sollt ich nicht ehren
und seine Güte nicht verstehn?
Er sollte rufen, ich nicht hören,
den Weg, den er mir zeigt, nicht gehn?
Sein Will ist mir ins Herz geschrieben,
sein Wort bestärkt ihn ewiglich:
Gott soll ich über alles lieben
und meinen Nächsten gleich als mich.

O Gott, Lass deine Gut und Liebe
mir immerdar vor Augen sein.
Sie stärk in mir die guten Triebe,
mein ganzes Leben dir zu weihn.
Sie tröste mich zur Zeit der Schmerzen,
sie leite mich zur Zeit des Glücks;
und sie besieg in meinem Herzen
die Furcht des letzten Augenblicks.

(Christian Fürchtegott Gellert)

„Und ich will einen ewigen Bund mit ihnen schließen, dass ich nicht ablassen will, ihnen Gutes zu tun. Es soll meine Freude sein, ihnen Gutes zu tun!“

(Jeremia 32,40f)

Missionarin der Nächstenliebe

Der zunehmende Straßenlärm dringt gnadenlos durch die unverglasten Fenster. Er beeinträchtigt aber kaum die feierliche Stille und das andächtige Gebet der mehr als hundert versammelten Ordensschwestern und Novizinnen in ihren weißen Saris. In der letzten Reihe steht die kleinste und unauffälligste von ihnen, Mutter Teresa. In ihrer stillen Gebetshaltung scheint sie gleichsam eingetaucht in eine andere Welt, aus der sie neue Kraft für den Tag schöpft. Das Gebet sei ein wunderbares Geschenk und brauche einen festen Platz in ihrem Alltag, berichtet mir später die kleine, demütige Frau. „Je mehr wir im stillen Gebet empfangen, desto mehr können wir geben." Mutter Teresa steht jeden Morgen um 4.00 Uhr auf und meditiert über Gottes Wort, bevor sie zum Abendmahl geht.

„Power Station" nennt Mutter Teresa ihren Andachtsraum, in dem wir nach dem Frühstück auf einer alten Holzbank unser Gespräch vom Vorabend fortsetzen. Ich schaue auf ihre schwieligen Hände, die so manche Wunde verbunden haben, ihre von der Gicht deformierten nackten Füße genießen die Ruhepause. Ausnahmsweise ist sie heute nicht unterwegs zu den von ihr über 500 gegründeten karitativen Einrichtungen in 108 Ländern der Erde, die von über 4000 Missionarinnen der Nächstenliebe betreut werden. Allein in Indien werden mehr als 40.000 Leprakranke beherbergt.

Mutter Teresa sagt: „Berufung ist die Einladung, sich in Gott zu verlieben und diese Liebe unter Beweis zu stellen." Einige Tage vor unserem Gespräch hat die gebürtige Albanerin und jetzige indische Staatsbürgerin wieder 65 neue Schwestern in ihren Orden aufgenommen, der ständig wächst.

Ich möchte gerne wissen, warum die Missionarinnen der Nächstenliebe so fröhlich sind. Lächelnd wird mir geantwortet: „Die Quelle unserer Freude ist Jesus." Und Mutter Teresa sagt: „Was wäre, wenn unser Leben, unsere Schwestern nicht heiter wären? Sklavendienst. Freude dagegen ist ansteckend. Deshalb sollt ihr (gemeint sind die Ordensschwestern) immer von Freude erfüllt sein, wenn ihr zu den Armen geht."

„Was werden Sie Jesus sagen, wenn Sie in den Himmel kommen?", frage ich Mutter Teresa. „Ich liebe dich und danke dir, dass du mich gebraucht hast“, flüstert die 84-jährige kleine Frau und ergänzt: „… das Beste, was mir auf dieser Erde passieren konnte.“ Als ich mich von ihr verabschiede, überreicht sie mir ihre Visitenkarte. Ich lese: „Die Frucht der Stille ist das Gebet. Die Frucht des Gebets ist der Glaube. Die Frucht des Glaubens ist die Liebe. Die Frucht der Liebe ist der Dienst. Die Frucht des Dienstes ist Frieden. Mutter Teresa.“

(Günther Klempnauer)

„Du sollst den Herrn, deinen Gott, lieben von ganzem Herzen, von ganzer Seele und von ganzem Gemüt. Dies ist das höchste und größte Gebot. Das andere aber ist dem gleich: Du sollst deinen Nächsten lieben wie dich selbst!“

(Matthäus 22,37ff)

Hans im Glück

Nach sieben Jahren guter Arbeit bekommt Hans seinen Lohn, einen Goldklumpen, so groß wie sein Kopf. Glücklich zieht er los. Er ist reich. Doch das Gold wird ihm schwer. Und als er einen stolzen Reiter trifft, der fröhlich auf seinem Pferd sitzt, statt zu laufen und gar noch eine Last zu schleppen, tauscht er das Gold gegen das Pferd. Denn das Glück dieser Erde liegt bekanntlich auf dem Rücken der Pferde. Als er dann schnell reiten und das Pferd antreiben will, wirft es ihn ab, und er landet im Graben. Ein Bauer, der mit einer Kuh gemütlich daherkommt, kann das Pferd gerade noch aufhalten und dem Hans aus dem Graben helfen. Hans nimmt nun lieber die Kuh, die ruhig geht und ihm gegen seinen Durst frische Milch liefern wird. Glücklich über den Tausch, zieht er weiter. Es wird heiß. Hans wird durstig, bindet die Kuh an und will nun die frische Milch genießen. Doch die Kuh ist alt, gibt keine Milch, aber dem Hans einen ordentlichen Tritt, dass er ganz benommen ist. Da kommt ein Metzger mit einem Schwein vorbei. Hans tauscht seine Kuh gegen das Schwein ein. Denn Borstenvieh und Schweinespeck ist des Lebens höchster Zweck! Als er nun glücklich seine Straße zieht, begegnet ihm ein Mann mit einer wunderschönen weißen Gans unter dem Arm. Hans lässt sich von der Aussicht auf Gänsebraten und Gänsedaunen die Gans auf- und das Schwein abschwatzen, von dem der Mann behauptet, es wäre wohl gestohlen. Mit der Gans unter dem Arm kommt Hans in ein Dorf, wo er einen Scherenschleifer bei der Arbeit trifft. Der ist so fröhlich, singt und ist von seinem Gewerbe so begeistert, dass Hans schließlich die Gans gegen den Schleifstein eintauscht. Nun ist er vollends glücklich, denn das Handwerk hat bekanntlich goldenen Boden, und als Jungunternehmer sieht Hans seine Zukunft gesichert. So geht er fröhlich weiter. Und als er an einem Feldbrunnen trinken will, fällt ihm der Schleifstein in den Brunnen hinab. Nun ist Hans alles los, und fröhlich ruft er aus: „So glücklich, wie ich bin, gibt es keinen Menschen unter der Sonne!“

Ist das nicht unsere Geschichte? Wir wollen immer mehr, und es wird immer weniger? Und immer was die anderen haben, das ist das Glück? Bis wir schließlich das wirkliche Glück entdecken: „Mit leichtem Herzen und frei von aller Last sprang er nun fort, bis er daheim bei seiner Mutter war!“ Das wirkliche Glück finden wir nicht in immer mehr Dingen, wobei es immer weniger wird, sondern darin, dass wir heimkommen und in Liebe erwartet werden.

„Und er machte sich auf und kam zu seinem Vater. Als er aber noch weit entfernt war, sah ihn sein Vater, und es jammerte ihn; er lief und fiel ihm um den Hals und küsste ihn!“

(Lukas 15,20)

Sich für eins entscheiden

Ein Mann hat gesundheitliche Probleme und sucht einen guten Arzt auf. Der untersucht ihn gründlich und spricht mit dem Mann über seine Lebensweise. Denn er ist gesund, aber zu dick. So stellt der Arzt einen genauen Diätplan auf, nach dem der Mann die nächsten Wochen leben soll. Nach der vereinbarten Zeit kommt der Mann wieder zum Arzt, steigt auf die Waage und ist noch um zwei Kilogramm schwerer geworden. „Wie ist das nur möglich?“, meint der Mann ahnungslos, „ich habe nach jeder Mahlzeit ganz genau Ihre Diät gegessen!“
So machen es viele Menschen mit dem christlichen Glauben. Sie wollen ihn zusätzlich zu ihren eigenen Lebensmöglichkeiten nehmen. Aber die Gesundung des Lebens setzt eine Entscheidung voraus. Ich muss auf Jesus und sein Heil ganz vertrauen und meine eigene Lebensweise loslassen. Niemals wird der Glaube eine hübsche Beigabe oder eine nützliche Ergänzung zu meinen eigenen Vorstellungen und Praktiken sein. Es geht nicht um ein Sowohl-als-auch, sondern um ein Entweder-oder.

„Siehe, ich lege euch heute vor den Segen und den Fluch; den Segen, wenn ihr gehorcht den Geboten des Herrn, eures Gottes, die ich euch heute gebiete; den Fluch aber, wenn ihr nicht gehorchen werdet den Geboten des Herrn, eures Gottes, und abweicht von dem Wege, den ich euch heute gebiete!“

(5. Mose 11,26ff)

Die geistigen Grundlagen des Lebens

Gott ist Geist. Und alles Geistige verlangt nach einer Äußerung, nach einer Gestalt. Der sichtbare Ausdruck der geistigen Macht Gottes ist seine Schöpfung: der Kosmos und seine Ordnungen, die Erde und was auf ihr lebt. Alles Seiende ist Gestalt des lebendigen Geistes Gottes. Gott sprach: „Es werde!" und es wurde das Licht, die Erde, die Kreatur, der Mensch, das Leben. Die geistige Grundlage allen Lebens ist Gottes Macht. Diese Macht Gottes begegnet uns in dem Anspruch: „Ich bin der Herr, dein Gott!" Der „Äußerung" des Geistes Gottes in Gestalt des Lebens, dem Anspruch Gottes in Gestalt des Wortes muss die „Innerung" des Menschen und sein Sich-in-Anspruch-nehmen-Lassen folgen.

Die „Äußerung" Gottes und sein Anspruch als Offenbarung zielen auf „Innerung" und Sich-in-Anspruch-nehmen-Lassen als Glaube des Menschen. Erst da kommen Leben und seine geistige Grundlage zur Erfüllung, wo „Äußerung" und „Innerung", Anspruch und Sich-in-Anspruch-nehmen-Lassen einander entsprechen.

Dieser geistigen Grundlage des Lebens wird von Anfang an widersprochen: „Sollte Gott gesagt haben?" Von Anfang an steht der Mensch in der Versuchung, seinen Geist zur Grundlage des Lebens zu machen: „Ihr werdet sein wie Gott!" Seitdem der Mensch dieser Versuchung erlag, wurde der Glaube an den Menschen und seinen Geist zur verbreitetsten Religion, einer Anti-Religion und einer Quasi-Religion zugleich. Ein Leben auf einer falschen geistigen Grundlage kann nur misslingen. Wir brauchen Gottes Geist als die Kraft und Grundlage unseres Seins.

„Himmel und Erde sind dein; du hast gegründet den Erdkreis und was darinnen ist. Du hast einen gewaltigen Arm, stark ist deine Hand, und hoch ist deine Rechte. Gerechtigkeit und Gericht sind deines Thrones Stütze, Gnade und Treue gehen vor dir einher!"

(Psalm 89,12ff)

Was den Menschen am Laufen hält

Unser Auto läuft mit Kraftstoff. Mit guten Worten oder bösen Absichten ist es nicht zu bewegen, aber mit richtigem Benzin läuft es wie doll. Unser Videorekorder läuft mit Strom. Mit viel Geduld oder heftigem Schütteln kommt er nicht in Gang. Aber mit Strom aus der Steckdose geht der Film ab. Unsere Heizung läuft mit Gas. Mit Holz oder Kohle ist sie nicht zu erwärmen. Dafür ist sie nicht gebaut. Aber an die Gasleitung angeschlossen, wärmt sie auch im strengsten Winter das ganze Haus.

Womit läuft der Mensch, und wie wird sein Leben lebendig? Gott hat uns Menschen aus Erde geformt und mit seinem Lebensatem lebendig gemacht. Wir sind ein Geheimnis und verstehen nicht jede Einzelheit unseres Lebens, aber dass wir nur mit dem Atem des Lebendigen am Leben bleiben, leuchtet ein. Nur mit Gottes Geist, dem Geist der Liebe, des Lebens, der Wahrheit und Kraft können Leben lebendig und Menschen menschlich sein. Gott hat uns so gebaut, dass wir nur aus seinem Geist leben und mit seiner Kraft in Bewegung kommen. Niemand füttert sein Auto mit Süßigkeiten oder seinen Rekorder mit Abfällen oder seine Gasheizung mit Regenwasser. Wie kommen Menschen bloß auf den Gedanken, in irgendetwas anderem als Gott selbst das Leben zu finden? Menschen laufen nur mit Gott selbst, oder sie laufen gar nicht. Aber wenn sein Geist uns treibt und seine Liebe uns leitet, kommen wir richtig in Schwung.

„Denn welche der Geist Gottes treibt, die sind Gottes Kinder!“
(Römer 8,14)

In aller Armut reich

Franz von Assisi wurde einmal am Ende seines gesegneten Lebens gefragt, warum er so viel für Gott tun konnte. Er antwortete darauf: „Folgendes muss der Grund gewesen sein. Gott sah vom Himmel herab und sprach: Wo kann ich den schwächsten, den geringsten, den armseligsten Mann auf dieser Erde finden? Dann sah er mich und dachte: Ich habe ihn gefunden. Ich will durch ihn wirken, denn er wird sich nichts darauf einbilden und meine Ehre für sich selbst in Anspruch nehmen. Er wird wissen, dass ich ihn immer gerade seiner Niedrigkeit und seiner Unbedeutsamkeit wegen benutze!“

„Seht auf eure Berufung: Nicht viele Weise, nicht viele Mächtige, nicht viele Angesehene sind berufen. Sondern was töricht ist vor der Welt und was schwach ist vor der Welt, das hat Gott erwählt; und das Geringe und das Verachtete hat Gott erwählt, das, was nichts ist, damit er zunichte mache, was etwas ist, damit sich kein Mensch vor Gott rühme!“

(1. Korinther 1,26ff)

Der eigentliche Glanz

Bei der Olympiade der Behinderten in den USA vor einigen Jahren bewegte die wenigen Zuschauer vor allem der 400-m-Endlauf der Männer. Acht Behinderte laufen los. Sie laufen nicht elegant, aber sie laufen, jeder mit einem anderen Handicap. Das sieht nicht so schön aus, und mancher wendet sich erschrocken ab. Doch dann schauen wieder alle hin, als kurz vor dem Ziel der führende Läufer stürzt. Der zweite rennt nicht vorbei, um sich den Sieg zu sichern. Er läuft zu dem Gestürzten, richtet ihn mühsam auf, greift unter seine Arme, schleppt ihn mit sich, und zu zweit humpeln sie weiter. Da kommen die anderen auch schon heran, aber auch sie laufen nun nicht an den beiden vorbei, sondern auf sie zu. Alle greifen sich unter die Arme, den Gestürzten haben sie in der Mitte, und so laufen und schleppen sie sich gemeinsam ins Ziel.

Unsere Gemeinden sind ähnlich. Vieles läuft nicht so elegant und schneidig, mehr gebrochen und behindert, oft erbärmlich anzuschauen und eher kümmerlich. Aber der Glanz und die Schönheit unserer Gemeinden liegt gar nicht in unserem Können, unserer Eleganz und Kompetenz, unserer Superform und bestechenden Cleverness, sondern darin, dass wir Gestürzte aufheben und Behinderte annehmen und Schwache tragen und einander helfen und lieben. In der Gemeinde Jesu kommt es nicht darauf an, dass einer der Beste und der strahlende Sieger ist, sondern dass alle, auch die Schwachen und Kleinen, gemeinsam das Ziel erreichen. Der eigentliche Glanz der Gemeinde ist ihre Liebe.

„Ein neues Gebot gebe ich euch, dass ihr euch untereinander liebt, wie ich euch geliebt habe. Daran wird jedermann erkennen, dass ihr meine Jünger seid, wenn ihr Liebe untereinander habt!“

(Johannes 13,34f)

Drei Tröstungen

Jesus hat seine Leute nie darüber im Unklaren gelassen, dass die Nachfolge auch Anfechtung und Versuchung bedeutet. Mit drastischen Worten und Bildern hat er seine Jünger darauf vorbereitet: „Siehe, ich sende euch wie Schafe unter die Wölfe!“ (Matthäus 10,16) oder: „Der Satan hat euer begehrt, dass er euch sieben möchte wie den Weizen!“ (Lukas 22,31). In diesem einen Satz liegen drei wunderbare Tröstungen verborgen:

Der Teufel muss bei Gott anfragen, ob er uns versuchen, herausfordern oder durcheinanderbringen darf.

Das Bild vom Sichten des Weizens meint die Erntesituation von früher. Der Weizen wurde geschnitten, dann gedroschen, sodass die Körner aus den Ähren sprangen. Dann wurde mit der Worfschaufel alles zusammen in die Höhe geworfen. Die leichte Spreu flog davon, die schweren Körner fielen auf die Tenne zurück. Dort lagen sie nun mit Staub und Dreck vermischt. Das alles wurde in ein großes Sieb gefüllt und kräftig durchgerüttelt. Die Körner im Sieb wurden ganz schön durcheinandergeschüttelt.

Dieses Bild möchte die Anfechtung und Versuchung umschreiben. Wir können uns die Körner so vorstellen: Sie wissen nicht mehr, wo oben und unten, vorn und hinten ist. Das macht der Durcheinanderbringer, der Teufel, auch mit den Christen. Aber der Trost des Bildes ist: die Körner können nicht durch das Sieb fallen. Nur der Dreck fällt raus, und das Korn wird immer reiner und wertvoller. Jesus möchte uns sagen: Ihr werdet zwar gehörig durchgerüttelt, aber ihr könnt nicht rausfallen. Nur all die Verunreinigungen eures Lebens fallen dabei raus. Ihr bleibt bewahrt.

Jesus selbst tritt am Thron Gottes für uns ein, dass unser Glaube in all den Proben nicht aufhört, sondern nur fester wird. Nicht nur der Teufel bittet am Thron Gottes um uns, auch Jesus ist dort und verwendet sich für uns.

„Simon, Simon, siehe, der Satan hat begehrt, euch zu sieben wie den Weizen. Ich aber habe für dich gebeten, dass dein Glaube nicht aufhöre!“

(Lukas 22,31f)

Das beste Lösungsmittel

Alkohol ist ein hervorragendes Lösungsmittel.
Er löst Familien, Ehen und Freundschaften,
Arbeitsverhältnisse und Bankkonten,
Reaktionsvermögen und Selbstwertgefühl,
Realitätsbezug und Lebenserwartung,
Leber- und Gehirnzellen auf.
Aber er löst kein einziges Problem.

Liebe ist das bessere Lösungsmittel.
Sie löst Verkrampfungen der Schuld und Sorge,
Verspannungen der Angst und Einsamkeit,
Verhärtungen der Herzen und Seelen,
geballte Fäuste und verbissene Gesichter,
festgefahrene Beziehungen und lähmende Bindungen,
tief sitzende Vorurteile und aufgedrückte Minderwertigkeitsgefühle.
Die Liebe ist das beste Heilmittel zur Erlösung des Lebens.

„Darum ward er ihr Heiland in aller ihrer Not. Nicht ein Engel und nicht ein Bote, sondern sein Angesicht half ihnen. Er erlöste sie, weil er sie liebte und Erbarmen mit ihnen hatte. Er nahm sie auf und trug sie allezeit von alters her!“

(Jesaja 63,8f)

Unentbehrlich

Jean Paul Sartre lässt in einem seiner Dramen einen Mann vor seinem Tod resigniert sagen: „Ich wäre so gerne für einen Menschen unentbehrlich gewesen!"
Es tut gut, wenn Menschen uns brauchen, wenn wir für andere unverzichtbar sind. Mir sagte einmal ein älterer Mann: „Wenn an meinem Grabe auch nur ein Mensch weint, hat sich mein Leben gelohnt!" Im Leben wichtige Lücken schließen und im Sterben eine große Lücke hinterlassen, solche Erfahrungen bauen uns auf. Gerade in einer gnadenlosen Leistungsgesellschaft, in der Menschen Funktionen und austauschbare Rädchen werden und als Arbeitskräfte schnell ersetzbar sind, tut es gut, geschätzt und wichtig zu sein. Aber wie oft haben Menschen gelebt, ohne dass es für jemanden wichtig war, und sind gestorben, ohne dass es für jemanden traurig war. Ich denke an manche Beerdigung in der Großstadt zurück, bei der überhaupt kein Mensch außer dem Pfarrer und dem Bestatter dabei war. Oder mir fallen Gespräche mit Hinterbliebenen ein, die nur froh waren, dass Oma oder Opa nun endlich unter die Erde und aus dem Haus kamen. Umso wichtiger ist es, sich in seinem Wertgefühl weder von der Verwertbarkeit in der Gesellschaft noch vom Gebrauchtwerden von Menschen abhängig zu machen. Nur bei Gott sind wir wirklich unentbehrlich und unersetzlich. Vor ihm gibt es uns nur einmal, niemand kann mich bei Gott vertreten oder ersetzen. Ich bin Gott wichtig. Und er lässt mir in seinem Wort sagen:

„Weil du in meinen Augen so wertgeachtet und auch herrlich bist, habe ich dich lieb!"

(Jesaja 43,4)

Tödlicher Irrtum

Ein Mann kommt mit einer großen seelischen Not zu einem Psychiater. „Jeden Abend sehe ich unter meinem Bett eine riesige Schlange, und ich habe fürchterliche Angst! Können Sie mir helfen?“ – „Das ist ganz einfach“, erklärt der Psychiater, „Sie sagen eine Zeit lang jeden Abend: Da ist keine Schlange, nein, da ist gar keine Schlange! Und nach vierzehn Tagen ist das sicher vorbei, dann kommen Sie noch mal zu mir!“
Als nach längerer Zeit der Patient nicht wiederkommt, erkundigt sich der Arzt. Dort meldet sich ein Fremder, der ihm erklärt: „Der Herr Schulze lebt leider nicht mehr, der ist von einer riesigen Schlange gebissen worden, die unter seinem Bett lag!“
Menschen leiden unter Sünde und Schuld. Aber die Gesellschaft will sie uns ausreden. Da ist gar keine Sünde, und die Schuldgefühle sind nur eingebildet. Bis uns dann die Sünde eines Tages kaputtgemacht und aufgefressen hat.

„Wenn wir sagen, wir haben keine Sünde, so betrügen wir uns selbst, und die Wahrheit ist nicht in uns. Wenn wir aber unsre Sünden bekennen, so ist er treu und gerecht, dass er uns die Sünden vergibt und reinigt uns von aller Untugend!“

(1. Johannes 1,8f)

Eiter in den Gebeinen

Eine griechische Legende erzählt von einem Läufer, der bei einem wichtigen Wettkampf nur Zweiter wurde. Die Menge applaudierte dem Sieger, und schließlich wurde zu seinen Ehren eine Siegerstatue errichtet. Der Verlierer konnte sich mit dem zweiten Platz nicht abfinden, und in seinem Herzen wuchsen Eifersucht, Bitterkeit und Neid. So hatte er schließlich nur noch den einen Gedanken, die Statue, die ihn an seine Niederlage erinnerte, zu zerstören. Jede Nacht schlich er sich heimlich zum Denkmal und schlug mit Hammer und Meißel kleine Teile des Sockels ab. Nacht für Nacht schlug er mit Neid und Eifersucht, Bitterkeit und Groll auf den Sockel ein. Eines Nachts, als er wieder blind vor Wut drauflosschlug, stürzte die Statue um und begrub den Läufer unter sich. Er starb unter der Last eines Denkmals, aber im Grunde starb er unter der Last seiner Eifersucht. Er war das Opfer seines eigenen Neides und seiner Bitterkeit geworden.

„Ein gelassenes Herz ist des Leibes Leben; aber Eifersucht ist Eiter in den Gebeinen!“

(Sprüche 14,30)

Das traurige und das tröstliche Aber

Leben ist Abschiednehmen. Wie ein roter Faden zieht sich diese schmerzhafte Erfahrung von Trennung, Abschied und Verlust durch unser Leben. Verlobte verabschieden sich voneinander nach einem schönen Wochenende. Sie herzen, drücken und küssen sich, Schnitt und Abschied. Eine Mutter bringt ihr Kind ins Krankenhaus. Sie darf es ins Bett bringen, alles einräumen, noch eine Weile dableiben, aber dann muss sie gehen – nicht ohne Bangen in ihrem Herzen und nicht ohne Tränen auf dem Kindergesicht. Wir nehmen Abschied von besonderen Zeiten, lieben Menschen, vom Arbeitsplatz, von Gesundheit und auch von Träumen und Erwartungen, die sich nicht erfüllen ließen. Auch an Gräbern stehen wir zum letzten Abschied, und auch wir werden einmal diesen einsamen Weg gehen müssen, um alles und alle zurückzulassen.

Diese schmerzliche Erfahrung hat in einem Volkslied einen einfachen Ausdruck gefunden: „Ich wäre ja so gerne noch geblieben, aber der Wagen, der rollt …“ Das ist das traurige und wehmütige Aber des Abschieds. Alle diese kleinen Schnitte und Abschiede sind aus dem großen Abschied herausgewachsen, den der Mensch ganz am Anfang nahm, als er um seiner Sünde willen aus dem Paradies vertrieben wurde und jenseits von Eden zu leben begann. Seitdem gibt es dieses traurige Aber, diese wehmütigen Abschiede.

Aber zum Glück gibt es auch ein tröstliches Aber, denn Gott hat sich aufgemacht und hat uns jenseits von Eden besucht und erlöst. Er selbst hat sich unserer Not der Trennung und des Abschiedes angenommen und uns wieder mit sich versöhnt und verbunden.

„Siehe, um Trost war mir sehr bange. Du aber hast dich meiner Seele herzlich angenommen, dass sie nicht verdürbe; denn du wirfst alle meine Sünden hinter dich zurück!“

(Jesaja 38,17)

Die Blätter fallen

Die Blätter fallen, fallen wie von weit,
als welkten in den Himmeln ferne Gärten;
sie fallen mit verneinender Gebärde.

Und in den Nächten fällt die schwere Erde
aus allen Sternen in die Einsamkeit.

Wir alle fallen. Diese Hand da fällt.
Und sieh dir andre an: es ist in allen.
Und doch ist Einer, welcher dieses Fallen
unendlich sanft in seinen Händen hält.

(Rainer Maria Rilke)

„Gott ist mein Fels, meine Hilfe und mein Schutz, dass ich nicht fallen werde!“

(Psalm 62,7)

Endspiel

Bedrückend negativ und grausam sinnlos beschreibt Samuel Beckett das Leben in seinem Stück „Endspiel". Die Wirklichkeit des Lebens ist auf eine trostlose, leere Mansarde zurückgeschlüsselt. Schmutzig grau und düster zeigt sich der Lebensraum. Dort leben Hamm, die Hauptfigur, seine Eltern und sein Diener Clov. Sie spielen das Endspiel. Das Leben geht zu Ende. Das Ende spielt mit den Menschen. Hamm hält seine Eltern in zwei Mülltonnen gefangen und seinen Diener an einem Strick um den Hals gebunden. Von jeder Hoffnung entblößt und allen Sinns beraubt, geht das Leben zu Ende. Die Beziehungen stellen sich als sklavisch und entwürdigend abhängig dar. „Ende, es ist zu Ende, es geht zu Ende! … Gescheitert in tausend Stücken … Lass uns aufhören zu spielen … Also Schluss damit! Es soll enden, und zwar ruckzuck! … Altes, von jeher verlorenes Endspiel, Schluss damit, nicht mehr verlieren! … Augenblicke gleich null, die immer gleich null sind und doch zählen, damit die Rechnung der Geschichte aufgeht und die Geschichte endet!"
Der Mensch im Nichts, das Leben in der Sinnlosigkeit, Beziehungen als Versklavung, die Wirklichkeit abgeräumt und zu Ende, radikaler kann man das Leben nicht leugnen, den Sinn nicht verneinen, die Hoffnung nicht ausschließen. Was haben wir für eine Sicht vom Leben, Ansicht vom Menschen, Einsicht in die Wirklichkeit, Übersicht über die Welt, Aussicht auf die Zukunft? Mir fallen bei dem Wort Endspiel ganz andere Bilder ein.

„Die Zeit meines Hinscheidens ist gekommen. Ich habe den guten Kampf gekämpft, ich habe den Lauf vollendet, ich habe Glauben gehalten; hinfort liegt für mich bereit die Krone der Gerechtigkeit, die mir der Herr, der gerechte Richter, an jenem Tage geben wird, nicht aber mir allein, sondern auch allen, die seine Erscheinung lieb haben!"

(2. Timotheus 4,6ff)

Bedeckt mit deinem Segen

Herr, der du mir das Leben
bis diesen Tag gegeben,
dich bet ich kindlich an.
Ich bin viel zu geringe
der Treue, die ich singe
und die du heut an mir getan.

Mit dankendem Gemüte
freu ich mich deiner Güte,
ich freue mich in dir.
Du gibst mir Kraft und Stärke,
Gedeihn zu meinem Werke
und schaffst ein reines Herz in mir.

Ich weiß, an wen ich glaube,
und nahe mich im Staube
zu dir, o Gott, mein Heil.
Ich bin der Schuld entladen,
ich bin bei dir in Gnaden,
und in dem Himmel ist mein Teil.

Bedeckt mit deinem Segen,
eil ich der Ruh entgegen;
dein Name sei gepreist.
Mein Leben und mein Ende
ist dein; in deine Hände
befehl ich, Vater, meinen Geist.

(Christian Fürchtegott Geliert)

„In deine Hände befehle ich meinen Geist; du hast mich erlöst, Herr, du treuer Gott. Ich, Herr, hoffe auf dich und spreche: Du bist mein Gott! Meine Zeit steht in deinen Händen.“

(Psalm 31,6.15f)

Die Rätsel der Königin von Saba

Der Ruhm von der Klugheit König Salomons drang selbst bis in das weite Land der Königin von Saba. Sie wollte sich nun selbst davon überzeugen und machte sich auf den Weg nach Jerusalem (vgl. 1. Könige 10,1ff).
Als sie vor Salomon trat, sagte sie: „Ich will dir einige Rätsel aufgeben, und wenn du mir ihre Lösung nennst, dann werde auch ich wissen, dass das Gerücht, das ich von dir gehört habe, auf Wahrheit beruht."

Da sagte der König:

„Nenne mir deine Rätsel, auf dass ich sie höre!"

Und die Königin sprach:
„Sag mir, wenn du es weißt,
wo ist das Wasser, das vom Himmel nicht fließt,
auch strömt es nicht von Bergen und Felsen,
manchmal ist es süß wie Honig,
manchmal bitter wie Wermut,
obwohl diese Tropfen von einer Quelle kommen?"

Da antwortete Salomon:

„Die Träne strömt nicht von den Himmelshöhen,
auch nicht von Felsspitzen ergießt sie sich
auf die Wange;
wenn das Menschenherz sich freut,
ist sie süß für die Augen,
aber bei Schmerz und Leid
ist sie siebenfach bitter."

Und die Königin sagte:

„Meine Mutter, die mich liebte,
gab mir zwei nette Dinge.
Das eine wurde im Meere geboren,
das andere in den Tiefen der Erde und der Berge."

Und der König antwortete:

„Die Perlenschnur an deinem Hals
und der goldene Ring an deinem Finger
werden deinem Herzen sagen,
dass ich des Rätsels Lösung gefunden habe.“

Die Königin fragte weiter:

„Sage mir, wenn du es weißt,
wer ist der Unglückliche, den man
noch vor seinem Tode in die Erde legt,
er ist nicht gestorben,
und schon begräbt man ihn?
Er liegt, bekommt Kraft
und erwacht zum Leben.
Die ihn begraben hatten,
verdienen an ihm sehr viel.“

Da antwortete Salomon:

„Das Samenkorn in der Erde,
die Ähren und das Getreide
werden meiner Fragenden sagen,
dass ich das Rätsel gefunden habe.“

Und wieder fragte die Königin:

„Sag mir, du weiser König,
wer ist lauter und rein,
wenn er vom Himmel steigt,
nachher wird er zu Kot auf den Wegen?
Wenn er in seinen Geburtsort zurückkehrt,
ist er wieder rein und lauter wie früher.“

Darauf antwortete der König:

„Was ist weißer als Schnee,
wenn er vom Himmel kommt,
was ist schmutziger als
der Schneeschlamm auf den Wegen?
Die Wolken haben ihn geboren
und auf die Erde geschickt.

Scheint die Sonne,
kehrt er zu ihnen wieder zurück."

Nachdem König Salomon die Rätsel gelöst hatte, sagte die Königin von Saba: „Ich habe dich vier Rätsel gefragt, und du hast nicht nur die treffende Lösung gewusst, sondern auch deine Antworten in schöne Worte gekleidet."

„Die Königin vom Süden wird auftreten beim Jüngsten Gericht mit diesem Geschlecht und wird es verdammen; denn sie kam vom Ende der Erde, um Salomos Weisheit zu hören. Und siehe, hier ist mehr als Salomo!"

(Matthäus 12,42)

Schmerz und Freude

„Scheiden tut weh", heißt es in einem Volkslied. Jede Trennung hat ihren Schmerz. Wer seine Heimat verliert, Gewohntes verlässt, gute Freunde vermisst, vom Arbeitsleben Abschied nimmt, glücklichen Zeiten nachtrauert, Kinder aus dem Haus gehen sieht und liebe Menschen zur letzten Ruhe geleitet, kennt dieses Weh. Scheiden, Trennen, Verlieren, Vermissen, Verabschieden, Zurücklassen und Entbehren sind die Worte für diesen Schmerz.
„Aber dein Scheiden macht, dass mir das Herze lacht …", so geht das Lied weiter und erinnert uns daran, dass in allem Schmerz der Trennung auch die Freude des Aufbruchs und Gewinns verborgen liegt. Neue Zeiten, neue Länder, neue Wege, neue Menschen, neue Erfahrungen, neue Aufgaben, neues Leben sind nur möglich, wenn wir mutig zurücklassen und fröhlich aufbrechen. So gehen Abschied und Anfang ineinander über.
Geboren werden und Sterben sind die extremsten und markantesten Beispiele für diesen Zusammenhang. Wehen und Schmerzen, Glück und Freude sind in der Geburt eins. Es tut so weh und ist so gut, dass das Herze lacht.
Auch im Sterben sind Leiden und Weh mit Hoffnung und Aufbruch, schmerzliches Ende und glücklicher Anfang ineinander gewoben.
Wenn vergehende Zeit werdende Ewigkeit, wenn Abschied nehmen Aufbrechen, wenn Scheiden Ankommen ist, dann darf beides sein: „Scheiden tut weh, aber das Scheiden macht, dass mir das Herze lacht …"

„Wenn der Herr die Gefangenen Zions erlösen wird, so werden wir sein wie die Träumenden. Dann wird unser Mund voll Lachens und unsre Zunge voll Rühmens sein ... Die mit Tränen säen, werden mit Freuden ernten. Sie gehen hin und weinen und streuen ihren Samen und kommen mit Freuden und bringen ihre Garben!"

(Psalm 126,1f.5f)

Wunde Stellen

Ein Sprichwort sagt: „Die Zunge geht immer da hin, wo der Zahn wehtut!“ Unsere Gedanken und Erinnerungen kreisen immer um die Stellen im Leben, die uns schmerzen. Kränkungen, die wir empfingen, beschäftigen unsere Gefühle, tauchen in unseren Träumen auf und lenken unsere Gedanken. Versäumnisse, die uns schmerzen, besetzen unsere Seelen und Empfindungen. Wir werden sie nicht los, und Schuldgefühle verfolgen uns. Enttäuschungen besetzen unser Leben, und in unseren Erinnerungen werden sie riesengroß. Verluste und Defizite, Mängel und Unerfülltheiten nehmen unsere Gedanken gefangen, und die Macht des Fehlenden hält uns im Griff. Wir kommen davon nicht los. Die Zunge, dieses kleine sensible Organ, geht immer da hin, wo der Zahn wehtut. Aber das ist auch unsere Chance. Nur so werden wir erinnert, die wunden Stellen des Lebens behandeln zu lassen. Nur so haben wir die Möglichkeit, die Schmerzen zu bekämpfen und ihre Ursache zu überwinden. So ärgerlich die Zunge ist, wenn sie immer da hingeht, wo der Zahn wehtut, so dienlich ist sie uns auf dem Wege, Heilung zu finden. Darum wollen wir die wunden Stellen des Lebens, die Schmerzen der Seele, die Verletzungen unseres Gemütes und die Beschädigungen unserer Person nicht übergehen und verdrängen, sondern von der Liebe Gottes behandeln lassen.

„So spricht der Herr: Dein Schaden ist verzweifelt böse, und deine Wunden sind unheilbar. Deine Sache führt niemand; da ist keiner, der dich verbindet, es kann dich niemand heilen. Aber ich will dich wieder gesund machen und deine Wunden heilen!“

(Jeremia 30,12f.17)

Stiehl du selbst diesen Schatz

„Zu wem soll ich rufen, Herr, bei wem werde ich Zuflucht finden, wenn nicht bei Dir? Alles, was nicht Gott ist, kann mein Erwarten nicht erfüllen. Gott selbst ist es, nach dem ich verlange und den ich suche; an Dich allein, mein Gott, wende ich mich, um Dich zu erlangen.

Öffne mein Herz, Herr, dringe ein in diesen Ort des Aufruhrs, den die Laster besetzt halten. Sie halten ihn in ihrer Gewalt. Ziehe dort ein wie in das Haus des Starken, aber fessele zuvor den starken und mächtigen Feind, der es beherrscht, und nimm dann die Schätze, die sich dort befinden. Herr, nimm meine Liebe, welche die Welt gestohlen hatte, stiehl Du selbst diesen Schatz, oder vielmehr nimm ihn zurück, denn er gehört Dir wie ein Tribut, den ich Dir schulde, denn Dein Bild ist darin eingeprägt. Du hattest es dort gestaltet, Herr, im Augenblick meiner Wiedergeburt; aber es ist ganz ausgelöscht. Das Abbild der Welt ist so darin eingelassen, dass das Deinige nicht mehr erkennbar ist.

Du allein hast meine Seele erschaffen können, Du allein kannst sie neu schaffen; Du allein hast darin Dein Bild formen können, Du allein kannst es neu formen, ihr Dein ausgelöschtes Bild wieder einprägen, das heißt: Jesus Christus, mein Erlöser, der Dein Abbild und das Gepräge Deines Wesens ist!“

(Blaise Pascal)

„Meine Seele dürstet nach Gott, nach dem lebendigen Gott. Wann werde ich dahin kommen, dass ich Gottes Angesicht schaue?“

(Psalm 42,3)

Wer andern eine Grube gräbt, fällt selbst hinein

Ein Bäcker bezog vom Bauern Butter und der Bauer vom Bäcker Brot. Nun schien es dem Bäcker, als ob die Butterstücke des Bauern, die drei Pfund wiegen sollten, immer leichter würden. Seine Waage gab ihm recht, und er verklagte seinen Butterlieferanten beim Richter. „Ihre Butterstücke sollen nicht die erforderliche Schwere haben", sagte der Richter zum Bauern. „Dies Stück soll drei Pfund wiegen, nicht wahr? Es wiegt aber viel weniger." – „Das ist ausgeschlossen, Herr Richter", sagte das Bäuerlein, „ich habe es jedes Mal nachgewogen." – „Vielleicht stimmen Ihre Gewichte nicht", meinte der Richter. „Gewichte?" Das Bäuerlein war erstaunt. „Ich habe keine Gewichte, brauche auch keine." – „Aber womit wiegen Sie denn, wenn Sie keine Gewichte haben?" – „Das ist ganz einfach, Herr Richter, und auch gerecht. Sehen Sie, ich krieg mein Brot vom Bäcker, so wie er seine Butter von mir. Und so ein Laib Brot wiegt drei Pfund, nicht wahr? Nun – da leg ich auf die eine Seite der Waage meine Butter und auf die andere einen Laib Brot, und dann balancier ich das aus."
Sprach's und zog ein „Dreipfundbrot" des Bäckers hervor. Der Richter wog nach – die Butter war aufs Haar genauso schwer wie das Brot. Der Richter lachte, der Bauer lächelte, der Bäcker tobte. Der Bauer wurde freigesprochen und der Bäcker verurteilt.

„Falsche Waage ist dem Herrn ein Gräuel; aber ein volles Gewicht ist sein Wohlgefallen!"

(Sprüche 11,1)

Auf den Inhalt kommt es an

Ich bin nur ein irdenes Krüglein,
gering und gar nicht viel wert,
und doch von dem himmlischen Vater
geachtet, geliebt und geehrt.

Ich bin nur ein irdenes Krüglein,
zerbrechlich, empfindlich und klein,
doch füllte mein Meister dort oben
sein himmlisches Leben hinein.

Ich bin nur ein irdenes Krüglein,
doch trag ich des Glaubens Gold
in meiner unscheinbaren Hülle,
weil so es mein Meister gewollt.

Ich bin nur ein irdenes Krüglein,
gottlob in des Heilandes Hand!
Er trägt und schirmt und hält mich
auf dem Wege durchs irdische Land.

„Wir haben aber diesen Schatz in irdenen Gefäßen, damit die überschwängliche Kraft von Gott sei und nicht von uns. Darum werden wir nicht müde; sondern wenn auch unser äußerer Mensch verfällt, so wird doch der innere von Tag zu Tag erneuert.“

(2. Korinther 4,7.16)

Erfüllung ist möglich

Siehe, Herr,
ich bin ein leeres Gefäß,
das bedarf sehr,
dass man es fülle.

Mein Herr, fülle es,
ich bin schwach im Glauben;
stärke mich,
ich bin kalt in der Liebe.
Wärme mich und mache mich heiß,
dass meine Liebe herausfließe
auf meinen Nächsten.
Ich habe keinen festen, starken Glauben,
ich zweifle zuzeiten
und kann dir nicht völlig vertrauen.
Ach Herr, hilf mir,
mehre mir den Glauben und das Vertrauen.
Alles, was ich habe,
ist in dir beschlossen.
Ich bin arm,
du bist reich
und bist gekommen,
dich der Armen zu erbarmen.
Ich bin ein Sünder,
du bist gerecht.
Hier bei mir ist die Krankheit der Sünde,
in dir aber ist die Fülle der Gerechtigkeit.
Darum bleibe ich bei dir,
dir muss ich nicht geben:
von dir kann ich nehmen.

(Martin Luther)

„Und von seiner Fälle haben wir alle genommen Gnade um Gnade!“
(Johannes 1,16)

St. Martin teilt den warmen Mantel

Der heilige Martin kam im Jahr 316 im heutigen Ungarn zur Welt. Aufgewachsen ist er in der Stadt Pavia, wo sein Vater im römischen Heer diente. Als Zwölfjähriger begegnete er dem Christentum. Zunächst musste er nach kaiserlichem Gesetz ins Heer eintreten, wo er schon bald Offizier wurde. Achtzehnjährig ließ er sich taufen; bald darauf schied er aus dem Dienst aus. Bei Poitiers gründete er das erste Mönchskloster in Gallien.

Im Jahr 371 wurde er vom Volk, gegen seinen Willen, zum Bischof von Tours gewählt. Sein Lebensstil blieb weiter bescheiden, was ihm den Beinamen „Bischof der Armen und der Armut“ gab.

Berühmt und beliebt war er wegen seiner Güte und Menschenfreundlichkeit, auch Wunderkraft wurde ihm nachgesagt.

Der Legende zufolge hat er bei einem Ritt vor Tours seinen Mantel mit dem Schwert in zwei Stücke geteilt und einen Teil davon einem frierenden Bettler gegeben.

Im „Martinslied“, einer Volksweise, wird dies wie folgt besungen:

Sankt Martin ritt durch Schnee und Wind,
sein Ross, das trug ihn fort geschwind.
Sankt Martin ritt mit leichtem Mut,
sein Mantel deckt’ ihn warm und gut.

Im Schnee, da saß ein armer Mann,
hat Kleider nicht, hat Lumpen an.
„O hilf mir doch in meiner Not,
sonst ist der bittre Frost mein Tod.“

Sankt Martin hält die Zügel an,
sein Ross steht still beim armen Mann.
Sankt Martin mit dem Schwerte teilt
den warmen Mantel unverweilt.

Sankt Martin gibt den halben still,
der Bettler rasch ihm danken will.
Sankt Martin aber ritt in Eil
hinweg mit seinem Mantelteil.

Am 11. November 397 wurde St. Martin bei Tours bestattet. So erhielt der 11. November den Beinamen „Martini".

„Brich dem Hungrigen dein Brot, und die im Elend ohne Obdach sind, führe ins Haus! Wenn du einen nackt siehst, so kleide ihn, und entzieh dich nicht deinem Fleisch und Blut!"

(Jesaja 58,7)

Das Buch meines Lebens

Niemand schreibt sein Leben selbst. Aber wer sind die Autoren meines Lebens? Eltern und Erzieher prägen mich, Menschen und Meinungen beeinflussen mich, Medien und Mächte bestimmen mich. Umstände und Verhältnisse zwingen mich. Trends und Zeitgeist verlocken mich. Krankheit und Schwäche behindern mich. Raum und Zeit bedingen mich. Leib und Geist begrenzen mich. Gesellschaft und Politik verändern mich.
Ist mein Leben ein Buch, in das andere mein Leben einschreiben? Wen lasse ich Autor meines Lebens sein? Bei aller irdischen Bedingtheit, bei aller menschlichen Begrenztheit meines Lebens möchte ich Gott selbst den Autor meines Lebens sein lassen. Er soll in seiner Weisheit und Liebe, in seiner Güte und Weitsicht mein Leben schreiben. Dann wird es für mich gut, für andere ein Segen und für Gott eine Verherrlichung. Also bitte ich Gott um seinen Einfluss, seine Prägung, seine Führung und Leitung für mein Leben. Dann will ich mein Leben sorgfältig aufblättern und Seite um Seite wahrnehmen und ernst nehmen, es aus Gottes Liebe empfangen und in seine Versöhnung zurückgeben. Mein Leben ist zu kostbar, als dass es von irgendwem und irgendwie zu irgendwas missbraucht wird. Es ist Gottes Leben mit mir und mein Leben mit ihm!
„Das Leben gleicht einem Buche, Toren durchblättern es flüchtig. Der Weise liest es mit Bedacht, weil er weiß, dass er es nur einmal lesen kann“ (Jean Paul).

„Deine Augen sahen mich, als ich noch nicht bereitet war, und alle Tage waren in dein Buch geschrieben, die noch werden sollten und von denen keiner da war!“

(Psalm 139,16)

Was macht, dass ich so fröhlich bin?

Ich bin vergnügt, erlöst, befreit.
Gott nahm in seine Hände meine Zeit,
mein Fühlen, Denken, Hören, Sagen,
mein Triumphieren und Verzagen,
das Elend und die Zärtlichkeit.

Was macht, dass ich so fröhlich bin
in meinem kleinen Reich?
Ich sing und tanze her und hin
vom Kindbett bis zur Leich.

Was macht, dass ich so furchtlos bin
an vielen dunklen Tagen?
Es kommt ein Geist in meinen Sinn,
will mich durchs Leben tragen.

Was macht, dass ich so unbeschwert
und mich kein Trübsinn hält?
Weil mich mein Gott das Lachen lehrt
wohl über alle Welt.

(Hanns Dieter Hüsch)

„Das ist meines Herzens Freude und Wonne, wenn ich dich mit fröhlichem Munde loben kann; wenn ich mich zu Bette lege, so denke ich an dich, wenn ich wach liege, sinne ich über dich nach. Denn du bist mein Helfer, und unter dem Schatten deiner Flügel frohlocke ich."

(Psalm 63,6ff)

Das 6 x 1 des geistlichen Lebens

1. Eins ist Not! „Marta, Marta, du hast viel Sorge und Mühe. Eins aber ist not. Maria hat das gute Teil erwählt!" (Lukas 10,38ff)
   Jesus achtet dich, wenn du für ihn arbeitest, aber er liebt dich, wenn du ihm zuhörst!
2. Eins weiß ich! „Er antwortete: Ist er ein Sünder? Das weiß ich nicht. Eins aber weiß ich, dass ich blind war und bin nun sehend!" (Johannes 9,24ff)
   Weltliche Dinge muss man verstehen, um sie lieben zu können. Göttliche Dinge muss man lieben, um sie verstehen zu können!
3. Eins fehlt dir! „Jesus sah ihn an und liebte ihn und sprach zu ihm: Eins fehlt dir. Gehe hin, verkaufe alles, was du hast, und gib's den Armen, so wirst du einen Schatz im Himmel haben, und komm und folge mir nach!" (Markus 10,17ff)
   Wenn wir die Schätze Gottes selbst sind, müssen wir die Schätze der Welt nicht mehr für uns behalten!
4. Eins sage ich! „Eins aber sage ich: Ich vergesse, was dahinten ist, und strecke mich nach dem, was da vorne ist, und jage nach dem vorgesteckten Ziel!" (Philipper 3,13ff)
   Auf das richtige Ziel hin macht auch der schwierigste Lebensweg einen Sinn!
5. Eins bitte ich! „Eins bitte ich vom Herrn, das hätte ich gerne: dass ich im Hause des Herrn bleiben könnte mein Leben lang, zu schauen die schönen Gottesdienste des Herrn!" (Psalm 27,4)
   Gott ist immer erst Gastgeber, Ratgeber, Trostgeber und dann auch Arbeitgeber!
6. Eins hat Gott geredet! „Eins hat Gott geredet, ein Zweifaches habe ich gehört: Gott allein ist mächtig, und du, Herr, bist gnädig!" (Psalm 62,12f)
   Gott ist der Machthaber der Welt und zugleich der Liebhaber meines Lebens!

Ein Medikament für den Sonntag

„Sehr geehrter Herr Bayer!
Sie stellen Aspirin her, das gegen Schmerzen, Erkältung und Fieber Wunder wirkt. Die Bestandteile Ihrer Tablette erlauben es den Menschen, das Bett zu verlassen und mit Kopfschmerzen, Muskelkrämpfen und Nervosität fertigzuwerden. Ihr Mittel wirkt, wie ich feststellen konnte, ausgezeichnet am Montag, Dienstag, Mittwoch, Donnerstag, Freitag und vor allem am Samstag. Nur denen, die es am Sonntag nehmen, hilft es nicht. Die werden ihre Leiden und Schmerzen nicht los und können daher nicht zum Gottesdienst kommen. – Können Sie Ihr Mittel nicht noch einmal überprüfen und etwas hineintun, das auch an Sonntagen verlässlich wirkt?“

(Aus einem offenen Brief eines Pfarrers)

„Und Gott segnete den siebenten Tag und heiligte ihn, weil er an ihm ruhte von allen seinen Werken, die Gott geschaffen und gemacht hatte!“

(1. Mose 2,3)

Gott gibt uns sein Zeichen

Zwei Männer sitzen sich im Zug gegenüber. Der Jüngere ist seltsam angespannt und nervös. Der Ältere versucht behutsam ein Gespräch. Nach einigen Sätzen bricht es plötzlich aus dem jungen Mann heraus: „Ich war längere Zeit im Gefängnis. Ich habe durch meinen unguten Lebenswandel mein Leben zerstört und meine Eltern bis an den Rand der Verzweiflung gebracht. Nun fahre ich nach Hause. Aber ich kann nicht erwarten, dass meine Eltern mir einfach verzeihen und mich wieder aufnehmen. Darum habe ich sie im letzten Brief um ein Zeichen gebeten. Unser Haus liegt an dieser Bahnlinie. Im Garten steht ein großer Apfelbaum. Wenn ich nach Hause kommen darf, sollen meine Eltern in den Baum ein weißes Leinentuch hängen. Wenn der Baum leer bleibt, weiß ich Bescheid und fahre irgendwohin. Jetzt kommt bald der Garten. Ich bin so aufgeregt und mag gar nicht hinschauen. Wollen Sie es für mich tun?“
Der ältere Mann schaut hinaus. Die Spannung steigt. Da kommt der Garten, der Apfelbaum ist voller weißer Tücher. „Sie dürfen heimkommen!“
Dem jungen Mann laufen die Tränen über das Gesicht: „Ein Glück, sie vergeben mir!“
Auch wir sitzen mit unserer Schuld im Lebenszug. Wir haben Gott tief gekränkt mit unserer Sünde und Schuld, mit unserem Ungehorsam und Eigenwillen. Aber Gott gibt uns sein Zeichen. Am Kreuz von Golgatha hat Gott uns sein sichtbares Zeichen der Vergebung aufgerichtet. Dort am Kreuz hängt Jesus, der unsere Sünde trägt und sühnt. Gott will uns vergeben, und wir dürfen heimkehren. Der Baum des Lebens hängt voller weißer Tücher und lädt uns ein, zu kommen und Vergebung zu finden.

„Wenn wir unsre Sünden bekennen, so ist er treu und gerecht, dass er uns die Sünden vergibt und reinigt uns von aller Ungerechtigkeit!“
(1. Johannes 1,9)

Leben ist lebensgefährlich

Ein Zirkus gastiert in einer Stadt. Die Vorstellungen sind ausverkauft. In der Manege erheitern Clowns die Menge, und Artisten begeistern durch ihre Akrobatik. Und dann kommt der Höhepunkt. Eine zarte, junge Frau hat sechs mächtige Löwen dressiert. Vom Zirkusdirektor besonders angekündigt, nehmen schließlich die Löwen mit ihrem mächtigen Maul der schönen, mutigen Frau ein Stück Zucker aus dem Mund. Die Zuschauer sind beeindruckt und applaudieren begeistert. Da meldet sich ein älterer Herr und meint zur Verwunderung aller, dass sei doch kein Kunststück, das könne er auch. Der Direktor wehrt konsterniert ab, worauf der Mann locker sagt: „Das kann ich auch, der schönen Frau den Zucker aus dem Mund abnehmen!"
Haben wir uns im Leben nur den schönen, zarten und süßen Seiten gestellt oder haben wir auch die Begegnung mit den gefährlichen und bedrohlichen Kräften gewagt? Sind wir den Abgründen und Tiefen unseres Lebens mutig begegnet, haben wir uns den Löwen des Bösen in uns und um uns gestellt? Solange das Leben einer schönen Frau und einem süßen Zuckerstück gleicht, haben wir sicher kein Problem, es anzunehmen. Aber wie werden wir mit der Löwenmacht von Bedrohung und Widrigkeit, von Tod und Teufel, von Sünde und Schuld, von Schicksal und Leid fertig?

„Und sie warfen ihn zu den Löwen in die Grube. Der König aber sprach zu Daniel: Dein Gott, dem du ohne Unterlass dienst, der helfe dir! Und der König fastete die Nacht über und konnte auch nicht schlafen. Früh am Morgen ging er eilends zur Grube und rief Daniel mit angstvoller Stimme. Daniel aber redete mit dem König: Mein Gott hat seinen Engel gesandt, der den Löwen den Rachen zugehalten hat, sodass sie mir kein Leid antun konnten!"

(Daniel 6,17ff)

„Seid nüchtern und wacht; denn euer Widersacher, der Teufel, geht umher wie ein brüllender Löwe und sucht, wen er verschlinge. Dem widersteht, fest im Glauben!"

(1. Petrus 5,8)

Mein letztes Manuskript

Muss nun gestorben werden,
Herr, hilf, dass mir's geling
und ich getrost auf Erden
den letzten Schritt vollbring!

Lass mich nicht jäh verscheiden,
mein selbst nicht mehr bewusst,
Lass meinen Tod mich leiden
so, wie ich leben musst!

Nur gib, wenn ich dann trinke
die bittre Sterbenot,
dass ich zu dir entsinke,
dein ganz gewiss, mein Gott!

Du hast mir aufgetragen,
durchs Leben hier zu gehn,
hilf nun, das Sterben wagen,
und hilf, den Tod bestehn!

(Arno Pötzsch kurz vor seinem Tod 1956)

„Herr, auf dich traue ich, Lass mich nimmermehr zuschanden werden, errette mich durch deine Gerechtigkeit! In deine Hände befehle ich meinen Geist; du hast mich erlöst, Herr, du treuer Gott!“

(Psalm 31,2.6)

Wo findet die Seele die Heimat, die Ruh …

„Etwa zwanzig Jahre lang wurde in unserer Anstalt ein Mädchen namens Käthe gepflegt. Es war von Geburt an geistesgestört und hatte nie ein Wort sprechen gelernt. Stumpf vegetierte Käthe dahin. Abwechselnd stierte sie bewegungslos stundenlang vor sich hin oder befand sich in zappelnder Bewegung. Sie aß und trank, sie schlief, stieß auch einmal einen Schrei aus. Andere Lebensregungen hatten wir an ihr in den langen Jahren nie wahrgenommen. An dem, was in ihrer Umgebung vor sich ging, schien sie nicht den geringsten Anteil zu nehmen. Auch körperlich wurde das Mädchen immer elender. Ein Bein musste ihr abgenommen werden, und das Siechtum wurde stärker. Schon längst wünschten wir, dass Gott dem armseligen Leben ein Ende mache.
Da rief mich eines Morgens plötzlich unser Doktor an und bat mich, mit ihm gleich einmal zu Käthe zu gehen, die im Sterben liege. Als wir in die Nähe des Sterbezimmers kamen, fragten wir uns, wer wohl gar Käthe in ihrem Zimmer die Sterbelieder singe. Als wir dann ins Zimmer traten, trauten wir unseren Augen und Ohren nicht. Die von Geburt an völlig verblödete Käthe, die nie ein Wort gesprochen hatte, sang sich selbst die Sterbelieder. Vor allen Dingen sang sie immer wieder: Wo findet die Seele die Heimat, die Ruh … Etwa eine halbe Stunde lang sang sie mit selig verklärtem Gesicht und ging dann sanft und still heim.
Nur in tiefster Bewegung konnten wir das Sterben dieses Mädchens miterleben.“

(Ein früherer Direktor der Anstalt Hephata in Treysa)

„Seht zu, dass ihr nicht einen von diesen Kleinen verachtet. Denn ich sage euch: Ihre Engel im Himmel sehen allezeit das Angesicht meines Vaters im Himmel!“

(Matthäus 18,10)

Sehnsucht nach dem Himmel

Wenn alles eben käme,
Wie du gewollt es hast,
Und Gott dir gar nichts nähme
Und gäb' dir keine Last,

Wie wär's da um dein Sterben,
Du Menschenkind, bestellt?
Du müsstest fast verderben,
So lieb wär' dir die Welt.

Nun fällt – eins nach dem andern –
Manch süßes Band dir ab,
Und heiter kannst du wandern
Gen Himmel durch das Grab;
Dein Zagen ist gebrochen,
Und deine Seele hofft –
Dies ward schon oft gesprochen,
Doch spricht man's nie zu oft.

(La Motte-Fouqué)

„Denn wir haben hier keine bleibende Stadt, sondern die zukünftige suchen wir!“

(Hebräer 13,14)

Werden wir sein wie die Träumenden …

Für Friedrich von Bodelschwingh stand die geistliche Hilfe für die Menschen in der Mitte seines diakonischen Handelns. Er wollte die Kranken und Behinderten, die Schwachen und Armen zu Jesus führen und sie für das Sterben und Seligwerden vorbereiten. Die gesundheitliche Hilfe wurde mit der Glaubens- und Sterbehilfe in eins gesehen. Immer wieder betonte Bodelschwingh, er sammle eine „unter nicht geringen Leiden dem Tode zueilende Gemeinde der frühzeitig Sterbenden“. Bodelschwinghs Ziel reichte über den Leib und seine Gesundheit hinaus bis in das ewige Leben. Darum schmerzte es ihn nicht so sehr, wenn die Menschen aus Bethel oft nicht gesund nach Hause, sondern im Frieden in die Ewigkeit entlassen wurden. „Unsere Freude ist ohne Enttäuschung bei der weitaus größeren Schar, die nicht in die irdische Heimat, sondern nur in die obere Heimat heimkehrt!“
Die 1884 eingeweihte Zionskirche in Bethel hatte besondere Kammern für Kranke, die oft während der Gottesdienste Anfälle bekamen und nicht selten dort auch starben. Der Name Zionskirche erinnert an den 126. Psalm, der in Bethel an den Sterbelagern gebetet wurde. Der Eingangsvers wurde über den Triumphbogen der Kirche geschrieben: „Wenn der Herr die Gefangenen Zions erlösen wird, werden wir sein wie die Träumenden …
Solche Gesichtspunkte der Erlösung und Ewigkeit, solche spirituellen Dimensionen im sozialen Handeln wären heute besonders wichtig, wo unsere Gesellschaft nur noch auf Verwirklichung im Diesseits ausgerichtet ist.

„Der Herr hat Großes an uns getan; des sind wir fröhlich. Herr, bringe zurück unsre Gefangenen, wie du die Bäche wiederbringst im Südland. Die mit Tränen säen, werden mit Freuden ernten. Sie gehen hin und weinen und streuen ihren Samen und kommen mit Freuden und bringen ihre Garben!“

(Psalm 126,3ff)

Hunger nach Leben

Michelangelo, der große Künstler, sagte einst zu einer Gräfin: „Ich bin 86 Jahre alt, habe ein reiches Leben hinter mir und hoffe, dass ich bald von Gott abgerufen werde!" Die Gräfin fragte ihn, ob er lebensmüde sei. Michelangelo antwortete: „Nein, lebenshungrig!"

„Gott, du bist mein Gott, den ich suche. Es dürstet meine Seele nach dir, mein ganzer Mensch verlangt nach dir aus trockenem, dürrem Land, wo kein Wasser ist. So schaue ich aus nach dir in deinem Heiligtum, wollte gerne sehen deine Macht und Herrlichkeit. Denn deine Güte ist besser als Leben!"

(Psalm 63,2ff)

Wer bleibt, wenn alles vergeht?

Bleibe bei uns, Herr,
denn es will Abend werden,
und der Tag hat sich geneigt.

Bleibe bei uns und bei allen Menschen.
Bleibe bei uns am Abend des Tages,
am Abend des Lebens, am Abend der Welt.

Bleibe bei uns mit deiner Gnade und Güte,
mit deinem Wort und Sakrament,
mit deinem Trost und Segen.

Bleibe bei uns, wenn über uns kommt
die Nacht der Trübsal und Angst,
die Nacht des Zweifels und der Anfechtung,
die Nacht des bitteren Todes.

Bleibe bei uns und bei allen deinen Kindern
in Zeit und Ewigkeit.

(Altes Kirchengebet)

„Und siehe, ich bin bei euch alle Tage bis an der Welt Ende!“
(Matthäus 28,20)

Boten des Todes

Ein Märchen der Brüder Grimm heißt „Boten des Todes". Darin wird von einem jungen Mann erzählt, dem der Tod das Versprechen gab, er werde ihn nicht unvorbereitet holen, sondern ihm vorher seine Boten schicken, damit er sich auf sein Sterben einstellen könne. So lebte der Mann vergnügt und unbesorgt. Er nahm Krankheit und Schmerzen als vorübergehende Störungen und achtete nicht auf die Zeichen des Alters. Sterben werde er schon nicht, denn der Tod wollte ja erst seine Vorboten schicken. Doch dann kam der Tod, um ihn zu holen. Erschrocken wehrte sich der Mann. Das könne nicht sein, denn er habe keine Boten bemerkt. Doch der Tod wies ihn darauf hin, dass er sich wohl angekündigt habe: durch Krankheit und Schmerzen und jeden Abend, wenn der Schlaf, der kleine Bruder des Todes, ihn ereilte. So musste der Mann dem Tod doch folgen.
Es ist gut, wenn wir die Boten des Todes nicht übersehen, die Krankheiten und Schmerzen, das Nachlassen der Kräfte, das Engerwerden der Grenzen und das Müdewerden im Tun. Das erinnert uns daran, dass unser Leben ein Sein auf Abruf und unsere Zeit gestundete Zeit ist. Viel wichtiger aber ist, dass wir die Boten des Lebens nicht überhören, die uns eine Hoffnung auf das ewige Leben geben wollen. Wenn wir die Boten des Lebens ganz ernst nehmen, dann können wir auch die Boten des Todes richtiger verstehen.

„Wir wollen euch nicht im Ungewissen lassen über die, die entschlafen sind, damit ihr nicht traurig seid wie die andern, die keine Hoffnung haben. Denn wenn wir glauben, dass Jesus gestorben und auferstanden ist, so wird Gott auch die, die entschlafen sind, durch Jesus mit ihm einherführen!"

(1. Thessalonicher 4,13f)

Bessere Musik

Im Jahr 1750 war Johann Sebastian Bach in Leipzig fast erblindet. Der berühmte englische Arzt John Taylor riet ihm zu einer Operation, die leider misslang, sodass der Thomaskantor völlig erblindet war. Gefasst ergab sich Bach in sein Leid. Er war froh, das letzte große Werk über „Die Kunst der Fuge" noch vollendet zu haben. Seine Frau Anna Magdalena umgab ihn mit fürsorglicher Liebe. Und Christoph Altnikol, der treue Schüler und Schwiegersohn, war dabei, die letzten Anordnungen Bachs auszuführen. Da richtete sich Bach plötzlich auf und rief: „Christoph, schnell Papier und Tinte! Ich höre Musik, schreibe sie auf!" Bach diktierte ihm den Choral: „Vor deinen Thron tret ich hiermit …" Dann legte er sich zurück und meinte, das wäre die letzte Musik, die er in seinem Leben gemacht hätte.
Doch an einem schönen Junitag geschah ein Wunder. Ohne ärztliches Zutun konnte Bach wieder sehen. Er sah den Himmel, die Sonne, die Kinder, den treuen Altnikol, die rote Rose, die ihm seine Frau voller Hoffnungsfreude ans Bett brachte. Aber Bach spürte, dass es nur eine letzte Gnade Gottes in seinem Leben war, und sagte leise zu seiner Frau: „Magdalena, wo ich hingehe, da werde ich schönere Farben sehen und bessere Musik hören, von der wir bislang nur geträumt haben. Und mein Auge wird den Herrn selbst sehen!" Kurz darauf starb der große Musiker.

„Meine Lieben, wir sind schon Gottes Kinder; es ist aber noch nicht offenbar geworden, was wir sein werden. Wir wissen aber: wenn es offenbar wird, werden wir ihm gleich sein; denn wir werden ihn sehen, wie er ist."

(1. Johannes 3,2)

Wohl mir

Wohl mir, dass ich JESUM habe,
o wie feste halt ich ihn,
dass er mir mein Herze labe,
wenn ich krank und traurig bin.
Jesum hab ich, der mich liebet
und sich mir zu eigen gibet,
ach, drum lass ich Jesum nicht,
wenn mir gleich mein Herze bricht.

Jesus bleibet meine Freude,
meines Herzens Trost und Saft.
Jesus wehret allem Leide.
Er ist meines Lebens Kraft.
Meiner Augen Lust und Sonne.
Meiner Seele Schutz und Wonne.
Darum lass ich Jesum nicht
aus dem Herzen und Gesicht.

(Johann Sebastian Bach)

„Unser keiner lebt sich selber, und keiner stirbt sich selber. Leben wir, so leben wir dem Herrn; sterben wir, so sterben wir dem Herrn. Darum: wir leben oder sterben, so sind wir des Herrn. Denn dazu ist Christus gestorben und wieder lebendig geworden, dass er über Tote und Lebende Herr sei.“

(Römer 14,7ff)

Süßer Vogel Jugend

In seinem Stück „Süßer Vogel Jugend" lässt Tennessee Williams einen Vater zu seinem Sohn sagen: „Erinnerst du dich noch an die Brosche, die ich damals für deine Mama gekauft habe? Das Letzte, was ich deiner Mama gegeben habe, bevor sie starb. Ich wusste, dass sie sterben würde, als ich ihr die Brosche kaufte, und ich hab die Brosche, die mich fünfzehntausend gekostet hat, vor allem deshalb gekauft, weil sie glauben sollte, sie würde wieder gesund. Um Himmels willen, Boss, hat sie gesagt, was soll eine sterbende Frau mit so einem Diamanten anfangen? Ich hab zu ihr gesagt, Liebling, sieh dir den Preis an, der auf dem kleinen Zettelchen steht. Siehst du die fünfstellige Zahl? Überleg dir mal, Liebling, hab ich zu ihr gesagt, wenn du wirklich sterben würdest, würde ich dann die fünfzehn Mille in eine Diamantbrosche investieren, um sie einer Toten aufs Hemd zu stecken? Da hat die alte Dame gelacht. Und in der Nacht, da sie starb, fing sie innen an zu bluten und starb noch vor Mitternacht, mit der Diamantbrosche auf dem Nachthemd. Und noch bis zur letzten Minute hat sie geglaubt, die Diamanten wären ein Beweis dafür, dass sie nun nicht sterben würde."
Die Jugend ist der süße Vogel, die Gesundheit der heimliche Gott, Vitalität das Maß aller Dinge, Krankheit ist eine Katastrophe, Alter ein Makel, und der Tod ist unmöglich. Wie tief krank müssen Menschen sein, die eine Gesundheit anbeten? Und wie erstorben ist eine Gesellschaft, die den Tod verdrängt?

„Herr, lehre mich doch, dass es ein Ende mit mir haben muss und mein Leben ein Ziel hat und ich davon muss. Siehe, meine Tage sind eine Handbreit bei dir, und mein Leben ist wie nichts vor dir. Nun, Herr, wessen soll ich mich trösten? Ich hoffe auf dich!"

(Psalm 39,5f.8)

Das Zeitliche segnen

Eine Frau erkrankt an Krebs. Zusammen mit guten Ärzten kämpft sie einen langen und schweren Kampf. Operationen und schmerzhafte Behandlungen wechseln sich mit Zeiten der Besserung und Hoffnung ab. Ihr Mann stützt und stärkt sie nach besten Kräften. Der Krebs macht es ihnen nicht leicht, aber sie machen es dem Krebs auch nicht leicht.

Doch langsam wird deutlich, dass die Krankheit siegen wird. Unter dem Druck der Not und der Schmerzen wird die Frau zum Loslassen und Sterben bereit. Sie ist getrost und geborgen in der Liebe Gottes und nimmt bewusst Abschied vom irdischen, zeitlichen Leben, um in das ewige Leben zu Gott zu gehen. Eines Tages nimmt sie all ihren Schmuck und bittet ihren Mann, die schönen und wertvollen Stücke an die Frauen in ihrer Verwandtschaft aufzuteilen. Das liebste und kostbarste Schmuckstück reicht sie ihrem Mann mit den Worten: „Das ist für die Frau, die du dann einmal heiraten wirst!"

Es ist eine besondere Gnade, versöhnt in die Ewigkeit zu gehen. „Das Zeitliche segnen" ist eine alte Umschreibung für ein solches Sterben. Die Frau, die in Gottes Ewigkeit eingeht, stellt versöhnt und ohne bitteren Neid das Zeitliche, also die Zurückbleibenden und deren Leben, unter Gottes Segen und Bewahrung. Sie segnet das Zeitliche und geht in das Ewige.

„Denn wir wissen: wenn unser irdisches Haus, diese Hütte, abgebrochen wird, so haben wir einen Bau, von Gott erbaut, ein Haus, nicht mit Händen gemacht, das ewig ist im Himmel."

(2. Korinther 5,1)

Ein König ohne Krone

„Lieber Mister Gott!
Die Leute sagen, Du bist so was wie ein König. Nur, wenn ein König in unsere Straße kommt, dann weiß der bestimmt nicht, wo ich wohne. Aber ich glaub, Du weißt das. Du hast keine Krone aufm Kopf, dafür kennst Du jeden ganz genau. Sogar den Leberfleck auf meiner Backe kennst Du, wetten? Und wenn ich die Hände nicht gewaschen hab, weißt Du das bestimmt auch. So genau guckst Du Dir jeden an. Ein König würd nie so genau hingucken. Die Arbeit macht der sich nicht. Nur Du machst Dir mit mir so viel Arbeit …"

(Fynn)

„Du, Tochter Zion, freue dich sehr, und du, Tochter Jerusalem, jauchze! Siehe, dein König kommt zu dir, ein Gerechter und ein Helfer, arm und reitet auf einem Esel!"

(Sacharja 9,9)

Wenn der Advent kommt

Wenn der Advent kommt
und Gottes Liebe sich
an die Welt verschenkt,
dann nimm dir Zeit
für seinen Besuch.

Atme die Unruhe deiner Seele aus
und schicke deine Sorgen und alles,
was dir Angst macht, ihm entgegen.

Seine Liebe streicht dir die Schatten aus der Seele
und besänftigt deine Wünsche, die dich verrückt machen.

Atme seine Treue ein und fülle dich Atemzug um Atemzug
mit Jesu heilender Kraft, bis deine Seele Frieden gefunden hat.

„Gelobt sei der Herr, der Gott Israels! Denn er hat besucht und erlöst sein Volk und hat uns aufgerichtet eine Macht des Heils!“

(Lukas 1,68f)

Einfach still sitzen

Am 1. Dezember 1955 war eine 42 Jahre alte Frau auf dem Heimweg von ihrer Arbeit in den Bus gestiegen, hatte den Fahrpreis bezahlt und sich auf den ersten freien Platz im Bus gesetzt. Der Fahrer wandte sich um und sagte ihr, sie solle sofort aufstehen und nach hinten in den Bus gehen. Sie saß einfach still da. Die Fahrgäste beschimpften sie, der Fahrer rief die Polizei. Die schleppten die Frau aus dem Bus und in das Gefängnis.
Rosa Parks war eine ruhige, einfache Frau mit einer guten Familie und einem richtigen Beruf als Schneiderin. Sie war nicht in den Bus gestiegen, um einen Skandal zu haben. Sie wollte nach Hause kommen, sich hinsetzen, weil ihr die Füße wehtaten und sie an ihre Würde glaubte. Sie wollte nicht mehr ein „Nigger" sein, sie wollte einfach nur still sitzen.
Still sitzen kann eine große Macht ausüben, denn Rosa Parks ging nicht nur in das Gefängnis, sondern auch in die Geschichte ein. Sie brachte durch ihr Sit-in eine Bewegung in Gang, die dazu führte, dass nun alle Menschen ungeachtet ihrer Hautfarbe im Bus sitzen können, wo ein freier Platz ist. Die Straße, in der man sie damals aus dem Bus gezerrt hatte, heißt heute „Rosa Parks Avenue". Die Frau wurde vielfach geehrt, aber die schönste Ehre sind sicher die Millionen Menschen, die jeden Abend in Tausende von Omnibussen steigen, sich hinsetzen und friedlich nach Hause fahren. Und im Himmel wird es vielleicht einmal heißen: „Hallo, Rosa Parks, du bist herzlich willkommen, nimm Platz, wo du gerne möchtest!"

„Setzt eure Ehre darein, dass ihr ein stilles Leben führt und das Eure schafft und mit euren eigenen Händen arbeitet!"

(1. Thessalonicher 4,11)

Kerzen im Advent

Das Licht am Kranz kann nicht die Nacht erhellen,
doch soll es dir und mir ein Zeichen sein!
Es strahlt uns Gottes Glanz aus Finsternissen
und bricht in unsre dunklen Herzen ein.

Das erste Licht will uns zur Freude rufen,
so freuet euch im Herren allezeit!
Wie es die Hirten auf dem Felde hörten:
Gott selber tritt in unsre Dunkelheit.

Das zweite Licht verheißt uns Gottes Güte,
Gott teilt uns reichlich seine Liebe aus.
So tragt die Frohe Botschaft freudig weiter
und ruft sie in die dunkle Welt hinaus.

Das dritte Licht sagt tröstend: Bringt die Sorgen
mit Danken und mit Flehn vor euren Herrn!
Er wird euch helfen, seht, er ist uns nahe,
denn auch für uns erschien der Weihnachtsstern!

Das vierte Licht verkündet Gottes Frieden,
er zieht auch diese Weihnacht bei uns ein,
dass wir in unsern Ängsten ihm vertrauen
und tröstlich spüren: Wir sind nicht allein.

(Barbara Cratzius)

„Freuet euch in dem Herrn allewege, und abermals sage ich: Freuet euch! Eure Güte lasst kund sein allen Menschen! Der Herr ist nahe! Sorgt euch um nichts, sondern in allen Dingen lasst eure Bitten in Gebet und Flehen mit Danksagung vor Gott kundwerden! Und der Friede Gottes, der höher ist als alle Vernunft, bewahre eure Herzen und Sinne in Christus Jesus!"

(Philipper 4,4ff)

Wie ein Baum

Menschen sind zu ängstlich besorgt, zu viel unterwegs, zu hastig am Werk, zu gierig im Haben und zu lieblos im Handeln, als dass sie glücklich sein könnten. Bei den Bäumen ist das ganz anders. Sie sind voller Bewegung und bleiben immer an derselben Stelle. Sie sind voller Kraft, weil sie in Ruhe und aus der Tiefe schöpfen. Mit ihren Wurzeln sind sie dem Herzen der Erde näher als andere, mit ihrer Krone sind sie der Sonne nahe wie kaum jemand. Lebenssäfte strömen durch sie hindurch, beleben und verwandeln die Bäume. Der Baum dehnt sich aus und nimmt sich zurück, je nach der Wärme des Tages und der Kühle der Nacht. Der Baum freut sich auf den Regen und wartet auf die Sonne, er erlebt die wechselnden Jahreszeiten und seine Lebenszeit bis zu seinem Tod. Sein Glück hängt nicht von seinem Willen, Hasten, Leisten und Besitzen ab. Der Baum ist da, sein Leben ist lang und ruhig, tief und hoch, machtvoll und doch unaufdringlich; fraglos, aber nicht sinnlos; einsam und doch in allen Lebenszusammenhängen.

„Herr, wie ein Baum, so sei vor dir mein Leben, Herr, wie ein Baum sei vor dir mein Gebet. Gib Wurzeln mir, die in die Erde reichen, dass tief ich gründe in den alten Zeiten, verwurzelt in dem Glauben meiner Väter.

Gib mir die Kraft, zum festen Stamm zu wachsen, dass aufrecht ich an meinem Platze stehe und wanke nicht, auch wenn die Stürme toben.

Gib, dass aus mir sich Äste frei erheben, oh meine Kinder, Herr, Lass sie erstarken und ihre Zweige strecken in den Himmel.

Gib Zukunft mir und lass die Blätter grünen und nach Wintern Hoffnung neu erblühen, und wenn es Zeit ist, lass mich Früchte tragen.

Herr, wie ein Baum, so sei vor dir mein Leben. Herr, wie ein Baum sei vor dir mein Gebet!“

(Lothar Zenetti)

„Wohl dem, der Lust hat am Gesetz des Herrn und sinnt über seinem Gesetz Tag und Nacht! Der ist wie ein Baum, gepflanzt an den Wasserbächen, der seine Frucht bringt zu seiner Zeit, und seine Blätter verwelken nicht. Und was er macht, das gerät wohl!“

(Psalm 1,2f)

Gott kommt uns entgegen

Bergleute wurden bei ihrer Arbeit unter Tage von einem Stolleneinbruch überrascht. Riesige Mengen von Geröll versperrten ihnen den Ausweg. Sofort gingen sie daran, sich den Weg freizuschaufeln. Aber die Erdmassen waren so gewaltig, ihre Schaufeln so winzig, die Kräfte bald erschöpft und die Luft schnell verbraucht, dass sie mutlos und verzweifelt aufgaben. Doch dann hörten sie von der anderen Seite die ersten Bemühungen der Rettungsmannschaft, und sogleich begannen sie mit neuer Hoffnung und ganz neuer Kraft, an ihrer Rettung zu arbeiten. Immer wieder horchten sie auf die näher kommenden Helfer, und immer wieder wurden sie selbst dadurch mit neuen Kräften und neuem Mut versehen, um schließlich aus der gefährlichen Situation befreit zu werden.
Wie oft geraten wir durch Einbrüche im Leben in den Kerker der Angst, sind in Trauer und Einsamkeit verschüttet und sehen keinen Ausweg mehr. Unsere Kräfte und Bemühungen sind bald erlahmt, und Verzweiflung breitet sich aus. Doch wenn wir dann spüren, wie Gott in seiner Liebe und Menschen in ihrer Hilfsbereitschaft sich um uns bemühen, sich uns mit Fürsorge und guten Absichten entgegenarbeiten, dann gewinnen auch wir wieder neue Hoffnung.
Die Liebe, die uns entgegenkommt, setzt in uns neue Kräfte und Energien frei.

„Ich bin arm und elend; der Herr aber sorgt für mich. Du bist mein Helfer und Erretter; mein Gott, säume doch nicht!“

(Psalm 40,18)

Die Dunkelheit muss weichen

Du setzt uns, Herr, ein Zeichen,
dass wir dein Wort verstehn.
Die Dunkelheit muss weichen:
Du lässt dein Leuchten sehn.

Du willst das Sinnbild geben,
rührst Herz und Augen an,
führst hoffnungsarmes Leben
zurück zum Schöpfungsplan.

Wo wir den Weg nicht sehen,
machst du das Dunkel licht,
schenkst Kraft zum Weitergehen
und neue Zuversicht.

Du setzt uns, Herr, ein Zeichen,
dass Gott uns stärkt und hält.
Lass allen Zweifel weichen:
Du bist das Licht der Welt.

(Anneliese Bungeroth)

„Das Volk, das im Finstern wandelt, sieht ein großes Licht, und über denen, die da wohnen im finstern Lande, scheint es hell. Du weckst lauten Jubel, du machst groß die Freude.“

(Jesaja 9,1f)

Einander lieben

Rabbi Rafael rief einst vor einer Fahrt einem Schüler zu, er solle sich zu ihm auf den Wagen setzen. Darauf antwortete jener: „Ich fürchte, ich könnte es euch eng machen!“ Und mit erhobener Stimme Rabbi Rafael: „So wollen wir einander mehr lieben: dann wird uns weit sein!“

„Wenn es zwei Menschen gelingt, die Weite zwischen sich zu lieben, so gibt sie ihnen die Möglichkeit, einander immer in ganzer Gestalt und vor einem großen Himmel zu sehen!“

(Rainer Maria Rilke)

„O ihr Korinther, unser Mund hat sich euch gegenüber aufgetan, unser Herz ist weit geworden. Eng aber ist's in euren Herzen. Ich rede mit euch als mit meinen Kindern; stellt euch doch zu mir auch so, und macht auch ihr euer Herz weit!“

(2. Korinther 2,11ff)

Vorwärts leben!

Gut fünfzig Teilnehmer erleben auf einer Familienfreizeit eine herrliche Bergwelt in Südtirol, eine gute Gemeinschaft untereinander, ganz tiefe Einblicke in die Bibel und dazu wunderbare Ausblicke in die Schöpfung. Frühmorgens gehe ich in den Wald hinter dem Freizeitheim, um die Ruhe, die gute Luft, die Morgenfrische und das Alleinsein vor den vielen Aufgaben und Begegnungen des Tages zu genießen. Als ich eines Morgens die Tür öffne, steht draußen der dreijährige Junge einer der Familien und blinzelt erwartungsfroh in die Sonne. „Was machst du denn hier so früh morgens?“, frage ich ihn. „Und wo sind deine Eltern, bist du ganz allein?“ – „Och, die schlafen noch nach rückwärts!“, sagt er und meint damit, dass sich seine Eltern, nachdem sie ihn angezogen und aus dem Zimmer gelassen haben, noch mal zum Schlafen hingelegt haben. Spontan sage ich zu ihm: „Und du möchtest schon mal vorwärtsleben?“ – „Ja“, sagt er und streckt mir beide Hände entgegen. So nehme ich ihn auf den Arm, und wir gehen zusammen in den Wald, um den Tag zu begrüßen und nichts von seiner Schönheit zu versäumen.

Es ist das Vorrecht der Kinder, früh aufzustehen, vorwärtszuleben und hinauszudrängen. Auch Gottes Kinder haben Grund genug, vom Schlaf aufzustehen und vorwärtszuleben und dem Tag Gottes entgegenzugehen.

„Es ist die Stunde da, aufzustehen vom Schlaf, denn unser Heil ist jetzt näher als zu der Zeit, da wir gläubig wurden. Die Nacht ist vorgerückt, der Tag aber nahe herbeigekommen. So lasst uns ablegen die Werke der Finsternis und anlegen die Waffen des Lichts!“

(Römer 13,11f)

Die vollkommene Freude

Franz von Assisi ging einst im kalten Winter mit seinem vertrautesten Gefährten von Perugia nach der Portiuncula. Sie froren bitterlich und konnten sich kaum noch auf den Beinen halten. Da rief Franz dem vor ihm dahingehenden Bruder Leo zu: „Wenn die Minderbrüder allenthalben ein leuchtendes Beispiel geben und viele Menschen erbauen, so merke es wohl, hierin liegt nicht die vollkommene Freude.“
Nach einer Weile fuhr Franz fort: „Auch wenn die Minderbrüder die Blinden sehend machen und die Krüppel gehend, wenn sie Teufel austreiben und Tote auferwecken, so merke wohl, hierin liegt nicht die vollkommene Freude.“
Nach einem Stück Weges redete Franz weiter: „Wenn die Minderbrüder alle Sprachen verstehen und alle wissenschaftlichen Schriften, wenn sie die Zukunft vorhersagen und in die Geheimnisse des Herzens einzudringen vermögen, so merke wohl, hierin liegt nicht die vollkommene Freude.“
Da wunderte sich der Bruder Leo und bat um die Erläuterung des Wesens der vollkommenen Freude. Und Franz antwortete: „Wenn wir, durchnässt vom Regen und steif vor Kälte, in der Portiuncula ankommen, schmutzig und hungrig, und an die Tür klopfen, und ein Bruder schaut missmutig heraus, erkennt uns nicht und hält uns für Landstreicher, macht die Tür wieder zu und lässt uns draußen im Schnee und Regen, und wir ertragen das freundlich und ohne Murren, dann liegt darin die vollkommene Freude. Wenn wir dann noch mal klopfen und der Bruder, erbost über die neuerliche Störung, uns ein paar Ohrfeigen gibt und wir dabei stillhalten, dann liegt darin die vollkommene Freude. Und wenn wir schließlich, weil es schon Nacht geworden ist, unter Tränen ein letztes Mal anklopfen, und der Bruder erscheint, um uns mit einem Stock jämmerlich zu verprügeln, und wir auch dies geduldig hinnehmen, dann merke es wohl, dass nur darin die vollkommene Freude liegt!“

„Lasst uns aufsehen zu Jesus, dem Anfänger und Vollender des Glaubens, der, obwohl er hätte Freude haben können, das Kreuz erduldete und die Schande gering achtete und sich gesetzt hat zur Rechten des Thrones Gottes!“ (Hebräer 12,2)

Licht

Licht, das sind Mond und Sterne in der Nacht, Blitz und Morgendämmerung. Das ist der Regenbogen über dem Land und die Sonne, die durch die Wolken bricht. Das ist das Ende eines Tunnels und der Ausgang aus einer Höhle. Licht ist der Beginn einer lebendigen Welt. „Und Gott sprach: Es werde Licht! Und es ward Licht!"
Licht, das sind Zeiten und Zeichen, Tage und Nächte, Weite und Wärme, Schönheit und Glanz, Orient und Orientierung, Erleuchtung und Klarheit. Licht ist das Leben.
Licht, das ist die flackernde Kerze und das lodernde Feuer, die Glühbirne und das Blinksignal, die Leuchtrakete und die Verkehrsampel, das Brillantfeuerwerk und der Kristall, das Katzenauge und die Neonröhre, die Fackel und die Funzel, der Scheinwerfer und die Laterne, der Laserstrahl und die Grubenlampe. Der Mensch lebt vom Licht.
Licht kann einen blenden. Jemand kann mir im Licht stehen und mich hinters Licht führen. Man kann etwas ans Licht bringen und jemandem ein Licht aufstecken. Mir kann ein Licht aufgehen, und ich brauche mein Licht nicht unter den Scheffel zu stellen. Man kann eine Sache bei Lichte besehen und einem anderen grünes Licht geben. Manchmal steht einer im schiefen Licht, und nicht jeder ist ein großes Licht.
Licht, das ist Glanzlicht und Flutlicht, Rampenlicht und Augenlicht. Es gibt Lichtbilder und Lichtspiele, Lichthupen und Lichtstrahlen, Lichtgeschwindigkeiten und Lichtjahre, Lichtstärken und Lichtschranken, Lichtkästen und Lichtmaschinen, Lichtsignale und Lichtblicke.
Es gibt viele Formen und Farben, Worte und Weisen des Lichtes. Aber es gibt nur einen, der von sich sagen kann: „Ich bin das Licht der Welt!"

„Ich bin das Licht der Welt. Wer mir nachfolgt, der wird nicht wandeln in der Finsternis, sondern wird das Licht des Lebens haben!"
(Johannes 8,12)

Eine ganz traurige Geschichte

Die ersten fünf Schuljahre habe ich bei den Nonnen verbracht. Im Eingang der Schule hatten die Nonnen eine große Weihnachtskrippe aufgebaut, die das ganze Jahr über stehen blieb. Da war Jesus im Stall mit dem Vater und der Mutter und Ochs und Esel, und rundherum Berge und Steilhänge aus Pappmaschee, die nur von einer Herde Schäflein bevölkert waren. Jedes Schäflein stand für eine Schülerin, und je nach ihrem Betragen im Laufe des Tages wurde es von Jesus' Stall weggerückt oder ihm angenähert. Jeden Morgen, bevor wir in die Klasse gingen, kamen wir dort vorbei und mussten uns ansehen, welchen Platz wir einnahmen. Gegenüber dem Stall lag eine tiefe Schlucht, und dort standen die Allerschlimmsten, mit zwei Hufen schon über dem Abgrund.
Vom 6. bis 10. Lebensjahr war mein Leben davon bestimmt, welche Schritte mein Schäflein machte … Ich war wirklich überzeugt, dass man gut sein müsse, nicht lügen sollte, nicht eitel sein dürfte. Dennoch war ich immer nahe daran, herunterzufallen. Warum? Wegen Nichtigkeiten. Wenn ich in Tränen aufgelöst zur Mutter Oberin ging, um sie nach dem Grund des neuerlichen Weggerücktwerdens zu fragen, antwortete sie: „Weil du gestern eine zu große Schleife im Haar hattest … Weil eine Kameradin dich beim Verlassen der Schule summen hörte … Weil du dir vor dem Essen nicht die Hände gewaschen hast."
Eines Tages, als ich am äußersten Rand des Abgrunds angekommen war, fing ich an zu schluchzen und sagte: „Aber ich liebe Jesus doch!" Und weißt du, was die Schwester, die bei uns war, daraufhin sagte? „Ah, außer dass du unordentlich bist, lügst du auch noch. Wenn du Jesus wirklich lieb hättest, würdest du deine Hefte besser in Ordnung halten!" Und peng, gab sie meinem Schäflein mit dem Zeigefinger einen Schubs, sodass es in den Abgrund stürzte. Nach diesem Vorfall habe ich, glaube ich, zwei ganze Monate lang nicht geschlafen.

(Susanna Tamaro)

„Wahrlich, ich sage euch: Wenn ihr nicht umkehrt und werdet wie die Kinder, so werdet ihr nicht ins Himmelreich kommen. Wer aber einen dieser Kleinen, die an mich glauben, zum Abfall verführt, für den wäre es besser, dass ein Mühlstein an seinen Hals gehängt und er ersäuft würde im Meer, wo es am tiefsten ist!“

(Matthäus 18,3.6)

Aber der Herr ist immer noch größer

Einmal im Winter, an einem stürmischen Abend, klopfte es noch an der Tür. In solchen Fällen lasse ich gern das Licht vor dem Haus brennen, damit mir die Nacht nicht zu nah an die Fenster kommt. Nun ging ich also verdrossen, um nach diesem späten Gast zu sehen. Der Wind riss mir gleich die Klinke aus der Hand, Treibschnee fegte in den Flur, ein verteufeltes Wetter. Draußen stand ein alter Mann auf den Stufen, ich kannte ihn. Er kam oft vorüber, klopfte und hielt mir die Hand entgegen. Nie sagte er ein Wort des Dankes, er sah mich nur an mit seinen wässrigen Trinkeraugen, und ich gab ihm, was mir eben einfiel, ein Endchen Wurst oder etliche Groschen aus der Hosentasche. Über die Schulter trug er einen Stock, und daran hing ein Sack, aber was mich jetzt ärgerte, war sein kahler Kopf, es lag ihm wahrhaftig schon Schnee auf dem Schädel. Da nahm ich meine wollene Haube vom Haken, ein wenig schwankte der Alte, als ich ihm die Mütze über die Ohren zog, und dann ging er wortlos davon, wie die leibhaftigen guten Werke.
Das aber war der Augenblick, in dem ich mich hätte besinnen müssen. Ich hätte an die rückwärtige Kammer denken sollen, o ja, ich dachte auch daran. Dort stand ein leeres Bett bereit, Tisch und Stuhl für einen Gast, und es war warm und behaglich in dieser Stube. Es gab auch noch Suppe in der Küche oder ein Butterbrot und eine halbe Flasche Bier auf dem Fensterbrett. Aber zugleich dachte ich an mein sauberes Haus, und dass dieser Kerl hereintappen würde, nass und dreckig und weithin nach Branntwein stinkend. Wie er seine Fetzen auf den gewachsten Boden fallen ließe und unter das frische Leintuch kröche, mitsamt seinem Grind und seinen Läusen. Und da schlug ich die Tür zu und ließ das ganze Unbehagen draußen.
Zwei Tage später kam der Totengräber und zeigte mir einen Stock, eine großartige Arbeit, aus Nussbaumholz geschnitzt. Den Knauf bildete ein bärtiger Kopf, und auch aus den Astknoten sahen lauter Gesichter, alle mit offenen Mündern, als schrien sie aus dem Holz.
Ob ich das Ding etwa kaufen wolle?, fragte der Mann. Er habe nun doch diesen Alten eingraben müssen, diesen Josef, eine Schinderei in dem gefrorenen Boden, und nichts dafür zu lösen. Gut, ich nahm den Stecken für ein anständiges Geld.

„Mach ihm auch ein Kreuz auf das Grab“, sagte ich. „Wann ist er gestorben?“
„Gestorben eigentlich nicht“, sagte der Totengräber, „erfroren.“
Ich muss etwas hinzufügen, nur für mich, es soll niemand beschweren: Das Böse, das wir tun, wird uns Gott vielleicht verzeihen. Aber unverziehen bleibt das Gute, das wir nicht getan haben.

(Karl Heinrich Waggerl)

„Wenn eure Sünde auch blutrot ist, soll sie doch schneeweiß werden, und wenn sie rot ist wie Scharlach, soll sie doch wie Wolle werden!“
(Jesaja 1,18)

Gott nimmt uns in Schutz

„Zuerst ist Gott mein Ankläger und mein Herz mein Verteidiger!“, hat Martin Luther einmal gesagt. Wenn Gottes Anspruch mich erreicht, wenn seine Weisung mich herausfordert, wenn seine gültigen Maße mich prüfen und seine Gebote mich mahnen, wird mein Herz sich verteidigen gegen den hohen Anspruch eines gottgefälligen Lebens. Mein Herz wird tausend Entschuldigungen vorbringen. Die anderen sind schuld, die Umstände haben mich so gemacht, die Verhältnisse von außen und die Triebe von innen haben mir keine Wahl gelassen. Wenn ich Gott in seiner Liebe erkenne, ihm mein Vertrauen schenke, seine unendliche Barmherzigkeit begreife und täglich aus seiner Güte lebe, wird es sich umkehren. Mein Herz wird mich anklagen, aber Gott wird mich verteidigen. In der Nähe Gottes erkenne ich die tausendfache Sünde meines Lebens, die kleinen und verborgenen, aber auch die groben und offensichtlichen Schwächen. Mein Herz verklagt mich, und ich weiß nichts zu entschuldigen. Aber nun übernimmt Gott meine Verteidigung, er tritt für mich ein, nimmt meine Schuld und legt sie auf Jesus, der sie für mich trägt. Jesus Christus tritt bei Gott für mich ein. Er wird mein Fürsprecher und Verteidiger. Wenn mein Herz mich verklagt und verdammt, nimmt Gott selbst mich in Schutz und übernimmt die Verteidigung meines Lebens gegen die Anklage des eigenen Herzens und die anderer Menschen.

„Wir können unser Herz vor Gott damit zum Schweigen bringen, dass, wenn uns unser Herz verdammt, Gott größer ist als unser Herz und erkennt alle Dinge!“

(1. Johannes 3,19f)

Das uralte Symbol und seine aktuelle Botschaft

Der Adventskranz mit seinen vier Lichtern erinnert mich an die uralte Bedeutung des Kranzes. Er ist einmal der Siegerkranz. Im Glauben an Jesus liegt der Sieg über alle lebensfeindlichen Mächte. Jesus hat über die Sünde, den Tod und den Teufel gesiegt. In der engen Beziehung zu Jesus habe ich teil an seinem Sieg. Seine Überwindermacht krönt mein Leben. Der Adventskranz sagt mir: Du bist Sieger mit Jesus!
Dann ist er der Brautkranz. Menschen, die an Jesus glauben, sind seine Brautgemeinde. Jesus liebt mich grenzenlos, er freit mich bedingungslos, er hält mich in Treue fest und mit Freude in seiner Hand. Der Adventskranz sagt mir: Du bist vollkommen geliebt von Jesus!
Dann ist er der Ehrenkranz. Um einen besonderen Gast zu ehren, eine besondere Tat zu würdigen, eine besondere Beziehung auszudrücken, wird der Ehrenkranz vergeben. Gott nimmt mich in Ehren an, ich bin sein Ehrengast. Gott ist immer erst Gastgeber und dann Arbeitgeber. Er leitet mich nach seinem Rat und nimmt mich am Ende mit Ehren an. Der Adventskranz sagt mir: Du bist bei Gott herzlich willkommen und richtig gern gesehen!
Und schließlich ist der Kranz die Königskrone. In den alten Sprachen gibt es für Kranz und Krone nur ein Wort. Denn der Kranz ist eine Krönung, und die Krone ist ja immer ein Kranz. Gott möchte mich Erdenkind zu seinem Königskind haben. Er nimmt mich als sein Kind an und gibt mir Heimat- und Bleiberecht in seinem Reich. Der Adventskranz sagt mir: Du bist ein Königskind in einem Königreich und einem Königshaus!
Gottes Kommen in die Welt, seine Siegermacht, seine zarte Liebe, seine herzliche Ehre und königliche Größe sind wirklich eine runde Sache und die Krönung unseres Lebens!

„Siehe, ich komme bald; halte, was du hast, dass niemand deine Krone nehme!“

(Offenbarung 3,11)

Gott ist im Kommen

Ein Kind ist unterwegs, ein königliches, ein kaiserliches, ein göttliches Kind. Aber fürchte dich nicht, sein Thron ist aus Stroh, seine Zeichen sind Windeln, seine Krone ist aus Dornen, seine Macht ist die Liebe. Die macht es stark, nicht gegen dich, sondern für dich!
Ein kleines, schwaches Kind wird geboren. Aber es hat große und starke Namen. Es heißt Wunderbarer Ratgeber, Gottes Held, Ewiger Vater und Fürst des Friedens. Wie vier kostbare Diamanten leuchten seine Namen im Weihnachtslicht auf. Es sind seine Namen, aber sie meinen uns. Bis in die Namen hinein hat Jesus nichts für sich selbst. Er hat alles für uns!

„Denn uns ist ein Kind geboren, ein Sohn ist uns gegeben, und die Herrschaft ruht auf seiner Schulter; und er heißt Wunder-Rat, Gott-Held, Ewig-Vater, Friede-Fürst; auf dass seine Herrschaft groß werde und des Friedens kein Ende.“

(Jesaja 9,5f)

Gott macht sich aus Liebe klein

Keine Diener, die ihm dienen,
wie ein König es gewohnt.
Keine daunenweichen Kissen,
nichts, was seine Würde schont.

Keine gut betuchten Eltern,
kein Palast, in dem er thront.
Gott wird Mensch und kommt uns nahe,
wo bei uns das Elend wohnt.

Gott macht sich aus Liebe klein,
wirbt um uns und lädt uns ein,
teilt in Jesus bis zur Neige
unsre Angst und unsre Freude.
Gott macht sich aus Liebe klein,
wirbt um uns und lädt uns ein.

Keine Kisten, schwer von Silber,
keine Schränke voll Besteck,
keine seidenen Gewänder,
nicht einmal ein Himmelbett.

Keine reich gedeckte Tafel,
Wohlstand, der zum Himmel schreit!
Gott wird Mensch, und wir erkennen
ihn an seiner Menschlichkeit.

Keine wochenlange Werbung
bis zur großen Supershow,
abseits unsrer Lichtreklamen
legt sich Gott auf Heu und Stroh.

Dort, wo unsre Not am größten,
steht er wartend vor der Tür.
Gott wird Mensch und nimmt aus Liebe
einen Viehstall als Quartier.

(Jörn Philipp)

„Und das habt zum Zeichen: ihr werdet finden das Kind in Windeln gewickelt und in einer Krippe liegen ... Und sie kamen eilend und fanden beide, Maria und Josef, dazu das Kind in der Krippe liegen.“

(Lukas 2,12.16)

Ein unvergessliches Geschenk

Es war in der Weihnachtszeit 1947. Ich war seit zwei Jahren in russischer Kriegsgefangenschaft. Im Lager Nikolajew am Schwarzen Meer. Die Menge der Gefangenen war in Arbeitstrupps aufgegliedert. Wir waren etwa 3000 Mann. Jeden Morgen ging ich durch die Baracken und sagte ein bestimmtes Bibelwort als Losung. Dazu ein paar mutmachende Worte. Danach reihte ich mich in unsern Arbeitstrupp ein. Wir nahmen vor dem Lagertor Aufstellung. Es wurde nicht viel gesprochen. Hunger und Heimweh hatten uns wortkarg gemacht. Dazu noch die grimmige Kälte im Dezember. Immer wieder stieg in mir die Frage auf: Wie lange noch? Komme ich noch einmal lebend heraus? Abends kehrten wir erschöpft heim. Beim Marsch durch die Straßen wurde uns das Herz besonders weh, weil wir bei einzelnen Häusern hinter den Fenstern Adventskerzen brennen sahen. Die Sehnsucht nach der Heimat wurde dabei übermächtig. Als ich abends in unsere Baracke kam, lag auf meiner Matratze ein kleines Päckchen. Darauf stand „Für Weihnachten“. Ich fand – in Zementpapier gehüllt – eine halbe Scheibe Brot. Ohne Butter und Belag – das gab es bei uns nicht. Wir verschlangen das Gefangenenbrot sonst, sobald wir es bekamen, und tranken dazu Wasser. Auf der halben Scheibe Brot lag ein Zettel mit den Worten: „Ich will an andern üben, was Gott an mir getan.“ Ich hatte einmal in einem Lagergottesdienst über den Vers gesprochen. Dann stand unter dem Spruch noch der Name eines 20-jährigen Kameraden, der heute ein bekannter Karikaturenzeichner ist. Mit welcher Andacht habe ich diese halbe Scheibe Brot gegessen! Die schmeckte besser als heute eine ganze Schwarzwälder Kirschtorte. Einmal schon deshalb, weil uns jede Krume Brot kostbar war. Zum andern, weil mir ein Kamerad die Weihnachtsfreude verleiblichen wollte. Seine Dankbarkeit gegen Gott stattete der junge Mann dadurch ab, dass er meinen Hunger etwas stillen wollte. Das war in Brot gefasster Gottesdank und in Brot gefasste Bruderliebe.

(Paul Deitenbeck)

„Dies Gebot haben wir von ihm, dass, wer Gott liebt, dass der auch seinen Bruder liebe!“

(1. Johannes 4,21)

Einen Engel wünsch ich mir

Einen Engel wünsch ich mir,
Gottes Nähe möcht ich spüren.
Guter Engel, komm zu mir,
um mich zärtlich zu berühren.

Einen Engel wünsch ich mir,
der mir unterwegs begegnet.
Einen Engel wünsch ich mir,
der mir hilft und der mich segnet.

Einen Engel wünsch ich mir,
der mich anschaut und mir zulacht.
Einen Engel wünsch ich mir,
der mich tröstet und mir Mut macht.

Einen Engel wünsch ich mir,
der mir zuhört, wenn ich frage.
Einen Engel wünsch ich mir,
dass er mir die Wahrheit sage.

Einen Engel wünsch ich mir,
um des Nächsten Not zu sehen.
Einen Engel wünsch ich mir,
um den Friedensweg zu gehen.

Einen Engel wünsch ich mir,
Gott zu loben hier und heute.
Guter Engel, komm zu mir,
bring zu mir die Weihnachtsfreude.

(Reinhard Bäcker)

„Und der Engel des Herrn trat zu ihnen, und die Klarheit des Herrn leuchtete um sie; und sie fürchteten sich sehr. Und der Engel sprach zu ihnen: Fürchtet euch nicht! Siehe, ich verkündige euch große Freude, die allem Volk widerfahren wird; denn euch ist heute der Heiland geboren, welcher ist Christus, der Herr!“

(Lukas 2,9ff)

Was wir einander so schenken und was Gott uns schenkt!

Der Wert unserer Geschenke richtet sich danach, was uns der andere wert ist. Die Freundin kriegt eine Flasche Chanel No. 5. Die Frau kriegt eine Flasche Livio-Öl. Die Oma kriegt eine Flasche Melissengeist. Die Nachbarin, die alte Flasche, kriegt gar nichts. Wer lieb war, kriegt was. Von wem wir nichts haben, der hat nichts von uns zu erwarten.
Bei Gott ist das anders. Der beschenkt alle. Der fragt nicht wie der Weihnachtsmann, ob wir artig waren. Sondern der gibt jedem das gleiche Geschenk. Weil er jeden gleich liebt. Er gibt das schönste Geschenk, das es gibt. Er gibt das Beste, was er hat. Er gibt sich selbst: Gott wird Mensch. Das feiern wir zu Weihnachten: dass Gott Mensch geworden ist. Der König der Welt kommt im Dreck eines Kuhstalls zur Welt. Um uns den Dreck unseres Lebens eigenhändig wegzuräumen. Jesus, der Heiland, der Heilmacher, ist Gottes Geschenk an uns!

(Theo Lehmann)

„Gott hat seinen eigenen Sohn nicht verschont, sondern hat ihn für uns alle dahingegeben – wie sollte er uns mit ihm nicht alles schenken?“

(Römer 8,32)

Unverlierbare Freude

In der Freude am Haben wohnt schon die Angst vor dem Verlieren. In der Seligkeit einer Beziehung nistet schon die Sorge, verlassen zu werden. In der Süße der Lust lauert schon der Schmerz des Vergänglichen. Im Genießen der Erfolge, im Auskosten der Gewinne, im Stolz über das Erreichte ist die Furcht vor Minderung und Angst vor dem Ende schon enthalten.
Wenn es eine tiefe Freude, eine letzte Geborgenheit und eine wirkliche Erfüllung für uns geben soll, müssten wir etwas empfangen, was uns keine Macht der Welt, kein Mensch der Erde und kein Tod mehr wegnehmen kann. Es müsste eine Freude sein, die uns in jeder Lage offensteht, unter allen Umständen zugänglich ist, zu der wir direkten Zutritt und sicheren Zugriff haben. Ein Glück, das jederzeit zerbrechen, eine Freude, die jeden Moment aufhören, eine Erfüllung, die plötzlich zunichte sein kann, machen uns Angst.
Es gibt nur eine Freude in einer vergänglichen Welt, es gibt nur eine Liebe in einer begrenzten Menschheit, es gibt nur ein Heil in unserem sterblichen Leben: „Euch ist heute der Heiland geboren!“
Diesen Christus kann uns keine Macht rauben, kein Mensch nehmen, keine Zeit vergehen lassen, kein Tod töten. Er ist unser einzig wahrer, unverlierbarer Schatz.

„Fürchtet euch nicht! Siehe, ich verkündige euch große Freude, die allem Volk widerfahren wird; denn euch ist heute der Heiland geboren, welcher ist Christus, der Herr, in der Stadt Davids!“

(Lukas 2,10f)

Neues Leben durch Vergebung

Der berühmte Maler Peter Paul Rubens wurde 1577 in Siegen in Westfalen geboren, war aber ein Niederländer und hatte sein Atelier in Antwerpen. Das kam so: Um 1570 saß ein Mann namens Jan Rubens in Antwerpen im Gefängnis und wartete auf den Henker. Er war wegen Ehebruchs zum Tode verurteilt. Das gab es damals! Seine Frau, die er betrogen hatte, war nach Köln gezogen, vielleicht zu ihren Eltern. Jan Rubens schrieb ihr aus dem Gefängnis und bat sie um Verzeihung. Darauf schrieb ihm seine Frau: „Mein lieber und geliebter Mann! Ich vergebe Euch jetzt und immer. Ihr seid in so großem Kampf und Ängsten, daraus ich Euch gern mit meinem Blut erretten würde. Könnte da überhaupt Hass sein, dass ich eine kleine Sünde gegen mich nicht vergeben könnte, verglichen mit so viel großen Sünden, wofür ich alle Tage Vergebung bei meinem himmlischen Vater erflehe? Meine Seele ist so mit Euch verbunden, dass Ihr nicht leiden dürft. Ich leide alles mit Euch. Ich werde mit ganzer Kraft Gott für Euch bitten und mit mir unsere Kinder, die Euch sehr grüßen lassen und so sehr verlangen, Euch zu sehen. Das weiß Gott! Geschrieben zu Köln am 1. April, nachts zwischen zwölf und eins.
Nachsatz: Schreibt doch nicht mehr … ich unwürdiger Mann! Es ist Euch doch vergeben! Eure treue Ehefrau Marie Rubens."
Die Fürsprache der tapferen Frau rührte auch die Richter in Antwerpen. Nach zwei Jahren Haft kam Jan Rubens frei. Das Ehepaar zog nach Siegen und blieb dort. Zu ihren bisherigen Kindern wurde ihnen noch ein Sohn geschenkt. Sie nannten ihn Peter Paul, und er wurde der berühmte Maler. Wenn es Vergebung nicht gäbe, hätte es Peter Paul Rubens auch nicht gegeben.

„Vergebt euch untereinander, wenn jemand Klage hat gegen den andern; wie der Herr euch vergeben hat, so vergebt auch ihr!"

(Kolosser 3,13)

Wer die Sehnsucht nicht kennt

Ich las von einem sechzigjährigen Mann, der heute in Deutschland lebt. Als Kind wurde er aus Oberschlesien verschleppt und später in die entfernteste Ecke der damaligen Sowjetunion an die mongolische Grenze verbannt. Dort musste er in einem Arbeitslager ein elendes Leben fristen, bis er eines Tages, krank vor Sehnsucht nach seiner Heimat, ausbrach.
Er lief zu Fuß, jede menschliche Behausung meidend, in sechs Jahren zwölftausend Kilometer, um in das Land seiner Sehnsucht, nach Deutschland zu kommen.
Wie viel mehr hat Gott in seiner Sehnsucht nach uns Menschen auf sich genommen und ist uns den ganzen weiten Weg aus der Herrlichkeit des Himmels bis in die Verlorenheit und das äußerste Verderben nachgegangen.
In Jesus ist uns Gott mit seiner Sehnsucht nahegekommen. Unsere Sehnsucht nach einem erfüllten Leben, nach Liebe und Geborgenheit, nach Heimat und Zuhause ist nur die eine Hälfte. Gott hat eine noch viel größere Sehnsucht nach seinen Menschenkindern und macht sich auf, sie zu besuchen. Advent heißt, Gott ist angekommen. Auch bei uns?

„Denn also hat Gott die Weit geliebt, dass er seinen eingeborenen Sohn gab, damit alle, die an ihn glauben, nicht verloren werden, sondern das ewige Leben haben!“

(Johannes 3,16)

Nicht fürchten, sondern freuen!

„Herr Gott, himmlischer Vater, der du durch die lieben Engel den armen Hirten auf dem Felde hast verkündigen lassen, sie sollen sich nicht fürchten, sondern freuen, dass Christus der Heiland geboren ist, wir bitten dich, du wollest durch deinen heiligen Geist alle Furcht aus unseren Herzen treiben und diese wahre, rechte Freude in uns erwecken.
Und wenn wir gleich hier auf Erden verachtet, elend, arm und verlassen sind, wir uns doch trösten und freuen, dass wir deinen lieben Sohn, Christum unsern Herrn, zum Heiland haben, der um unsertwillen Mensch geworden ist, dass er uns wider Tod und alles Unglück helfen und uns in alle Ewigkeit selig machen wolle. Amen.“

(Altes Weihnachtsgebet)

„Denn ihr kennt die Gnade unseres Herrn Jesus Christus: obwohl er reich ist, wurde er doch arm um euretwillen, damit ihr durch seine Armut reich würdet!“

(2. Korinther 8,9)

Irischer Weihnachtssegen

Nicht, dass jedes Leid dich verschonen möge,
noch dass dein zukünftiger Weg stets Rosen trage,
keine bittere Träne über deine Wange komme
und kein Schmerz dich quäle –
dies alles wünsche ich dir nicht.

Sondern:
dass dankbar du allzeit bewahrst die Erinnerung an gute Tage.
dass mutig du gehst durch Prüfungen,
auch wenn das Kreuz auf deinen Schultern lastet,
auch wenn das Licht der Hoffnung schwindet.

Was ich dir wünsche:
dass jede Gabe Gottes in dir wachse.
Und dass in Freud und Leid
das Lächeln des menschgewordenen Gotteskindes
dich begleiten möge.

So spricht der Herr: „Es soll meine Freude sein, ihnen Gutes zu tun!“
(Jeremia 32,41)

Licht – Leben – Liebe

Der Pfarrer, Arzt und Maler Dr. Kurt Reuber malte am Heiligen Abend 1942 in einem Bunker im Kessel von Stalingrad seine berühmte Madonna. Mit diesem ergreifenden Bild wollte er seinen Kameraden in ihrer verzweifelten Lage Freude und Hoffnung schenken. „Als ich die Weihnachtstür, die Lattentür unseres Bunkers, öffnete und die Kameraden eintraten, standen sie wie gebannt, andächtig und ergriffen schweigend vor dem Bild an der Lehmwand, unter dem ein Holzscheit brannte, und gedankenvoll lasen sie die Worte: Licht – Leben – Liebe."
Kurt Reuber starb 1944 in russischer Gefangenschaft. Mit der letzten Maschine nahm ein schwerkranker Kommandeur die Madonna mit anderen Zeichnungen Reubers mit nach Deutschland. Zu der Madonna von Stalingrad schrieb Reuber: „Das Bild ist so: Kind und Mutterkopf zueinander geneigt, von einem großen Tuch umschlossen, Geborgenheit und Umschließung von Mutter und Kind. Mir kamen die Worte: Licht, Leben, Liebe. Was soll ich dazu noch sagen? Wenn man unsere Lage bedenkt, in der Dunkelheit, Tod und Hass umgehen und unsere Sehnsucht nach Licht, Leben und Liebe in jedem von uns so unendlich groß ist!"

„In Jesus war das Leben, und das Leben war das Licht der Menschen. Und das Licht scheint in der Finsternis, und die Finsternis hat's nicht ergriffen!"

(Johannes 1,4f)

Der Weg zur Krippe

Es war einmal ein Hirte, der lebte auf einem Felde in der Nähe Bethlehems. Er war groß und stark, aber er hinkte und konnte nur an Krücken gehen. Darum saß er meistens mürrisch am Feuer und sah zu, dass es nicht ausging. Die anderen Hirten fürchteten ihn.
Als den Hirten in der Heiligen Nacht ein Engel erschien und die frohe Botschaft verkündete, da sah und hörte er nichts. Und als sie ihm alles erzählten und sich aufmachten, um das Kind zu finden, so, wie es ihnen der Engel gesagt hatte, blieb er allein am Feuer zurück. Er schaute ihnen nach, sah, wie das Licht ihrer kleinen Lampen kleiner wurde und sich in der Dunkelheit verlor.
„Lauft, lauft! Was wird es schon sein? Ein Spuk, ein Traum!" Die Schafe rührten sich nicht. Die Hunde rührten sich nicht. Er hörte nur die Stille. Er stocherte mit der Krücke in der Glut. Er vergaß, frisches Holz aufzulegen. Und wenn es kein Spuk, kein Traum wäre? Wenn es den Engel gab? Er raffte sich auf, nahm die Krücken unter die Arme und humpelte davon, den Spuren der anderen nach. Als er endlich zu dem Stall kam, dämmerte bereits der Morgen. Der Wind schlug die Tür auf und zu. Ein Duft von fremden Gewürzen hing in der Luft. Der Lehmboden war von vielen Füßen zertreten. Er hatte den Ort gefunden. Doch wo war nur das Kind, der Heiland der Welt, Christus, der Herr in der Stadt Davids? Er lachte. Es gab keine Engel. Schadenfroh wollte er umkehren.
Da entdeckte er die kleine Kuhle, wo das Kind gelegen hatte, sah das Nestchen im Stroh. Und da wusste er nicht, wie ihm geschah.
Er kauerte vor der leeren Krippe nieder. Was machte es aus, dass das Kind ihm nicht zulächelte, dass er den Gesang der Engel nicht hörte und den Glanz Marias nicht bewunderte!
Was machte es aus, dass er nun nicht mit den anderen in Bethlehem durch die Straßen zog und von dem Wunder erzählte!
Was ihm widerfahren war, konnte er nicht mit Worten beschreiben. Staunend ging er davon. Er wollte das Feuer wieder anzünden, bevor die anderen Hirten zurückkämen. Doch als er eine Weile gegangen

war, merkte er, dass er seine Krücken bei der Krippe vergessen hatte. Er wollte umkehren. Warum denn? Zögernd ging er weiter, dann mit immer festeren Schritten.

(Max Bolliger)

„Fürchtet euch nicht! Siehe, ich verkündige euch große Freude, die allem Volk widerfahren wird; denn euch ist heute der Heiland geboren!“

(Lukas 2,10f)

Spür nicht die Last mehr und den Strick

Ich stand ja auch in jenem Stall,
der angefüllt mit Engelschall,
und kaute auf dem Gras herum –
man hält deswegen mich für dumm –
als wäre denn das Wiederkäuen
zu lassen oder zu bereuen.
Ich tue weder dies noch das
und kaue weiter auf dem Gras
und denke dabei drüber nach,
was die Maria seufzt und sprach,
als sie ihr Kind zur Welt gebracht,
und was dabei der Joseph macht.
Es ist doch, sag ich unbenommen,
recht schwer, in diese Welt zu kommen.
Ich kenne das und des Lebens Last
und habe doch nicht nur gegrast.
Ich kenne Ruf und Peitschenhiebe.
Die Welt ist ja nicht voller Liebe.
Das alles dacht ich, wie ich sah,
was da in unserm Stall geschah,
und Joseph, der Maria hielt
und mit ihr ihren Schmerz gefühlt.
Ihr traut mir dieses ja nicht zu,
mir halbem Bruder von der Kuh.
Doch denkt mal nach und kaut mal wieder,
das heißt singt immerfort die Lieder,
dann spürt ihr tief, was euch geschehen,
und könnt das Licht der Krippe sehen.
Versenkt euch in des Vaters Willen,
lasst euch das Herz mit Liebe füllen.
Meins ist ganz voll von solchem Glück,
spür nicht die Last mehr und den Strick!

(P.-G. von Hoerschelmann)

„Das Volk, das im Finstern wandelt, sieht ein großes Licht, und über denen, die da wohnen im finstern Lande, scheint es hell. Du weckst lauten Jubel, du machst groß die Freude. Denn du hast ihr drückendes Joch, die Jochstange auf ihrer Schulter und den Stecken ihres Treibers zerbrochen!"

(Jesaja 9,1ff)

Das Herz des Vaters

Der bekannte indische Christ Sadu Sundar Singh erzählt: Ein König hatte einen Minister, einen sehr gebildeten Mann, der Christ wurde und seinen Glauben vor dem ganzen Volk bekannte. Er erklärte, dass er an den Heiland glaube, der in diese Welt gekommen sei, um sie zu erlösen von Schuld und Tod. Dem König war das unverständlich. „Aber", sagte er, „wenn ich will, dass etwas geschehen soll, dann gebiete ich meinen Dienern, und das genügt. Warum sollte der König aller Könige selbst in diese Welt kommen?"
Der König wollte den Minister wegen seiner Bekehrung zum Christusglauben entlassen. Da er ihn aber sehr liebte, versprach er ihm Gnade, wenn er eine Antwort auf diese Frage wüsste.
„Gewährt mir vierundzwanzig Stunden, Majestät", erwiderte der Minister, „und ich will Euch antworten."
Er ließ einen geschickten Schnitzkünstler holen und trug ihm auf, eine Puppe anzufertigen und sie genau so zu kleiden wie das zweijährige Kind des Königs. Am folgenden Tag machte der König im Boot eine Spazierfahrt. Der Schnitzkünstler war angewiesen, sich am Ufer des Flusses aufzuhalten und auf ein vereinbartes Zeichen die Puppe ins Wasser zu werfen. Der König sah die Puppe ins Wasser fallen, und in der Meinung, es sei sein Kind, sprang er ins Wasser. Der Minister fragte ihn anschließend, warum er selbst sein Kind habe retten wollen, wenn doch ein Wort an seine Diener genügt hätte. „Es ist das Herz des Vaters, das so handeln musste!", erwiderte der König. Und der Minister antwortete: „So hat sich auch Gott nicht damit zufriedengegeben, den Menschen nur eine Heilsbotschaft zu senden, sondern seine unendliche Liebe ließ ihn selbst vom Himmel herabsteigen, um uns zu retten."

„Und wir haben gesehen und bezeugen, dass der Vater den Sohn gesandt hat als Heiland der Welt!"

(1. Johannes 4,14)

Das ist das Wunder

Das ist das Wunder der heiligen Weihnacht,
dass ein hilfloses Kind
unser aller Helfer wird.

Das ist das Wunder der Heiligen Nacht,
dass in die Dunkelheit der Erde
die helle Sonne scheint.

Das ist das Wunder der Heiligen Nacht,
dass ganz traurige Leute
ganz fröhlich werden können.

Das ist das Wunder der Heiligen Nacht:
Das Kind nimmt unser Leben in seine Hände,
um es niemals wieder loszulassen.

(Friedrich von Bodelschwingh)

Jesus spricht: „Niemand wird sie aus meiner Hand reißen. Mein Vater, der sie mir gegeben hat, ist größer als alles, und niemand kann sie aus des Vaters Hand reißen!“

(Johannes 10,28f)

Was ist das für eine Nacht?

Selma Lagerlöf erzählt in einer ihrer Legenden von der Nacht, in der das Jesuskind geboren wird. Joseph geht über das Feld, um Feuer bei den Hirten zu holen. Er kommt zu einem Mann, dessen Herz durch ein grausames Leben hart geworden ist. Als er sich nähert, hetzt der den Hund auf Joseph. Aber das Tier will in dieser Nacht nicht beißen. Da schleudert der Hirte seinen Speer nach dem Fremdling. Aber er fällt vor Joseph zu Boden und will ihn nicht treffen in dieser Nacht. Joseph kommt zum Feuer und bittet um einige glühende Kohlen. „Nimm sie dir doch, wenn du sie anfassen kannst!“, bekommt er als grimmige Antwort. Da nimmt Joseph die Glut mit seinen Händen, ohne sich zu verbrennen in dieser Nacht.
Der Hirte wird unruhig und fragt sich: „Was ist das für eine Nacht, in der der Hund nicht beißt, der Speer nicht trifft, das Feuer nicht verletzt?“ So geht er Joseph nach bis zum Stall von Bethlehem, wo er die Mutter mit dem göttlichen Kind findet. Von dem wunderbaren Anblick und den Ereignissen der Nacht überwältigt, wird das versteinerte Herz weich, und der Hirte breitet über das neugeborene Kind ein kostbares Lammfell als Geschenk aus. Als der Hirte seinem kalten und harten Wesen absagt, erkennt er die Herrlichkeit der göttlichen Liebe über dem Kind, und sein Herz wird heil und froh.

„Darin besteht die Liebe: nicht, dass wir Gott geliebt haben, sondern dass er uns geliebt hat und gesandt seinen Sohn zur Versöhnung für unsre Sünden!“

(1. Johannes 4,10)

Zuspruch am Ende des Jahres

Du kannst nicht tiefer fallen
als nur in Gottes Hand,
die er zum Heil uns allen
barmherzig ausgespannt.

Es münden alle Pfade
durch Schicksal, Schuld und Tod
doch ein in Gottes Gnade
trotz aller unsrer Not.

Wir sind von Gott umgeben
auch hier in Raum und Zeit
und werden in ihm leben
und sein in Ewigkeit.

(Arno Pötzsch – EG 533)

„Von allen Seiten umgibst du mich und hältst deine Hand über mir!“
(Psalm 139,5)

Silvester – ein Tag voller Möglichkeiten

Mutter und Vater für alle ihre kleinen und großen Mühen danken.
Kinder und Schwiegerkinder mit einem besonderen Gruß erfreuen.
Einem einsamen Menschen etwas Zeit und Nähe schenken mit guten Worten und herzlicher Umarmung.
Jemanden, der sich um uns viel Mühe gemacht hat, ausdrücklich loben.
Jemandem, der uns viel Schwierigkeiten bereitet hat, einen Schritt entgegengehen.
Einen Menschen anrufen, der die Gewissheit braucht, dass er nicht vergessen ist.
Im Gebet für Menschen einstehen, die uns in ihrer Not um diesen Dienst gebeten haben.
Schuld und Versäumnisse vor Gott und Menschen eingestehen und um Vergebung bitten.
Loblieder singen für all die Bewahrung und Durchhilfe des vergehenden Jahres.
Sich am Leben freuen, im Gottesdienst auf Gott hören, mit anderen Menschen feiern und ein gesegnetes neues Jahr erwarten.

„Kommt her und sehet an die Werke Gottes, der so wunderbar ist in seinem Tun an den Menschenkindern!“

(Psalm 66,5)

Stichwortregister

Quellennachweis

Fynn: Augenfenster und Herzfenster / Nicht einfach, aber einfach besser! / Halb Engel und halb Mensch / Über das Liebhaben / Wozu die Zeit gut ist / Gute Noten / Ein König ohne Krone
aus: „Anna schreibt an Mister Gott“. © Fynn 1986. Scherz Verlag Bern, München, Wien.
Alle Rechte vorbehalten S. Fischer Verlag GmbH, Frankfurt am Main (8.5., 9.5., 25.6., 27.6., 29.6., 30.6., 29.11.)

Fynn: Der fragwürdige Mensch / Einsicht gegen Eifersucht / Was ist wohl das Größte?
aus: „Hallo Mister Gott, hier spricht Anna“. Scherz Verlag, Bern und München 1975.
Alle Rechte vorbehalten S. Fischer Verlag GmbH, Frankfurt am Main (21.2., 26.2., 19.3.)

Max Bolliger, Der goldene Fisch.
Aus: Ders., Der grüne Fuchs. ©Verlag am Eschbach der Schwabenverlag AG, www.verlag-am-eschbach.de (7.3.)

Max Bolliger, Der Weg zur Krippe.
Aus: Ders., Ein Duft aus Weihrauch und Myrrhe. ©Verlag am Eschbach der Schwabenverlag AG, www.verlag-am-eschbach.de (25.12.)

Dietrich Bonhoeffer: Die Gnade des Morgens / Gut geweckt ist halb gewonnen! / Wider die gnadenlose Hetze des Morgens / Von Glück und Seligkeit des Lebens
aus: Dietrich Bonhoeffer, Illegale Theologenausbildung: Sammelvikariate 1937-1940, Gütersloher Verlagshaus, Gütersloh, in der Verlagsgruppe Random House GmbH 1998 (3.3., 4.3., 5.3., 5.8.)

Dietrich Bonhoeffer: Wer bin ich?
aus: Dietrich Bonhoeffer, Widerstand und Ergebung, Gütersloher Verlagshaus, Gütersloh, in der Verlagsgruppe Random House GmbH 1998 (6.5.)

Dietrich Bonhoeffer: Ganz bei Trost
aus: Dietrich Bonhoeffer, Konspiration und Haft 1940-1945, Gütersloher Verlagshaus, Gütersloh, in der Verlagsgruppe Random House GmbH 1996 (9.6.)

Dietrich Bonhoeffer: Einsam und gemeinsam
aus: Dietrich Bonhoeffer, Gemeinsames Leben / Das Gebetbuch der Bibel, Gütersloher Verlagshaus, Gütersloh, in der Verlagsgruppe Random House GmbH 1993 (14.7.)

„Herr Puntila und sein Knecht Matti“ (Textauszug, 1 Druckseite),
aus: Bertolt Brecht, Große kommentierte Berliner und Frankfurter Ausgabe, Band 6. © Bertolt-Brecht-Erben / Suhrkamp Verlag 1989 (13.1.)

einrich Bücker: Brot zum Leben
atholische Korrespondenz Nr. 31 vom 1.8.1989 © KNA alle Rechte vorbehalten
8.2.)

nneliese Bungeroth: Die Dunkelheit muss weichen © Anneliese Bungeroth (5.12.)

nne Coomes: Unerwartetes Wunder
s: Anne Coomes, Die autorisierte Biographie von Festo Kivengere © Monarch
ublications, Eastbourne, 1990 (19.8.)

arbara Cratzius: Kerzen im Advent © Hartmut Cratzius (2.12.)

Chrysostomus Dahm, „Christus auf der Bühne in Moskau“, S. 41 / „Liebe ohne
ilder“, S. 36 / „Gottes Hausgenossen“, S. 59
us: Willi Hoffsümmer, Aufbrechen © Verlag Herder GmbH, 1995 Freiburg i.
reisgau, 1995 (23.3., 27.3., 23.4.)

am Dass: Gott fügt alles wunderbar
us: Joachim-Ernst Berendt, Geschichten wie Edelsteine ©Traumzeit-Verlag,
attweiler, 2012 (10.3.)

einhard Deichgräber: Frag doch mal wieder!
us: Reinhard Deichgräber, Ich freue mich, daß es mich gibt. Vom Umgang des
Menschen mit sich selbst, Vandenhoeck & Ruprecht GmbH & Co. KG, 1998
Göttingen, Mit freundlicher Genehmigung von Vandenhoeck & Ruprecht GmbH &
Co. KG (22.2.)

Hans-Joachim Eckstein: Reden ist Silber ... / Und ist gefunden worden
aus: Hans-Joachim Eckstein, Du liebst mich also bin ich, Holzgerlingen 2013,
S. 13 + 92 © Hans-Joachim Eckstein (21.4., 24.8.)

Khalil Gibran: Von der Liebe (S. 14f.) / Von den Kindern (S. 20f.)
aus: Khalil Gibran, Der Prophet. Übersetzt aus dem Englischen von Karin Graf
© Patmos Verlag der Schwabenverlag AG, Ostfildern 2009, www.verlagsgruppe-patmos.de (20.3., 21.3.)

Ernest Hemingway: VII, Einleitung (= „Gebet im Trommerfeuer“)
aus: Ernest Hemingway, In unserer Zeit. In: Gesammelte Werke, Bd. 6, Stories I,
S. 127. Deutsche Übersetzung von Annemarie Horschitz-Horst © 1950, 1977 by
Rowohlt Verlag GmbH, Reinbek bei Hamburg (11.10.)

Klaus Peter Hertzsch: Vertraut den neuen Wegen,
aus: EG 395 © Klaus Peter Hertzsch, Erben (4.10.)

Paul-Gerhard von Hoerschelmann: Spür nicht die Last mehr und den Strick
© Paul-Gerhard Hoerschelmann (26.12.)

Quellennachweis

Klaus Huber: Eingeladen
aus: Klaus Huber, Lebens-Spuren, Gedichte und Gedanken, MS-Druck und Verlag Ötigheim © Klaus Huber (5.1.)

Hanns Dieter Hüsch: Was macht, dass ich so fröhlich bin
aus: Hanns Dieter Hüsch / Uwe Seidel, Ich stehe unter Gottes Schutz, Seite 140, 2016/14 © tvd-Verlag Düsseldorf, 1996 (13.11.)

Festo Kivengere: Ein Haus voller aufgeblasener Ballons
aus: Festo Kivengere „Revolutionary Love" (16.8.)

Günther Klempnauer: Missionarin der Nächstenliebe
aus: Entscheidung Nr. 193 (Ausgabe 1/1996), S. 20-21 © Günther Klempnauer (19.10.)

Kurt Marti: Wenn ich gestorben bin
aus: Kurt Marti, Namenszug mit Mond. Gedichte © 1996 Carl Hanser Verlag München (18.4.)

Anthony de Mello, „Die wirklich Mächtigen",
aus: Ders., Wer bringt das Pferd zum Fliegen? Übersetzt von Ursula Schottelius © Verlag Herder GmbH, Freiburg i. Breisgau, 2008, S. 90 (25.2.)

Henri J. M. Nouwen, „Eine gute Antwort",
aus: Ders., Was mir am Herzen liegt. Übersetzt von Franz Johna © Verlag Herder GmbH, Freiburg i. Breisgau, 2000, S. 84
The Crossroad Publishing Company, NY. (c) H. J. M. Nouwen, Richmond Hill, Ont., 1994 (17.3.)

Käthe Recheis: Man sieht nur mit dem Herzen gut (nach einem Märchen von Friedl Hofbauer)
aus: Käthe Recheis / Friedl Hofbauer, 99 Minutenmärchen © Anna Mellach (22.3.)

Luise Rinser: Der Stein der Weisen
aus: „Geschichten aus der Löwengrube". © S. Fischer Verlag GmbH, Frankfurt am Main 1986 (27.2.)

Ulrich Schaffer: In der Liebe ist jeder ein Geheimnis
aus: Ulrich Schaffer, Hör auf dein Leben, Kreuz Verlag, Stuttgart, 1995, S.19 © Ulrich Schaffer (17.8.)

Clara Schauer: Der große Knall
aus: Bodo Riedel (Hrsg.): Nochmal anfangen © 1995 SCM Collection im SCM-Verlag GmbH & Co. KG, Witten (1.2.)

Purple Schulz: Sehnsucht
„Sehnsucht“ Musik: Hans-Günther Schmitz, Text: Purple Schulz ©1983 by Papagayo Musikverlage Hans Gerig oHG, Bergisch Gladbach & Miau Musikverlag GmbH, Berlin (10.7.)

Kurt Reuber: Stalingrad Madonna
aus: Madonna von Stalingrad von Kurt Reuber © Lutherisches Verlagshaus GmbH, Hannover (24.12.)

Susanna Tamaro: Eine ganz traurige Geschichte
aus: Susanna Tamaro, Geh, wohin dein Herz dich trägt, aus dem Italienischen von Maja Pflug
Copyright der deutschsprachigen Ausgabe © 1995, 2005 Diogenes Verlag AG, Zürich (10.12.)

Mutter Teresa: Christus immer ähnlicher / Lieben und Leiden / Alles ist für Jesus / Morgengebet / Was wirklich zählt / Lasst Jesus bei euch wohnen
aus: Mutter Teresa / Frère Roger, Taizé. Gebet. Quelle der Liebe, S. 24, 80, 87, 108, 109,
The writings of Mother Teresa of Calcutta © by Mother Teresa Center, exclusive licensee throughout the world of the Missionaries of Charity for the works of Mother Teresa. Used with permission (10.1., 19.4., 26.4., 28.4., 23.6., 12.7.)

Walter Trobisch: Wunschkind Gottes
aus: Walter Trobisch: Liebe dich selbst © 2004 SCM R. Brockhaus im SCM-Verlag GmbH & Co. KG, Witten (12.2.)

Friedrich Traub: Unser Halt / Ganz nah
aus: Friedemann Hägele (Hrsg.), Friedrich Traub. Ein Pionier der Chinamission - aus Liebe zu Christus, Hänssler Verlag 1995 © Friedemann Hägele (9.4., 17.6.)

Karl Heinrich Waggerl: Aber der Herr ist immer noch größer
aus: „Der Stock“ Karl Heinrich Waggerl in „Liebe Dinge“ © Otto Müller Verlag GmbH (11.12.)

Rudolf Otto Wiemer: Hör dir das an …
aus: Rudolf Otto Wiemer, Wortwechsel. Gedichte © Wolfgang Fietkau Verlag, Kleinmachnow

Rudolf Otto Wiemer, Bedenken des Maulwurfs
aus: Rudolf Otto Wiemer, Der Augenblick ist noch nicht vorüber, Kreuz Verlag, Stuttgart 2001, © Rudolf Otto Wiemer Erben, Hildesheim

Lothar Zenetti: Hier sind wir, Herr!
aus: Lothar Zenetti, Wir sind noch zu retten. J. Pfeiffer Verlag, München. 1989 © Lothar Zenetti (8.9.)

Quellennachweis

Lothar Zenetti: Wie ein Baum
aus: Lothar Zenetti, Die wunderbare Zeitvermehrung © Paulinus Verlag GmbH, Trier (3.12.)

Lothar Zenetti: Winterpsalm / Der Holzweg / Passion / Tipps für Lebenskünstler
aus: Lothar Zenetti, Auf Seiner Spur. Texte gläubiger Zuversicht © Matthias Grünewald Verlag der Schwabenverlag AG, Ostfildern 2011. www.verlagsgruppe-patmos.de (12.1., 6.4., 17.4., 26.6.)

Lothar Zenetti: Schule der Meditation / Die flüchtige Zeit / Die an Dich glauben
aus: Lothar Zenetti, In Seiner Nähe. Texte des Vertrauens (Topos Taschenbuch Band 1018) © Matthias Grünewald Verlag der Schwabenverlag AG, Ostfildern, Neuauflage 2015. www.verlagsgruppe-patmos.de (21.1., 11.8., 18.8.)

Ute Zydek: Ich denke an Rilkes Herbsttag-Gedicht
aus: Ute Zydek, Hat wohl jemand eine Harfe in den Baum gehängt. Gedichte und kleine Prosa. Aufgang Verlag Augsburg, 2015 (16.10.)

Liebe überwindet
aus: Reinhold Frey / Michael Hübner / Frieder Trommer: Geschichten für die Jungschar von A-Z © 2000 SCM R.Brockhaus im SCM-Verlag GmbH & Co. KG, Witten (4.4.)

Zdĕnek Svoboda: Was Glaube ist
aus: Zdĕnek Svoboda: „Gelandet am verlassenen Ufer – Gedichte"
© Evangelische Verlagsanstalt Berlin 1988 (6.3.)

Lutherbibel, revidierter Text 1984, durchgesehene Ausgabe, © 1999 Deutsche Bibelgesellschaft, Stuttgart

Die Herkunft der Zitate konnte leider nicht in jedem Fall ermittelt werden. Für weitere Hinweise ist der Verlag dankbar.